我
们
一
起
解
决
问
题

企业风控体系建设
全流程操作指南

规范讲解 + 流程分解 +

操作实务 + 案例解析

李素鹏_著

人民邮电出版社

北　京

图书在版编目（CIP）数据

企业风控体系建设全流程操作指南：规范讲解+流程
分解+操作实务+案例解析 / 李素鹏著. -- 北京：人民
邮电出版社，2020.7
ISBN 978-7-115-54089-8

Ⅰ. ①企… Ⅱ. ①李… Ⅲ. ①企业管理－风险管理－
研究 Ⅳ. ①F272.3

中国版本图书馆CIP数据核字(2020)第090106号

内 容 提 要

企业在成长和发展的过程中，一定会面临各种各样的已知或未知的风险。如果企业不知道自己可能会遇到什么风险，那怎么成长又如何发展？风控体系就像万丈高楼的地基，好的风控体系能够确保企业持续、健康、稳定的发展，保障战略目标的实现。所以企业要在日常运营中建设好自己的风控体系。

本书作者一直服务在企业风控体系建设和风控人才培训的第一线，不仅对风控理论有全面、深厚的理解，而且对风控实践也积累了丰富的经验。本书基于最新的风控标准和最新的监管规定，从咨询师的角度对风控体系建设的全过程进行了详细的分解和描述，重点关注思路和方法，并通过大量图表展示了企业风控体系建设的重点和难点，为企业建立既满足监管要求又符合企业自身发展实际需要的风控体系提供了指南。

本书适合企业管理者，企业风险管理、内部控制负责人，高等院校相关专业师生，以及对企业风控体系建设感兴趣的读者阅读和使用。

◆ 著　李素鹏
　　责任编辑　贾淑艳
　　责任印制　彭志环

◆人民邮电出版社出版发行　　　北京市丰台区成寿寺路 11 号
　邮编 100164　　电子邮件 315@ptpress.com.cn
　网址 https://www.ptpress.com.cn
　北京虎彩文化传播有限公司印刷

◆开本：700×1000　1/16
　印张：23.5　　　　　　　　　　2020 年 7 月第 1 版
　字数：450 千字　　　　　　　　2025 年 10 月北京第 26 次印刷

定　价：99.00 元
读者服务热线：（010）81055656　印装质量热线：（010）81055316
反盗版热线：（010）81055315

我从事企业内部审计工作迄今已二十二年有余，和素鹏兄相识也有十三年。刚结识素鹏兄时，我还在伊利集团担任审计部总经理职务，当时每年的核心任务是对企业风险管理进行全面审计并及时向集团领导汇报，因此特别需要外部辅导来提高自己的理论水平和相关技能。2007年，我有机会报名参加了AARCM的风险管理培训课程，并在培训中第一次系统地学习了素鹏兄主编的风险管理课程，十分受益。之后每年我都会参加素鹏兄主讲的各类线上、线下培训课程，受益良多。

这次疫情期间，素鹏兄笔耕不辍，把自己对风险管理和内部控制的认识及实践经验总结出来，编著成书，我能提前拜读，是一件幸事。

本书全面、系统、详实地讲述了企业风控体系建设和运行优化的过程及方法，不仅体例完整，应用性极强，而且对COSO和ISO在风险管理和内部控制方面的最新标准也做了深入浅出的诠释，是当前市面上不可多得的风险管理教材，更是难得一见的相当完整的风险管理工具书。

本书特别适合企业风险管理部门、内控合规部门、审计部门以及与风险管理职能有关的部门工作人员使用，也适合从事企业体系管理的工作人员、中高层管理者和高校相关专业学生阅读。读者可以通过这本书系统地学习和了解风险管理和内部控制的相关理论及实践，然后事半功倍地建立和完善自己企业的风控体系，为自己所在企业的战略决策、业务发展、业务运行等保驾护航。

——高瞻

欧普照明股份有限公司副总裁、CMA/ CIA/ CCSA

2020 年 5 月 25 日

本书为企业风险管理与内部控制体系建设而作。

任何企业的生存和发展都面临不确定性，国际标准化组织（ISO）把这种不确定性对目标的影响称为"风险"。为了应对这些风险，企业开发了多种风险管理策略和内部控制措施，但由于企业内外部环境不断变化，所以既有的风险管理和内部控制一直面临新的挑战。

在国内，企业风险管理和内部控制工作一直被监管机构推动着。其中，非金融领域企业的"风险管理"工作被国务院国资委推动着，"内部控制"工作主要被财政部和证监会推动着；银行和保险等金融企业的风险管理和内部控制被银监会、保监会推动着。中央企业（和地方国有企业）每年需要向国务院国资委（和省国资委）提交"年度风险管理报告"和"年度内部控制评价报告"，上市公司则每年须对外披露"年度内部控制评价报告"和"年度内部控制审计报告"等。

为了帮助企业建立有效的风险管理体系和内部控制体系，相关咨询机构也做了不少工作。它们大致分成两类，一类是会计出身，按照财政部和证监会的相关规定，以内部控制为主导，兼顾风险管理，所遵循的理论主要来自COSO；另一类来自管理咨询领域，其中有以风险管理标准为依托的，也有以质量管理等标准为依托的，他们按照各级国资委的相关规定，偏重管理体系和策略，兼顾内部控制，所遵循的理论主要来自 ISO。

随着风控实践的不断发展，相关理论和标准也在不断完善和演化。COSO 已于 2013 年修订了《内部控制——整合框架》，并于 2017 年发布了全新的《企业风险管理——整合框架》；ISO 也于 2018 年更新了 ISO 31000 标准。然而，我国非金融企业的风险管理和内部控制工作直到现在仍然主要按照 2006 年的《中央企业全面风险管理指引》和 2008 年的《企业内部控制基本规范》这两份文件执行。我国加入 WTO 之后，快速融于国际贸易大家庭，眼下，合规风险、知识产权风险、金融系统性风险正在威胁着我国企业的发展，各企业应审时度势、快速行动起来，尽早更新风险管理和内部控制相关理论，并运用这些新理论指导风控（风险管理和内部控制）实践，与时俱进地管理各种风险。

风险管理是对影响企业目标实现的各种不确定性的管理，应该是一种主动式管理，而不应仅仅被监管推动。

在企业热火朝天地建设风控体系的同时，关于风险管理和内部控制的图书也层出不穷。我考虑再三，还是决定把自己这十余年的风控实践经验和对其的认识写出来供风控同仁参考。其目的有三：一是把自己的相关经验分享给战斗在风控一线的朋友以及准备加入这一战线的朋友，帮助他们少走弯路；二是把自己的相关认识分享给各企业的风控决策者们，帮助他们选择更适合自己企业的风控理念和标准；三是鞭策自己继往开来，静下心来认真梳理过去、总结现在，然后用更科学、更具操作性的方法去开创风控实践的未来！

八年前，我编写了《ISO 风险管理标准全解》这本书，对风险管理的术语、原则、指南，风险评估技术等做了比较细致的说明，但八年来，国内参照风险管理国际标准或国家标准来建立风险管理体系的企业寥寥无几，很多风险管理从业人员甚至都没听说过 ISO 31000 和 ISO 31010，更没听说过 GB/T 24353—2009《风险管理原则与实施指南》、GB/T 27291—2011《风险管理 风险评估技术》、GB/T 24420—2009《供应链风险管理指南》、GB/T 26317—2010《公司治理风险管理指南》、GB/T 27914—2011《企业法律风险管理指南》等国家标准。我一直为这种局面所困惑。党的十八大以来，习近平总书记就标准化工作做出了一系列重要论述，并特别强调：加强标准化工作，实施标准化战略，是一项重要和紧迫的任务，对经济社会发展具有长远的意义。他还指出，"标准决定质量，有什么样的标准就有什么样的质量，只有高标准才有高质量。"所以，建设高标准且适合自己的风控体系对企业来说势在必行。

　　本书共十五章内容，前三章系统地介绍了风控基本理论和标准规范，第四章至第十五章详细介绍了风控体系建设的各个环节，具体包括风控项目启动→风控初始信息收集→风险识别→风险评估→风险预警→风险应对→建立流程→优化制度→编写风控手册→编写内控评价报告→编写风险管理报告→风控信息化等内容。这些内容完整地描述了风控体系建设的全过程以及过程中的关键点。为了帮助读者理解这些关键点，书中提供了大量的图表和模板。话不多说，请打开目录按图索骥，或者直接进入您最关注的章节。

　　书中相关观点仅代表一家之言，不妥之处，敬请广大读者朋友批评指正。联系方式：cro2008@126.com。

李素鹏

2020 年 2 月 29 日于北京

第一章 企业内部控制理论与规范 / 1

第二章　风险管理标准与指引 / 37

第三章　选择合适的标准整合风控体系 / 57

第一章
企业内部控制理论与规范

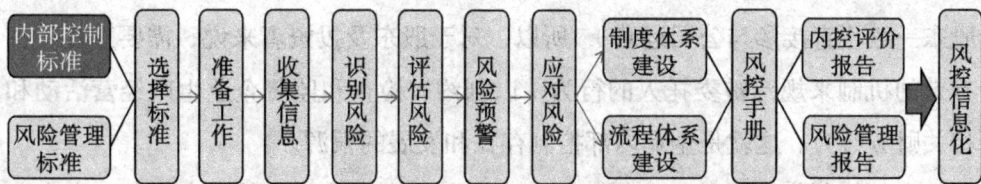

作为本书的开头，本章主要介绍与内部控制相关的基础理论和规范，下一章将聚焦介绍与风险管理相关的基础理论和指引，其目的是为企业搭建风控体系打下坚实的理论基础。

本章主要内容包括：

第一节　企业为什么要实施内部控制

第二节　1992 版 COSO《内部控制——整合框架》

第三节　美国萨班斯法案

第四节　2004 版 COSO《企业风险管理——整合框架》

第五节　2013 版 COSO《内部控制——整合框架》

第六节　中国企业内部控制法规体系

第七节　内部控制的局限性

第一节　企业为什么要实施内部控制

一、企业实施内部控制的根本原因

企业内部控制（简称"内控"）的产生源于委托代理机制。按照控制理论来分析，企业最根本的控制主体是股东，董事会是股东的代理，经理层是董事会的代理。对企业运营而言，董事会和经理层既是控制主体又是控制客体，它们既受到股东的监督和影响，又对公司管理施加影响，以保证企业目标的实现。股东与董事和经理们有利益冲突，且双方信息的不对称（对大中型公司而言，股东一般不直接参与公司运营），所以，对于股东及投资者来说，需要建立一种有效的机制来规范被委托人的行为，以制约、检查和监督企业生产经营活动和相关财务行为。这就是企业内部控制存在和发展的根源。

内部控制作为一种企业经营活动自我调节和自我约束的内在机制，在企业管理中具有重要的作用，有效的内部控制是保证企业合规和高效运行的必要组成部分。

二、内部控制给企业带来哪些价值

企业内部的各项治理活动和各项生产经营活动，只有在完善的内部控制体系之下，在合规合法的基础上运行，才能规避生产经营过程中出现的各类风险，不断提升企业治理水平与核心竞争力。有效的内部控制可以给企业带来以下四个方面的价值。

第一，可以提高企业风险管理水平，促进企业战略和经营目标的实现。

内部控制体系要求企业的管理制度要在实际业务流程中得到有效贯彻执行，相应的权限、岗位职责要在流程执行过程中实现有效分离，流程中要设置有效的内部控制点，以保证内部控制的要求得到有效落实。有效的内部控制有利于企业实现战略目标的分解，将复杂抽象的战略目标分解和固化到实际的业务活动和流程中，以保证管理层的要求能够分解落实到各部门、各单位和各岗位的实际行动当中，以及各项指令得到有效落实。

第二，可以合理保证信息有效传递，为决策提供支持。

内部控制工作能够合理保证各级领导真实、准确、及时地获取企业风险和内部控制方面的信息，帮助各级领导了解企业生产经营各方面的实际情况，了解企业风险应对措施和存在的各类控制缺陷情况，为管理层提供决策支持，提高管理者对企业的管控能力。

第三，可以加强信息披露，提升企业的形象，增强投资者的信心。

通过内控体系的建设，可以实现更及时准确的信息披露，合理保证财务报表真实准确，满足监管要求，保证企业的资产安全，从而提升企业的形象，加强投资者的信心。

第四，降低舞弊可能性，在反舞弊反腐败方面发挥作用。

内部控制制度和流程明确了权限划分和岗位职责分离，企业可以通过弥补控制上的缺陷，完善内部控制机制，从而有效降低腐败的可能性；同时，内部控制要求决策和业务执行时留痕和有据可查，这可以在很大程度上为事后的追责和案件查处提供有价值的线索。所以，内部控制不仅能够有效降低舞弊和腐败的可能性，而且增加了舞弊和腐败事件暴露的可能性，这对实现"不能腐"的目标有很重要的作用。

第二节　1992 版
COSO《内部控制——整合框架》

一、为什么还要讲 1992 版 COSO《内部控制——整合框架》

在企业风险管理和内部控制理论研究领域，COSO 有着举足轻重的地位。COSO 是美国反虚假财务报告委员会下属的发起人委员会（The Committee of

Sponsoring Organizations of the Treadway Commission)的英文缩写。

1985年，由美国注册会计师协会、美国会计协会、财务经理人协会、内部审计师协会、管理会计师协会联合创建了反虚假财务报告委员会，旨在探讨财务报告中的舞弊产生的原因，并寻找解决之道。两年后，基于该委员会的建议，其赞助机构成立COSO委员会，专门研究内部控制（简称"内控"）问题。1992年，COSO委员会发布了指导内部控制实践的纲领性文件《内部控制——整合框架》(Internal Control-Integrated Framework)，简称COSO报告。

该框架面世以后，不仅得到了美国证监会（SEC）的认可，指定它作为在美上市公司内控体系建设的指导框架，而且在全球范围内被众多国家上市公司监管机构和企业广泛采用。2008年，我国财政部和证监会等五部委联合发布的《企业内部控制基本规范》也采用了COSO框架的要素和内容。

进入21世纪之后，人们渐渐发现即便企业建立了完善的内部控制体系，仍然会出现倒闭、破产、经营失败或预期不达标等情况，比如安然、世通这些公司，所以COSO开始从更高层面来思考企业的管理活动以及内部控制体系的局限性，并于2004年发布了《企业风险管理——整合框架》(Enterprise Risk Management- Integrated Framework，简称ERM框架)。

COSO对ERM框架的初衷和定位是正确的，但在起草ERM框架时采用了在COSO内部控制框架的基础上进行升级和扩充的做法，由"小魔方"变成"大魔方"，这直接导致了两个理论框架虽然愿景和目标各不相同，但框架形式和内容高度重合。过去这些年企业在实践这两个理论体系时出现的种种说法，如"内部控制就是风险管理""风险管理就是内部控制""风险管理是'大内控'"等，正是这两个类似的魔方埋下的隐患。

历史的车轮滚滚向前，信息技术日新月异，新的商业模式和跨行业的市场竞争层出不穷，企业管理理论和监管政策不断创新，为满足时代发展与企业管理的实际需要，2010年，COSO决定启动更新1992年版本的《内部控制——整合框架》，并于2013年5月正式发布新的《内部控制——整合框架》，同时宣布旧版（1992版）内控框架于2014年年底废止。

既然旧版内控框架已于2014年底就被COSO废止了，那为什么还要介绍

1992 版的《内部控制——整合框架》呢?

　　之所以讲它,主要有两个原因:一是因为 1992 版内控框架在全球内控理论中占有举足轻重的地位,已被全球很多国家和企业广泛采用,而且还在使用;二是因为旧版内控框架是 2013 版 COSO《内部控制——整合框架》的基础。废除旧版本,不是因为旧版本的内容有问题,而是新版本在继承旧版本的基础上,又有了新的发展,所以才废止旧版本。正因如此,本书才要从 1992 版的 COSO《内部控制——整合框架》讲起。

二、内控框架的主要内容

　　1992 版的 COSO《内部控制——整合框架》分为四个部分。

　　第一部分是"摘要",是对内部控制总体构架的高度总结,是针对总裁和高级管理人员、董事会成员、律师和监管当局而写的。

　　第二部分是"总体框架",完整定义了内部控制,描述了它的组成部分,为公司管理层、董事会和其他人员提供评价其内部控制系统有效性的准则。为了方便大家理解,COSO 绘制了经典的内控魔方,如图 1-1 所示。

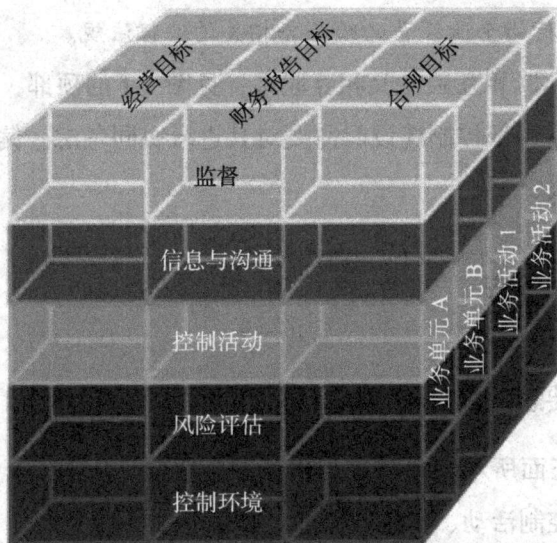

图 1-1　1992 版 COSO《内部控制——整合框架》

第三部分是附件"外部团体报告"，为那些已经或准备公开披露财务报表和内部控制报告的团体提供编制指南。

第四部分是"评估工具"，提供了对内控系统进行评估的有用资料。

图 1-1 是经典的 COSO 内控立方体，顶部是三类目标：经营目标、财务报告目标、合规目标；正面是内控五要素，从下至上分别是：控制环境（注意，不是内部环境）、风险评估、控制活动、信息与沟通、监督；侧面是适用的场合：业务单元和业务活动。

三、内部控制的定义和目标

COSO 在本报告中对内部控制的定义：内部控制是一个要靠组织的董事会、管理层和其他员工去实现的过程，实现这一过程是为了合理地保证经营的效果性和效率性、财务报告的可信性，以及对有关法律和规章制度的遵循性。

上述定义包含了内部控制的三类目标，它们分别是：

- ✓ 第一类目标指企业的基本经营目标，包括业绩、盈利指标和资源保护；
- ✓ 第二类目标指编制可靠的公开财务报表，包括中期和简略财务报表，以及从这些财务报表中摘出的数据（如利润分配数据）；
- ✓ 第三类目标指企业经营必须符合相关的法律法规。

以上三类目标既相互独立又相互联系，见图 1-1 的顶部，它们分别代表不同的要求，企业在内部控制建设时需要对其进行协同考虑。偏离内控目标的内控往往是"走形式"。

四、内部控制要素

（一）内控要素的具体内容

如图 1-1 的正面所示，内部控制包括五个要素，从下至上分别是"控制环境、风险评估、控制活动、信息与沟通、监督"。

1. 控制环境

控制环境主要包括企业的管理哲学和经营风格、治理结构、组织机构设置与权责分配、企业文化、人力资源政策、员工的诚信度、道德标准、价值观、内部审计机构设置、反舞弊机制等。控制环境决定了企业的基调，直接影响企业员工的控制意识。控制环境提供了内部控制的基本规则和构架，是其他四要素的基础。

2. 风险评估

每个企业都面临诸多来自内部和外部的有待评估的风险。由于经济、产业、法规和经营环境的不断变化，需要确立一套机制来识别和应对由这些变化带来的风险。风险评估的前提是使经营目标在不同层次上相互衔接，保持一致。风险评估指识别、分析相关风险以实现既定目标，从而形成风险管理的基础。

3. 控制活动

控制活动指那些有助于管理层决策顺利实施的政策和程序。控制活动有助于确保实施必要的措施以管理风险，实现经营目标。控制活动体现在整个企业的不同层次和不同部门中，诸如批准、授权、查证、核对、复核经营业绩、资产保护和职责分工等活动。

4. 信息与沟通

公允的信息必须被确认获取，并以一定的形式及时传递，以便员工履行职责。信息系统产出涵盖经营、财务和遵循性信息的报告，以助于经营和控制企业。信息系统不仅处理内部产生的信息，还包括与企业经营决策和对外报告相关的外部事件、行为和信息等。有效的沟通是指信息自上而下、横向以及自下而上的传递。所有员工必须从管理层得到清楚的信息，认真履行控制职责；员工必须理解自身在整个内控系统中的位置，理解个人行为与其他员工工作的相关性；员工必须有向上传递重要信息的途径。同时，与外部诸如客户、供应商、监管机构和股东之间也需要有效的沟通。

5. 监督

内部控制系统需要被监督，需要对该系统的有效性进行评价。企业可以通过持续性的监督活动、独立评价，或两者的结合，来实现对内控系统的监控。其中，持续性的监督活动发生在企业的日常经营过程中，包括企业的日常管理和监督行为、员工履行各自职责的行为；独立评价活动的广度和频度有赖于风险预估和日常监控程序的有效性。内部控制的缺陷应该自下而上进行汇报，性质严重的缺陷应上报最高管理层和董事会。

以上五要素既相互独立又相互联系，其中，控制环境是实施内部控制的重要基础，风险评估是内部控制的前提，控制活动是内部控制的具体措施，信息与沟通是内部控制的必要条件，监督是内部控制的保证手段。

（二）内控要素与内控目标之间的关系

内部控制的三类目标代表了企业内部控制努力的目标，而五要素则代表了实现这些目标所需的元素。五要素与每一类目标相联系，为实现每一类目标，内控五要素需要共同发挥作用，只有这样才能保障内部控制是有效的。

评价某一内控系统是否有效往往是一种主观判断，这种判断来自对这五个要素是否存在和是否有效运行的评估。内控系统的有效运行为上述某一目标或多项目标的实现提供了合理保证。因此，这些要素也是内控系统是否有效的评价标准。

（三）内控各要素之间的关系

为了保证内部控制目标的实现，这五个要素要成为一个有机的统一体，并及时对不断变化的内外部环境做出反应。控制环境提供了员工实施控制活动和履行控制责任的氛围，是其他要素的基础；在此环境内，经理层评估实现特定目标的风险，然后采取应对措施；控制活动是为了保障经理层关于降低风险的措施得以实施；同时，与之相关的信息被获取，并在企业内部传递；最后，上述整个过程都要得到监控，并随着环境的改变而更新。

内部控制五个独立的要素组合起来是一个过程，但是这个过程并不是一个要素只影响下一个要素的串联过程，它们之间是多方向、相互作用的过程。比如，对风险的评估不仅影响控制活动，还可能需要重新考虑信息和沟通，或重新考虑企业的监控活动。

尽管企业都需要这五个要素来实施内部控制，但某一企业的内控系统往往与另一企业的内控系统大相径庭，因为它们的规模、文化、历史、管理层哲学、团队，以及所在的行业不可能完全一样。所以，没有两个企业会具有相同的内控系统。照搬别人的内控手册，不是真实的内控，只是对监管的一种"敷衍"。

五、内控框架的意义

COSO 内控框架的提出使内部控制的研究进入了一个更系统、更全面的动态过程，它对内控要素进行了详细描述，创造性地增加了信息与沟通、风险评估和监督。内控框架认为，内部控制不是一次性的行动，而是一个持续改进和不断完善的过程；内部控制不再是制度和理论，不再是少数管理者和董事会的行为，而是由全体员工参与的过程，涉及组织结构中的各个职能。

从某种程度上说，内部控制是企业中每个人的职责，因此应成为每个人工作职责中明示或暗示的一部分。在实际工作中，所有职员都在产出内部控制需用的信息，或在进行与内控有效运行相关的活动；所有职员都有责任向上层汇报经营中存在的问题、背离准则和违规违法行为。

一些企业外部人员也会有助于企业目标的实现，比如，独立审计师通过实施独立、客观的审查，通过直接的财务报表审计和间接的管理建议，来帮助管理层落实其职责。其他能够为内部控制提供有用信息的外部人员，包括律师、监管当局、客户、财务分析师、债券评级师和新闻媒体等。值得注意的是，他们属于企业外部人员，不属于企业内控系统的一部分，也不对企业内控系统负责。

六、内部控制与企业管理之间的关系

企业横向和纵向的经营行为都是通过决策（计划）、执行和监控这一基本过程进行的，内部控制是与这一过程密不可分的一部分。内部控制合理保障这一过程能够良好运行，并监督其运行以保持持续的相关性和有效性。内部控制是管理层的管理工具之一，而非管理的替代品。表 1-1 列举了一些企业管理活动与内部控制活动，由此能直观地看到它们的区别与联系。

表 1-1　属于内部控制的管理活动

管理活动	内部控制
企业使命、愿景、价值观描述	—
企业总体目标制定	—
企业战略发展规划	—
企业控制环境建设	√
操作层目标制定	—
风险识别和分析	√
风险管理策略制定和选择	—
实施控制活动	√
信息甄别、获取和传递	√
监控	√
纠正行为	—

注：—表示不属于内部控制活动的职责范围。

　　内部控制并非单一的事件或环境，而是针对企业行为的一系列活动，所以，内部控制应该"嵌入"企业的日常经营行为之中，而非"外置"在企业或企业业务活动之外。如果把内部控制放在企业运营过程之外，或者认为是立法者和监管机构给企业增加的负担，那就是还没有理解内部控制的核心要义。

第三节　美国萨班斯法案

一、萨班斯法案产生的背景

　　2001 年 12 月 2 日，美国最大的能源公司——安然公司（Enron Corporation），

突然申请破产保护；2002 年 1 月 10 日，安达信公开承认销毁了与安然审计有关的档案；此后，其他上市公司丑闻不断，规模也"屡创新高"，特别是 2002 年 6 月的世界通信（World Communication）会计丑闻事件，彻底打击了美国投资者对美国资本市场的信心。

为了改变这一局面，美国国会和政府于 2002 年 7 月加速通过了《2002 年上市公司会计改革和投资者保护法案》，7 月 30 日，美国总统布什签字，该法案正式成为美国的一项法律。由于这个法案是由参议院银行委员会主席保罗·萨班斯（Paul Sarbanes）和众议院金融服务委员会（Committee on Financial Services）主席麦可·奥克斯利（Mike Oxley）联合提出的，因此也被称为《萨班斯－奥克斯利法案》，以下简称"萨班斯法案"。

该法案的第一句话就是"遵守证券法律以提高公司披露的准确性和可靠性，从而保护投资者及其他目的"。该法案对美国《1933 年证券法》《1934 年证券交易法》做出大幅修订，在公司治理、会计职业监管、证券市场监管等方面做出了许多新的规定。

二、萨班斯法案的主要内容

萨班斯法案共有 11 章 68 个条款，包括成立公众公司会计监管委员会（PCAOB）、增强审计师的独立性、明确公司责任、强化财务信息披露、加重白领犯罪处罚等措施，对强化企业内部控制提出了严格要求。具体内容如表 1-2 所示。

表 1-2　萨班斯法案的主要内容

主要内容	内容说明
成立独立的"公众公司会计监管委员会"（PCAOB）	加强对上市公司审计业务的监管，对违反该法案、相关证券法规，以及专业准则的会计师事务所和个人，PCAOB 有权检查、处罚和制裁
加强独立审计师的独立性	建立非审计业务清单，禁止对上市公司进行审计的会计师事务所提供列入禁止清单的非审计服务，审计事务所开展未列入清单的非审计业务也必须经公司审计委员会批准

主要内容	内容说明
加大上市公司财务报告责任	要求公司首席执行官（CEO）和首席财务官（CFO）保证呈报给美国证券交易委员会（SEC）的财务报告"完全符合"证券交易法，并在所有重大方面公允反映公司财务状况和经营成果
强化财务披露义务	上市公司应及时披露导致公司经营和财务状况发生重大变化的信息。强制要求上市公司年度报告中应包含内部控制报告及其评价，并要求会计师事务所对公司管理层做出的评价出具鉴证报告
加重违法处罚	为保证公司财务报告的合法性和公允可靠，对故意进行证券欺诈的行为、故意破坏或捏造材料的行为都会处以罚款或追究刑事责任，最长刑期为20年，最高罚款为500万美元

萨班斯法案的出台标志着美国证券法律的根本思想从"简单披露"转向"实质性管制"。按照该法案的要求，在美国上市的公司要以COSO《内部控制——整合框架》为参照来建立自己的内部控制体系，通过增强公司的报告责任和审计委员会的责任，加强独立审计师的独立性，增强财务报表的真实性、公允性和完整性以及改善公司治理结构，以恢复公众投资者对上市公司的信心。

三、萨班斯法案中关于加强内部控制的主要条款

这里主要列举萨班斯法案的第302条款、第404条款、第906条款。

（一）第302条款

第302条款主要是强调公司对财务报告的责任，确保上市公司财务报告的真实性，要求公司（包括在美国上市的他国公司）的首席执行官（CEO）和首席财务官（CFO），必须保证定期报告中的财务报表和信息披露是适当的，在所有重大方面公正地报告了公司的运营和财务状况，并且不含有任何不真实的并导致其财务报表误导公众的重大错误或遗漏。如果违反，首席执行官或首席财务官个人要承担民事责任甚至刑事责任。

第302条款要求首席执行官和首席财务官负责建立、维护和评价"与财务报告相关的内部控制和程序"，必须充分了解企业的整体情况，尤其是公司的内

部控制建设情况，了解财务报表披露的真实性和完整性。上市公司要介绍信息披露的控制和程序，强调财务人员的正直和财务报告系统控制的完整性；需披露的非财务信息包括重要合同的签署、战略合作关系的解除以及法律诉讼等。

（二）第 404 条款

第 404 条款要求上市公司管理层每年除披露年度财务报告外，还需要提交一份内部控制报告，对内部控制进行评价。

（1）公司管理层和外部审计师在年报中就内部控制分别评价和报告。

（2）上市公司要依据 COSO 框架评估公司财务报告内部控制的有效性，并报送评价报告。

（3）外部审计师也必须对企业与财务报告相关的内部控制的有效性进行审计并出具审计意见。

第 404 条款的"最终细则"也明确表明 COSO 内部控制框架可以作为评估企业内部控制的标准。

（三）第 906 条款

第 906 条款规定了对违反法案所进行的处罚，最高被处以 500 万美元罚款和 20 年的监禁。但是只要企业按照要求建设并维护好内部控制体系，并在此基础上按照第 404 条款的要求进行自我评价和接受外部审计，就能避免第 906 条款的惩罚。

综上所述，萨班斯法案的出台，体现了美国政府规范市场行为的决心，强化了公司高管层对财务报告的责任，要求 CEO、CFO 等公司高管签署保证财务报告真实完整的声明，公司高管须对财务报告的真实性负责，如提供不实财务报告将承担刑事责任。为保证客观、真实、准确，还强化了对文档记录的管理，要求企业保留必需的证据。这些都旨在强化上市公司的内部控制监管要求，提升公众对上市公司的信心。

四、萨班斯法案的实施情况

按照萨班斯法案的规定，大中型美国本土上市公司必须在 2004 年 11 月 15 日后的财政年度中就财务报告的内部控制有效性出具评价报告，还要求外部公共审计师进行相应的审计并出具正式意见。考虑到在美上市的海外公司和中小型本土公司执行的困难，美国证券交易委员会（SEC）将生效日期延期至 2006 年 7 月 15 日。其实，在财务报告内部控制评价报告披露前，2013 年，美国政府就根据萨班斯法案处罚了一百多位知名上市公司的高管（CEO、CFO、COO 等）。

从 2004 年开始，以中石油、中移动、中海油、华能国际为代表的，在美国上市的中国企业就开始了内部控制建设与评价工作。之后，在美国上市的互联网企业搜狐、新浪、百度等，教育类企业新东方等，也陆续开始了在内部控制建设与评价方面的实践探索。

萨班斯法案使美国现行证券法、公司法和会计法进行了多处重大修改，新增了许多相当严厉的法律规定，为全球各国监管机构和企业提供了加强公司管理、信息披露和保护投资者利益的借鉴。

第四节　2004 版 COSO
《企业风险管理——整合框架》

一、COSO 为何开发《企业风险管理——整合框架》

1992 版《内部控制——整合框架》发布以后，很快得到全球认可。但是，随着各国企业积极实施国际化战略，企业兼并、重组活动不断加剧，越来越多的企业实行多元化经营，涉及的行业越来越多，并逐渐向价值链上下游延伸，企业面临的内外部风险也越来越多，这给企业管理带来重大挑战。尤其在 2001 年和 2002 年，美国安然、世通等公司在爆发欺诈和会计造假丑闻后纷纷倒闭，给公众投资者造成了巨大损失，重创了股民对市场的信心。尽管美国政府于 2002 年快速通过了《萨班斯－奥克斯利法案》，但通过 COSO《内部控制——整合框架》建立的内部控制体系对企业经营和合规两个目标的支持力度并没有像财务目标那样得到较好的体现，企业需要从整合风险管理的角度来为企业创造价值，并合理保障企业战略目标的实现，监管机构和公众也越来越关注企业的风险管理。

但是，风险管理是什么？应该包括哪些工作内容？按什么工作程序去管理风险？在当时并没有一个普遍被接受的答案。为了顺应风险管理与内部控制相融合的趋势，结合《萨班斯－奥克斯利法案》，2004 年 9 月，COSO 委员会发布了《企业风险管理——整合框架》(Enterprise Risk Management- Integrated Framework，以下简称"风险管理框架"）。

在这个框架中，COSO 认为事件对目标的影响可能是正面的，也可能是负面的，其中负面的被称为"风险"，正面的被称为"机会"，即风险是一个事件将会发生并给目标实现带来负面影响的可能性，而机会是一个事件将会发生并给目标实现带来正面影响的可能性。

为了便于企业理解这个框架，管理企业风险，COSO 把企业风险管理定义为"企业的董事会、管理层和其他员工共同参与的一个过程，该过程应用于企业的战略制定和企业的各个部门和各项经营活动，用于确认可能影响企业的潜在事项，并在其风险偏好范围内管理风险，为企业目标的实现提供合理的保证"。

二、风险管理框架的模型

虽然 COSO《企业风险管理——整合框架》初衷美好，但它沿用了 1992 版的 COSO《内部控制——整合框架》，如图 1-2 所示。

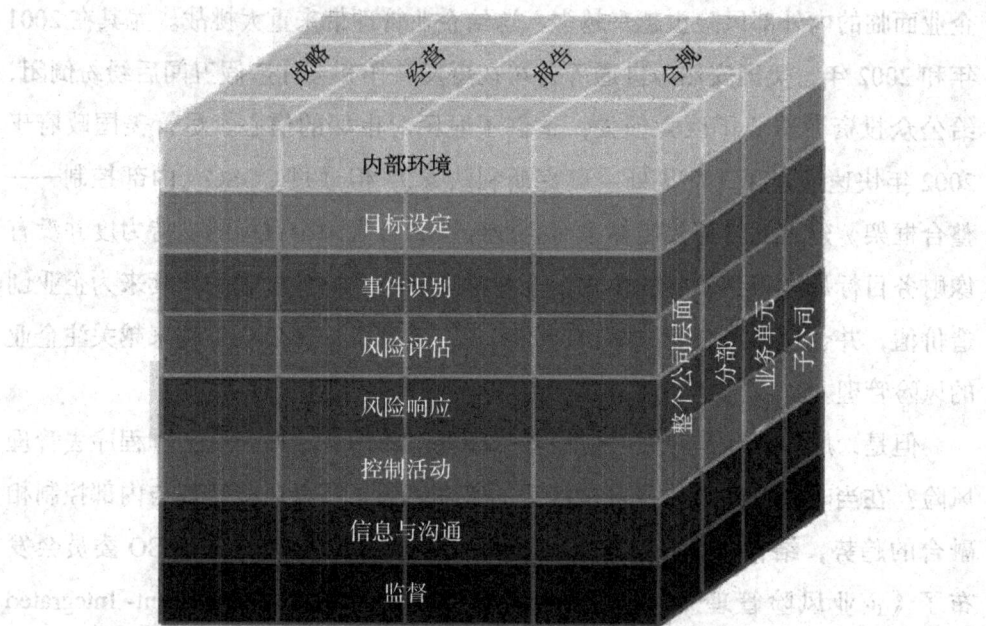

图1-2 2004版COSO《企业风险管理——整合框架》

图1-2的顶部是风险管理框架的四个目标：战略、经营、报告、合规。

图1-2的正面是风险管理框架的八个要素：内部环境、目标设定、事件识别、风险评估、风险响应、控制活动、信息与沟通、监督。

图1-2的侧面是风险管理适用的场合：整个公司层面、分部、业务单元、子公司。

图1-2很像一个大号的内控立方体（见图1-1），只是在顶部多了一个"战略"目标，在正面多了"目标设定""事件识别"和"风险响应"（或称风险应对）三个要素，其他方面几乎与内控立方体一样。

三、风险管理框架的要素

1. 内部环境

内部环境是企业建立与实施内部控制的基础，内容包括董事会和管理层、权限和职责划分、风险管理的理念、企业的风险文化、风险偏好等。内部环境构成内部控制依赖的规则和结构，影响和决定目标设定、决定风险评估和应对以及控制活动等其他要素。各级领导层的重视是风险内控工作的关键，最高管理层的态度决定风险内控工作的成效。

2. 目标设定

管理者会根据内部环境各种要素的实际情况，按照企业的风险承受度和企业预期去设定企业的目标，并将目标有效传递给企业内部各层级，实现总体目标的逐层分解，将目标设定与面临的风险相结合来保证能够实现企业的愿景。

3. 事件识别

企业要对目标产生影响的内外部因素进行识别，找出可能对目标实现产生影响的因素。这一过程需要对内外部各种因素、各种潜在的风险事件进行汇总、归类，对照企业的风险库对各种风险事件进行准确归类。

4. 风险评估

在风险识别的基础上企业要对已经识别的风险进行定性和定量分析，分析风险发生的可能性和产生影响的大小，从而确定风险对于企业目标实现所产生的影响。通过风险评估对风险按严重程度进行排序，一般分为一般风险、重要风险和重大风险。风险评估以风险识别为基础，同时也是采取风险管理措施加以应对的基础。

5. 风险响应

风险响应也称风险应对，在完成对风险的识别和评估之后，企业要对发生可能性较大和对企业可能造成重大损失的风险采取措施加以应对。企业的风险应对措施需要结合企业总体战略、风险偏好和成本效益原则，通常的风险应对措施包括风险承担、风险规避、风险分担和风险转移等。

6. 控制活动

企业为了确保风险应对措施得到有效执行，需要制定和实施政策与程序，以确保风险应对措施得到有效的贯彻执行，一方面需要设计合理的控制活动以有效应对风险，另一方面也要确保这些控制措施在实际工作中得到有效贯彻执行。

7. 信息与沟通

企业的生存和发展需要获得来自内部和外部的信息，只有这样才能对不断变化的环境采取有效的措施并及时做出反应。企业要获得及时、准确的信息来判断风险，并对信息进行筛选分类和处理，才能有效进行风险识别、风险评估和风险应对。企业风险识别和评估的结果，拟采取的风险应对措施等信息也需有效传递给管理层和组织内部相关部门和人员了解和贯彻执行，进而保证企业目标的实现。

8. 监督

监督是保证风险管理得到有效设计、执行，以及不断进行优化和改进的关键，保证风险管理在组织内部，包括管理层和相关部门得到有效的贯彻执行，防止因风险事件影响企业战略目标的实现。监督分为日常持续监督和专项评价。日常持续监督对例行的业务活动进行过程监督，是对企业经营活动的实时监控；专项评价是结合风险评估的结果和管理层需求对特定事项做的事后监督。两者相结合可以共同保证风险管理的有效性。

把 COSO《企业风险管理——整合框架》放在这里介绍，主要是因为它无论从模型的形式来看，还是从其目标和要素来看，本质上还是个内部控制框架，不过是个"放大的"内控框架而已；另外，2017 版 COSO 风险管理框架彻底放弃了 2004 版的模型，所以本书没把它放在第二章讲解。

第五节 2013 版 COSO 《内部控制——整合框架》

一、COSO 为什么要修订《内部控制——整合框架》

自 1992 年 9 月 COSO 委员会公布了第一版《内部控制——整合框架》以来，随着科技、监管、商业及运营环境发生的巨大变化，利益相关者对支持商业决策和组织管理的内部控制系统的透明化及有效性提出了更高的要求。具体体现为以下六个方面。

（1）公司治理和相关利益者对公司治理监督的要求日益迫切；

（2）市场全球化，企业经营也日益全球化；

（3）企业业务从单一业态到混业，从生产制造到租赁、金融及金融衍生工具，业务活动越来越复杂；

（4）法律、法规、准则和标准的要求越来越多，越来越复杂；

（5）科技快速进步，企业对不断发展的科技的应用和依赖越来越多；

（6）预防和治理舞弊行为的需要。

基于上述原因，2010 年，COSO 委员会决定更新 1992 年版本的《内部控制——整合框架》。

2013 年 5 月，COSO 正式发布新《内部控制——整合框架》，同时指出 1992 版内控框架在过渡期后废止，即于 2014 年 12 月 15 日废止。

二、新框架的模型

更新后的内部控制立方体如图 1-3 所示，其几乎与旧的立方体（见图 1-1）一模一样。

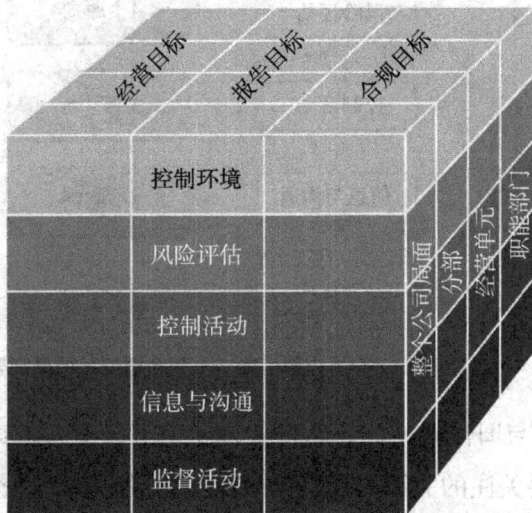

图 1-3　2013 版 COSO《内部控制——整合框架》

图 1-3 的顶部是新框架的三类目标，与图 1-1 相比，只是第二类目标发生了一些变化，从"财务报告目标"变成了"报告目标"，第一类经营目标和第三类合规目标与旧框架相同。

图 1-3 的正面是内部控制的五要素，与旧框架基本相同。

图 1-3 的侧面是内部控制适用的层面，包括整个公司层面、分部、经营单元，以及职能部门，这和旧框架有不同之处，范围扩大了，适用范围也更广了。

三、新框架的主要内容

（一）新框架主要内容概览

从图 1-3 可以看出，新框架的立方体与旧框架的立方体几乎相同，那它究竟新在什么地方呢？其核心的创新之处在于原则导向，并指出各原则的关键点，如图 1-4 所示。

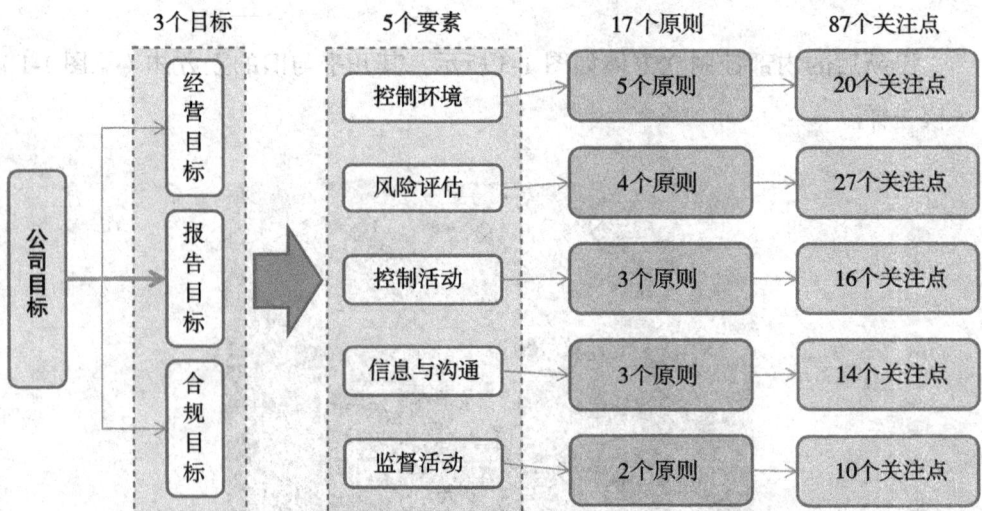

图 1-4 2013 版 COSO《内部控制——整合框架》的原则导向

在图 1-4 中，与旧框架相比，新框架多了对五个要素的详细描述，分别按原则及各原则需要关注的关键点展开，一共 17 个原则和 87 个关注点，详细内容如下。

（二）与"控制环境"相关的原则和关注点

新框架对控制环境提出了 5 个原则，每个原则对应的关注点如表 1-3 所示。企业在建立控制环境时，至少要满足这 20 个关注点。

表 1-3　控制环境对应的原则和关注点

原则编号	原则内容	关注点
原则 1	组织明确承诺将遵从职业操守及道德规范	✓ 设定最高基调 ✓ 建立行为准则 ✓ 评价行为准则的遵守程度 ✓ 及时纠偏
原则 2	董事会相对于管理层保持独立性并对管理层建立和执行内控的情况进行监督	✓ 明确监督职责 ✓ 具备专业胜任能力 ✓ 独立于管理层 ✓ 对内控系统实施监督
原则 3	在董事会的监督下，管理层建立相应的组织结构、汇报路径、恰当的授权/职责体系，以实现组织目标	✓ 考虑实体的组织结构 ✓ 明确汇报路径 ✓ 定义、分配并约束权限和职责
原则 4	组织致力于吸引、发展和保留具有职业胜任能力且与组织整体目标相匹配的人才	✓ 建立人力资源管理政策和程序 ✓ 评估人力资源能力并解决不足 ✓ 吸引、发展和保留人才 ✓ 计划和准备继任者
原则 5	组织明确个人的内控职责，以实现组织目标	✓ 通过组织架构、权力和责任确定内控责任 ✓ 建立内控绩效评价措施、激励和奖励 ✓ 评估与内控绩效相关的措施、激励和奖励 ✓ 考虑绩效评估带来的过大压力 ✓ 评估绩效、奖励和个人自律的关系

（三）与"风险评估"相关的原则和关注点

新框架对风险评估提出了 4 个原则，每个原则对应的关注点如表 1-4 所示。企业在开展风险评估时，至少要满足这 27 个关注点。

表 1-4 风险评估对应的原则和关注点

原则编号	原则内容	关注点
原则 6	组织制定清晰的目标，进而能够有效识别和评估威胁目标实现的风险	经营目标： ✔ 经营目标反映管理层的选择 ✔ 管理层要考虑风险容忍度 ✔ 组织要明确经营和财务目标 ✔ 管理层以经营目标为基础分配资源 外部财务报告目标： ✔ 财务报告的目标与适用的会计准则相一致 ✔ 管理层要考虑财务报表列表中的重要事项 ✔ 外部报告反映实体的活动 外部非财务报告目标： ✔ 管理层设立的目标与外部准则和框架相一致 ✔ 管理层要考虑非财务报告的准确性水平 ✔ 外部非财务报告要体现实体的活动 内部报告目标： ✔ 内部报告反映管理层的选择 ✔ 内部报告考虑用户对于准确性水平的需求 ✔ 内部报告体现实体的活动 合规目标： ✔ 合规目标体现外部法律、法规 ✔ 管理层要考虑合规目标的风险容忍度
原则 7	组织在整个实体层面识别可能威胁组织目标实现的风险，以便判断如何对这些风险进行管理	✔ 组织要在整个公司层面、分公司、各部门、业务单元和职能层级进行风险识别和评估 ✔ 风险识别要全面考虑内部和外部因素 ✔ 有效的风险评估机制要包含不同水平的管理活动 ✔ 评估风险识别的意义 ✔ 风险评估要包含如何应对风险
原则 8	组织在评价威胁组织目标实现的风险时，考虑潜在的舞弊风险	✔ 对舞弊风险的评估要考虑舞弊的种类 ✔ 舞弊风险的评估要考虑刺激和压力 ✔ 对舞弊风险的评估要考虑不恰当行为发生的概率 ✔ 对舞弊的评估要考虑管理层和员工的态度和合理性
原则 9	组织对可能对内控体系产生重大影响的变化事项进行识别与评价	✔ 风险识别过程要考虑外部环境变化 ✔ 组织要评估业务模式的变化 ✔ 组织要评估领导层的变化

（四）与"控制活动"相关的原则和关注点

新框架对控制活动提出了 3 个原则，每个原则对应的关注点如表 1-5 所示。企业在落实控制活动时，至少要满足这 16 个关注点。

表 1-5　控制活动对应的原则和关注点

原则编号	原则内容	关注点
原则 10	组织选择并且设置控制活动,以将威胁组织目标实现的风险降低到可接受的水平	✓ 控制活动与风险评估相互融合 ✓ 管理层要考虑影响实体的具体因素 ✓ 管理层要决定哪些相关业务流程与内控活动相关 ✓ 要评估控制活动包含哪些类型 ✓ 考虑控制活动的应用层面 ✓ 职责分离
原则 11	组织针对技术选择并且设置一般控制活动,以支持组织目标实现	✓ 管理层了解并决定业务流程,自动控制活动与技术通用控制的从属关系和联系 ✓ 管理层明确相关的技术基础设施控制活动 ✓ 管理层明确相关的安全管理流程控制活动 ✓ 管理层明确技术获取、开发和维护流程的控制活动
原则 12	组织通过制定政策(以明确控制期望)和具体流程(以将控制期望转换为具体行为)来贯彻控制活动	✓ 管理层明确政策和流程来支持管理层指令的执行 ✓ 管理层明确执行政策与流程的责任 ✓ 负责的员工及时执行内部控制活动 ✓ 负责的员工纠正内控活动中的错误行为 ✓ 使用有能力的员工执行内部控制活动 ✓ 管理层要定期评估制定的政策和流程

(五)与"信息与沟通"相关的原则和关注点

新框架对信息与沟通提出了 3 个原则,每个原则对应的关注点如表 1-6 所示。企业在信息与沟通方面,至少要满足这 14 个关注点。

表 1-6　信息与沟通对应的原则和关注点

原则编号	原则内容	关注点
原则 13	组织获取或产生符合使用者需求的、高质量的信息,以支持内控体系发挥功能	✓ 识别信息需求 ✓ 信息系统获取内部和外部信息数据 ✓ 信息系统将相关数据转化为信息 ✓ 信息系统在处理信息的过程中保证信息的质量 ✓ 注意信息的成本和获益
原则 14	组织在内部沟通相关信息(包括控制目标、控制职责),以支持内控体系发挥功能	✓ 内部控制信息沟通 ✓ 管理层与董事会的沟通 ✓ 提供独立沟通路径 ✓ 选择相关沟通方法

（续表）

原则编号	原则内容	关注点
原则15	组织与外部相关各方沟通可能对内控功能发挥产生影响的事项	✓ 与外部机构进行沟通 ✓ 开放的沟通渠道确保沟通顺利进行 ✓ 与董事会沟通外部机构信息 ✓ 提供独立的外部沟通路径 ✓ 选择恰当方式进行外部沟通

（六）与"监督活动"相关的原则和关注点

新框架对监督活动提出了 2 个原则，每个原则对应的关注点如表 1-7 所示。企业在落实监督活动时，至少要满足这 10 个关注点。

表 1-7　监督活动对应的原则和关注点

原则编号	原则内容	关注点
原则16	组织选择、设计和执行持续和/或单独的评价，以确认内控各关键要素存在且持续发挥功能	✓ 管理层要考虑持续的独立的评价 ✓ 管理层要考虑业务及业务流程的变化 ✓ 内部控制体系的设计要明确持续独立的评价标准 ✓ 持续独立的评价要有足够知识明确评价什么 ✓ 持续评价要与业务流程相融合 ✓ 管理层要调整评价的范围与频率 ✓ 独立评价要定期进行并提供客观反馈
原则17	组织对内部控制进行评价，并及时地将发现的内控缺陷报给负责执行纠正性措施的主体，这些主体包括高级管理层、董事会，具体视缺陷的具体情况而定	✓ 管理层和董事会要评价"持续评价或独立评价"的结果 ✓ 与相关方、高级管理层和董事会沟通缺陷 ✓ 管理层要追踪缺陷的整改

四、被保留的内容

通过前面的描述可以看出，2013 版《内部控制——整合框架》是对 1992 版的继承和发展，新版《内部控制——整合框架》继承了旧版的大部分核心内容，保留了 1992 版的内控框架"魔方"，也保留了内部控制的基本定义、内部控制的三个目标和五要素，以及在设计、执行内部控制和评价其有效性过程中，判断起重要作用的核心属性等内容。

五、被更新的内容

这里主要列举新框架在四个方面的突出变化，企业（尤其是在美国上市的企业）在实施内控体系更新时，应重点关注。

（一）新框架倡导原则导向

新框架最大的变化是对五要素做了"原则和关注点"的说明，将支撑五要素的基本概念提炼成17个原则。每一个原则不仅代表与内部控制五要素相关联的基本概念，而且代表与每个内部控制要素相关的基本评价维度。每一原则都由多个关注点支持，这些关注点代表这些原则的相关特点。各个要素和各个原则组合起来就构成了内部控制的准则，而各个关注点则为管理层提供指引，协助其评估内部控制各个要素是否存在、是否发挥效用、是否在企业内协同运作。这些原则和关注点既是建设内控体系的重要参考，也是评价内控体系是否有效的主要依据。

（二）新框架扩大了报告目标的范畴

新框架在报告内容和报告对象两个方面对"报告目标"进行了扩展。在报告内容方面，除了包括先前的财务报告，还涵盖了市场调查报告、资产使用报告、人力资源分析报告、内控评价报告、可持续发展报告等非财务报告；在报告对象方面，既要面向外部投资者、债权人和监管部门，确保报告符合相关监管要求，又要面向董事会和经理层，满足企业经营管理决策的需要。

（三）新框架强化了公司治理的理念

新框架包括了更多公司治理中有关董事会及其下属专门委员会的内容，强调董事会的监督对内部控制有效性的重要作用，强调有效的内部控制一定是上升到战略层次和公司治理层次的控制体系。

（四）新框架增加了反舞弊与反腐败的内容

与旧框架相比，新框架包含了更多关于舞弊与欺诈的内容，并且把管理层评估舞弊风险作为内部控制的 17 个原则之一，重点加以阐述。强调任何企业都要通过完善的内部控制体系构建起反舞弊机制。

第六节　中国企业内部控制法规体系

一、中国企业内部控制法规体系简介

2008 年，为了加强和规范企业内部控制，提高企业经营管理水平和风险防范能力，促进企业可持续发展，维护社会主义市场经济秩序和社会公众利益，根据国家有关法律法规，财政部会同证监会、审计署、银监会、保监会制定并发布了《企业内部控制基本规范》，并于 2009 年 7 月 1 日起在上市公司范围内施行，鼓励非上市的大中型企业执行。本《规范》适用于中华人民共和国境内设立的大中型企业。小企业和其他单位可以参照本规范建立与实施内部控制。

为了推动《企业内部控制基本规范》切实落地，2010 年 4 月 26 日，财政部、证监会、审计署、银监会、保监会等五部委联合发布了《企业内部控制配套指引》。该配套指引包括 18 项《企业内部控制应用指引》《企业内部控制评价指引》和《企业内部控制审计指引》，连同 2008 年发布的《企业内部控制基本规范》，标志着适应我国企业实际情况、融合国际先进经验的中国企业内部控制规范体系基本建成。该规范体系如图 1-5 所示。

| 企业内部控制基本规范 |

| 企业内部控制应用指引 |

| 内控环境 | 控制活动 | 控制手段 |

组织架构	资金活动	采购业务	全面预算
发展战略	资产管理	销售业务	合同管理
人力资源	研究与开发	工程项目	内部信息传递
社会责任	业务担保	业务外包	信息系统
企业文化	财务报告	

企业内部控制评价指引

企业内部控制审计指引

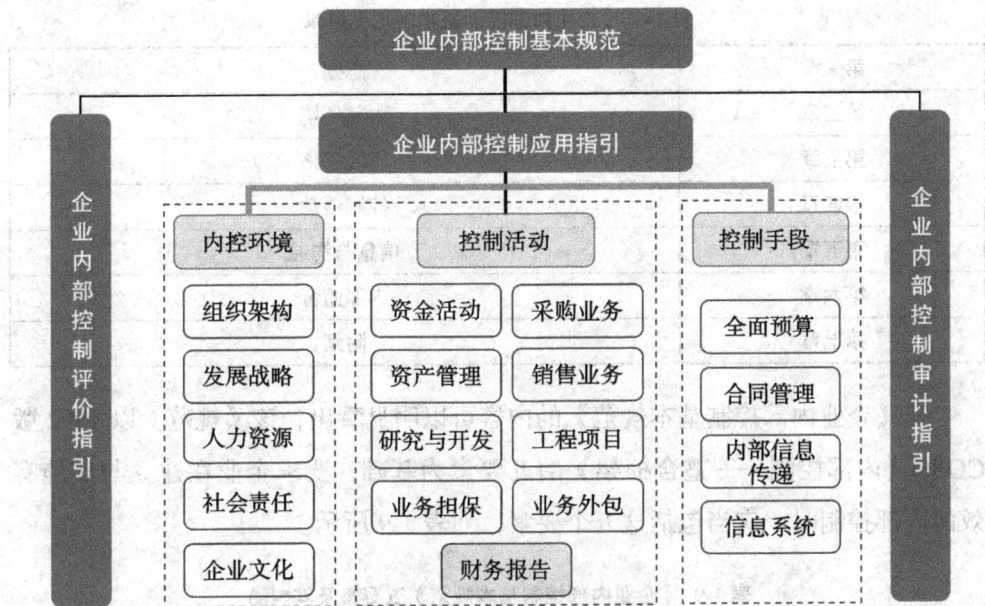

图 1-5　中国企业内部控制法规体系

在三个配套指引中,《企业内部控制应用指引》是为企业开展内部控制具体工作,指导企业落实各项业务活动的内部控制而设计的;《企业内部控制评价指引》是为企业管理层对本企业内部控制有效性进行自我评价提供指引;《企业内部控制审计指引》是为注册会计师和会计师事务所执行内部控制审计业务设定的执行准则。

二、《企业内部控制基本规范》的主要内容

(一)《企业内部控制基本规范》的五要素

《企业内部控制基本规范》一共 7 章 50 条,严格遵循了 COSO《内部控制——整合框架》的五要素,如表 1-8 所示。详细内容见财政部"财会〔2008〕7 号"文件。

表 1-8 《企业内部控制基本规范》目录

第一章	总则
第二章	内部环境
第三章	风险评估
第四章	控制活动
第五章	信息与沟通
第六章	内部监督
第七章	附则

从《企业内部控制基本规范》的内容可以明显看出，该《规范》以 1992 版 COSO《内部控制——整合框架》的五要素为基础，要求企业在建立与实施有效的内部控制时，应当包括这五个要素，如表 1-9 所示。

表 1-9 《企业内部控制基本规范》五要素及其内涵

要素名称	要素内涵
内部环境	内部环境是企业实施内部控制的基础，一般包括治理结构、机构设置及权责分配、内部审计、人力资源政策、企业文化等
风险评估	风险评估是企业及时识别、系统分析经营活动中与实现内部控制目标相关的风险，合理确定风险应对策略
控制活动	控制活动是企业根据风险评估结果，采用相应的控制措施，将风险控制在可承受度之内
信息与沟通	信息与沟通是企业及时、准确地收集、传递与内部控制相关的信息，确保信息在企业内部、企业与外部之间进行有效沟通
内部监督	内部监督是企业对内部控制建立与实施情况进行监督检查，评价内部控制的有效性，在发现内部控制缺陷时及时加以改进

（二）企业内部控制的目标

《企业内部控制基本规范》在第一章总则里，对内部控制进行了定义，并明确了内部控制的主要目标。

本规范所称内部控制，是由企业董事会、监事会、经理层和全体员工实施的、旨在实现控制目标的过程。本规范指定的内部控制的目标是合理保证企业经营管理合法合规、资产安全、财务报告及相关信息真实完整，提高经营效率和效果，促进企业实现发展战略。其含义如表 1-10 所示。

表 1-10　《企业内部控制基本规范》明确的内部控制目标

	目标	目标说明
1	合理保证企业经营管理的合法合规	内部控制要保证企业所有经营行为遵循有关法律、法规，依法经营，这是企业得以生存和发展的基础
2	合理保证企业资产安全	不因为个人的过错或个人的有意舞弊造成资产损失。实现企业资产的保值和增值
3	合理保证企业财务报告及相关信息真实完整	如果财务报告及相关信息不真实，那么不仅会误导企业管理者的决策，而且会误导投资者及其他利益相关方的决策。内部控制就是要真实反映企业经营和管理状况，保障财务报表真实可信
4	提高经营效率和效果	内部控制不是要一味地做加法，增加控制，降低效率，而是要通过对业务流程的梳理和优化，做减法，合理控制关键点，去掉不必要的冗余控制，提高流程效率，节约成本，提高企业经营管理的效率和效益
5	促进企业实现发展战略	这个目标应该借鉴了 2004 版 ERM 框架。战略制定不属于内部控制的范畴，所以这里是"促进"。上面四个目标是该目标的基础和保障

（三）企业建立内部控制的原则

企业建立与实施内部控制，应当遵循全面性原则、重要性原则、制衡性原则、适应性原则，以及成本效益原则，各原则的内容如表 1-11 所示。

表 1-11　企业建立与实施内部控制应当遵循的原则

	原则	原则含义
1	全面性原则	内部控制应当贯穿决策、执行和监督全过程，覆盖企业及其所属单位的各种业务和事项
2	重要性原则	内部控制应当在全面控制的基础上，关注重要业务事项和高风险领域
3	制衡性原则	内部控制应当在治理结构、机构设置及权责分配、业务流程等方面形成相互制约、相互监督，同时兼顾运营效率
4	适应性原则	内部控制应当与企业经营规模、业务范围、竞争状况和风险水平等相适应，并随着情况的变化及时加以调整
5	成本效益原则	内部控制应当权衡实施成本与预期效益，以适当的成本实现有效控制。如果控制自身所花的成本 A 高于被控制缺陷造成的损失 B，那就得不偿失了

三、企业内部控制应用指引

2010年4月26日，财政部、证监会、审计署、银监会、保监会等五部委联合发布了《企业内部控制配套指引》。该配套指引包括18个《企业内部控制应用指引》《企业内部控制评价指引》和《企业内部控制审计指引》，这18个配套应用指引如下所示。

《企业内部控制应用指引第1号——组织架构》

《企业内部控制应用指引第2号——发展战略》

《企业内部控制应用指引第3号——人力资源》

《企业内部控制应用指引第4号——社会责任》

《企业内部控制应用指引第5号——企业文化》

《企业内部控制应用指引第6号——资金活动》

《企业内部控制应用指引第7号——采购业务》

《企业内部控制应用指引第8号——资产管理》

《企业内部控制应用指引第9号——销售业务》

《企业内部控制应用指引第10号——研究与开发》

《企业内部控制应用指引第11号——工程项目》

《企业内部控制应用指引第12号——业务担保》

《企业内部控制应用指引第13号——业务外包》

《企业内部控制应用指引第14号——财务报告》

《企业内部控制应用指引第15号——全面预算》

《企业内部控制应用指引第16号——合同管理》

《企业内部控制应用指引第17号——内部信息传递》

《企业内部控制应用指引第18号——信息系统》

上述18个应用指引可以分为三类：内部环境类、控制活动类、控制手段类。其中，内部环境类包括组织架构、发展战略、人力资源、社会责任、企业文化5个应用；控制活动类包括资金活动、采购业务、资产管理、销售业务、研究与开发、工程项目、业务担保、业务外包、财务报告9个应用；控制手段类包括全面预算、合同管理、内部信息传递、信息系统4个应用，如图1-6所示。内部环境类的应用指引关乎企业全局，所以也把它们称为公司层面的内控；控制活动类和控制手段类的应用指引被称为业务层面的内控。

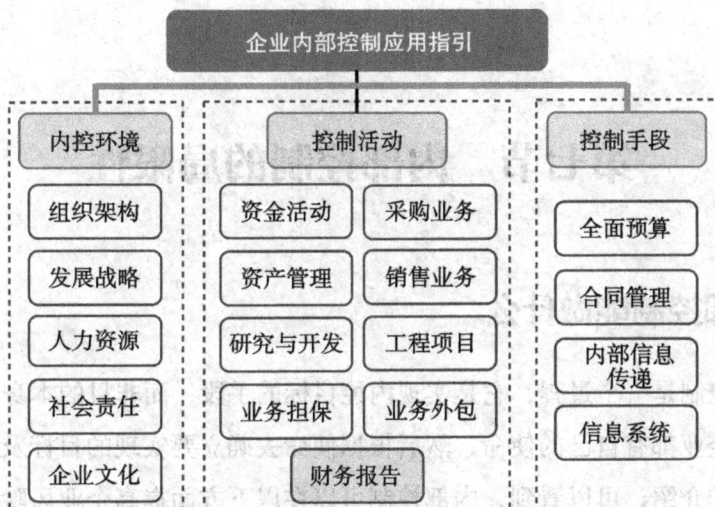

图1-6 企业内部控制应用指引

这18个应用指引覆盖了企业的员工流、资金流、实物流和信息流，有一定的通用性和参考性，基本可以满足一般企业的内部控制需求。对于大中型上市公司而言，它们的业务复杂，除了这18个应用指引外，可能还要增加对"并购""重组""关联交易"等业务的控制；而一些小微企业，业务相对简单，可能没有工程项目和研发之类的业务，所以，企业在建立内控体系时，要结合自身规模、经营特点，以及所处行业的实际情况，来设计符合企业实际经营需求的内部控制系统。

这些年，在18个应用指引中，最受重视的是"财务报告"内部控制指引，可能因为它是会计师事务所、证券交易所、证监会重点关注的内容。

关于18个企业内部控制应用指引的具体内容，受篇幅所限，本书不再赘述，读者可以访问财政部官网获得。

四、企业内部控制评价指引

企业在内部控制体系建设时，还需要建立内部控制评价体系，以促进企业的内部控制不断完善。关于内部控制评价的内容，详见本书第十三章。

第七节　内部控制的局限性

一、内部控制能做什么

内部控制是一个过程，它是实现内控目标的手段，而非目的本身。

每个企业都有自己的使命，然后根据使命去确立要实现的目标及相应战略。通过前面的介绍，可以看到，内部控制可以在以下方面提高企业风险管理水平，促进企业战略和经营目标的实现：

（1）可以防止资源损失或浪费，提高财务报告的可靠性；

（2）可以通过风险评估有的放矢地管理企业的不确定性或缺陷；

（3）可以合理保证信息有效传递，为决策提供支持；

（4）可以加强信息披露，提升企业的形象，增强投资者的信心；

（5）可以督促企业遵守相关法律法规，避免企业名誉受到损害或受到其他不良影响；

（6）可以通过不相容岗位分离等控制措施降低舞弊的可能性，在反舞弊反腐败方面发挥作用。

总之，内部控制有利于企业在既定轨道中前进，少走弯路。

但是，内部控制并不是万能的，它只能"提供合理保证"，发挥"促进"作用。如果企业人员认知不足或串通舞弊，内部控制是没有太多办法的。还有，像政府政策的变化、市场需求的变化、竞争对手的行为或经济环境的变化等这些在企业管理层控制之外的因素带来的负面影响，也不是内部控制所能抵御的。

所以，内部控制体系建设得好，并不意味着就一定不会发生意外或失误。内部控制不仅不能保证成功，甚至也不能保证生存，安然、世通、柯达、雷曼兄弟等就是前车之鉴。

二、内部控制局限性的具体表现形式

内部控制所提供的保证都只是合理保证，并非绝对保证。内部控制有其局限性，比如，企业经营中的投资回报、市场份额、引进新产品等子目标并非完全在企业的控制范围之内，所以，不应把内部控制的功能无限扩大化。

其实，即便是在企业内部的日常管理中，内部控制也存在不少局限性，具体如表 1-12 所示。

表 1-12　内部控制局限性的主要表现形式

相关方面	相关局限性的具体表现形式
设计方面	对极端事件或新事件无内控措施
	内部控制设计有缺陷
	内部控制设计已过时
	内部控制修订不及时
执行人方面	内部控制执行人能力不足
	内部控制执行人判断失误
	内部控制执行人误解指令
	内部控制执行人心态或情绪不好，故意执行不到位，或者无意执行到位
	管理层凌驾于内部控制之上
	管理层凌驾于内部控制之外
	串通舞弊
成本效益方面	控制成本太高
	控制收益太低
	成本效益不成比例
合规方面	故意避开监管
	故意隐蔽违规违法

（一）内部控制设计有缺陷或已过时

内部控制是人为设计的，是结合相关方要求为"经常重复发生的业务活动"而设计的，一旦确定就具有相对的稳定性和过时性。如果设计时没有考虑到一些可能事件对业务产生的影响，或者没有针对特殊事件设计应对控制措施，或者没有根据环境变化及时对内部控制制度进行修订，那么，当突发事件或不符合预期的业务活动发生时，就会出现内部控制体系不适用的情况，内部控制体系的有效性就会受到影响。

企业在发展过程中，外部环境始终处于不断发展变化之中。企业为了生存和发展，势必要不断调整经营战略，或者并购其他企业，或者在外地开设分支机构，或者增设分部、部门生产线，或者剔除某个过时的业务板块等。这样，就会导致原有的控制程序对新增加的或变化的业务不能完全适用，如果不能及时调整内部控制制度和措施，就可能产生差错或失去发展机会，给企业带来损失。

即使外部环境不发生变化，也可能导致类似问题。例如，组织部门调整或职能调整后，原有的内部控制制度和流程未做调整。又比如，企业实施信息化以后，会计核算的方法和手段都发生了根本性的变化，对内部会计控制的岗位、控制环节、控制程序等都提出了不同于手工核算的要求。在这种情况下，如果不建立新的控制制度，原来的控制制度就很有可能失灵，进而影响内部会计控制的有效性。

（二）内部控制执行不到位或失误

无论企业内部控制设计得多么完美，其发挥作用的关键还在于执行人员的实际执行情况。在执行过程中会受到诸多人为因素的影响，比如，执行人员内部控制意识薄弱、专业能力差、粗心大意、精力不集中、判断失误或者对指令的误解等都可能使内部控制失效，导致内部控制不能发挥有效的作用。

（三）管理层凌驾于内部控制之上或之外

企业最高层对于内部控制的态度、行为以及向所有员工传递的信息决定着内部控制工作能否顺利开展或者能否达到成效。管理层所面临的风险及其所能造成的危害远远大于普通员工。管理层如果超越权限，凌驾于内部控制之上或之外，授意工作人员违反制度规定，或者干扰内部控制部门正常执行职责，都会使已经建立起来的内部控制体系失效。

（四）串通舞弊

内部控制的不相容岗位分离能够有效规避个人舞弊行为的发生，形成牵制，为避免个人单独从事和隐瞒不合规定的行为提供基本的保证，但并不能完全防止两个或两个以上的人员和部门共同作弊行为的发生。内部控制对多人的合谋行为无能为力，例如，出纳与会计共同作弊，财产保管与财产核对人员合伙造假，采购部门与会计部门联合舞弊，审计部门与会计部门合伙舞弊等。对于多人合谋行为，再完备、再严密的内部会计控制措施也不能发挥其应有的作用。

（五）成本效益不成比例

成本效益原则是指一个内部控制程序设计、实施、运行的成本不应该超过预期的效益，设计与执行内部控制所产生的效率和效果应大于为此而投入的成本。如果对内部控制工作投入的成本不足，就会导致内部控制面临专业人员不足、控制措施不够深入、内部控制评价范围受限等问题。另外，尽管单纯从控制的角度来看，控制环节和控制措施越严密复杂，控制的效果就越好，但如果控制环节过多、控制措施过于复杂，相应地就会产生不必要的控制成本，从而会对企业生产经营活动的效率产生负面影响。因此，在设计和实施内部控制时，企业必须考虑控制成本与控制效果之比，保证控制收益大于控制成本，即所有设置控制点所达到的控制收益应大于为此而付出的控制成本。

综上所述，内部控制的目标并非总能实现，在内部控制设计和执行过程中，经常会受到多方串通、成本和人员素质限制、管理层越权、政府政策和法律的非预期变化等因素影响，导致内部控制执行不到位，不能及时发现和消除所有的缺陷。内部控制有许多天然的局限性，但这并不是说内部控制对企业来说"可有可无"。

　　尽管建立内部控制并不能绝对保证企业整体目标的实现，也不能解决企业的所有问题，但是设计科学合理的内部控制和有效的执行确实能为企业控制目标的实现提供必要的、合理的保证。许多统计数据表明：好的内部控制与企业目标的实现正相关。所以，我们既不能把内部控制看得"一无是处"，也不能把内部控制看得"无所不能"。

　　在企业管理中，只有科学、辩证地使用内部控制工具，才能更好地发挥其作用。

第二章
风险管理标准与指引

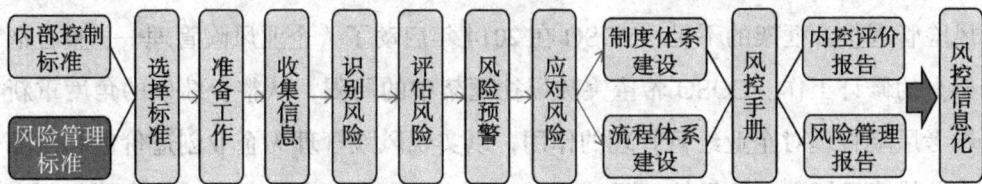

内部控制标准 / 风险管理标准 → 选择标准 → 准备工作 → 收集信息 → 识别风险 → 评估风险 → 风险预警 → 应对风险 → 制度体系建设 / 流程体系建设 → 风控手册 → 内控评价报告 / 风险管理报告 → 风控信息化

风险是不确定性对目标的影响,该影响可能是正面的机遇和机会,带来效益或收益,也可能是负面的危害,带来威胁或损失,也可能兼而有之。任何企业在生存发展的道路上,都面临多种不确定性,这种不确定性大到经济环境的变化、科技的进步、监管政策的变化、战争或动乱,小到一名员工的操作失误、一个客户或供应商的失信,都可能使企业遭受灭顶之灾。为了保持稳健经营,企业必须培养"管理这些不确定性"的能力,自觉地开展风险管理工作。

本章主要内容包括:

第一节　2017 版 COSO 风险管理框架

第二节　ISO 风险管理标准

第三节　我国《中央企业全面风险管理指引》

第一节 2017版COSO风险管理框架

一、新版COSO风险管理框架的由来

在2004年版《企业风险管理——整合框架》发布之后的十几年里，内外部环境不断变化，新技术不断出现，新的风险层出不穷，风险的复杂性也不断增加，特别是在实践中风险管理体系和内部控制体系的建立并未能很好地保证企业战略目标的实现，也未能很好地规避经营中出现的风险，企业的经营目标和价值创造目标也未能得到有效的支持和保障。为适应这些新的变化，完善现有风险管理整合框架的不足，COSO在2014年启动了《企业风险管理——整合框架》的修订工作。COSO希望突破以往框架中的局限，从整合绩效的角度重新思考风险管理对企业经营管理的作用，以实现风险管理为企业创造价值和保障企业战略目标实现的目的。历时三年，COSO于2017年9月正式发布了新版企业风险管理框架——《企业风险管理——与战略和绩效的整合》。

二、新版风险管理框架视图

在介绍新版风险管理框架之前，先看看它的框架视图，如图2-1所示。

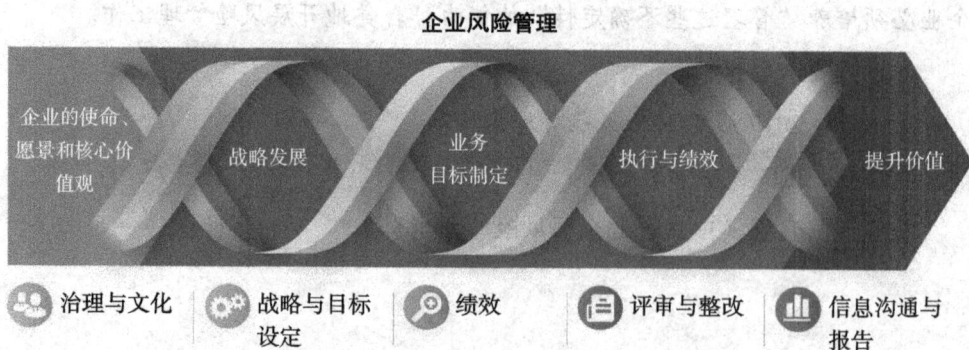

图2-1 COSO《企业风险管理——与战略和绩效的整合》视图

与 COSO 之前魔方式的内控框架和风险管理框架相比，该框架是一个全新的视图。它以企业价值创造为主线，以五条丝带呈链式与企业的使命、战略、业务和绩效等交织在一起，这五条丝带分别代表：治理与文化、战略与目标设定、绩效、评审与整改，以及信息、沟通与报告。如果还要用"要素"来描述的话，它们便是新风险管理框架的五要素。

图 2-1 的主体部分描绘的是企业价值提升的过程，从左到右依次是：企业的使命、愿景和核心价值观→战略发展→业务目标制定→执行与绩效→提升价值。其中，战略发展、业务目标制定、执行与绩效这三项是企业价值创造的核心。风险管理深度嵌入在这个核心过程之中，为企业的价值提升提供保障。

新版风险管理框架要表达的是：风险管理工作应贯穿企业治理、战略、目标设定和日常运营决策的始终；风险管理将协助企业更加关注与战略和商业目标相关的风险，然后及时应对风险，及时评审，及时整改，从而使企业获得更好的绩效，实现价值提升。

三、新版风险管理框架要素

新版风险管理框架不是对旧版（2004 版）风险管理框架的修改和改良，而是一次革命，所以二者没什么可比性。如果基于习惯，非要拿二者相比，那可以这么理解：新版风险管理框架将 2004 年版《企业风险管理——整合框架》的八要素（见图 1-2）改为五要素，即将内部环境改为"治理与文化"，将目标设定改为"战略与目标设定"，将事件识别、风险评估、风险响应、控制活动等归纳为"绩效"要素，将监督改为"评审与整改"，将信息与沟通改为"信息、沟通与报告"，这种变革可用表 2-1 来表示。

表 2-1　2017 版 COSO 企业风险管理框架与 2004 版的要素比较

2004 版	2017 版
内部环境	治理与文化
目标设定	战略与目标设定

39

（续表）

2004 版	2017 版
事件识别	绩效
风险评估	
风险响应	
控制活动	
监督	评审与整改
信息与沟通	信息、沟通与报告

新版框架抛弃"魔方"（见图 1-2），用链式结构（见图 2-1）来呈现，更好地体现了各要素之间的递进关系和最终的价值提升目标。

新版风险管理框架也以原则为导向，把五大要素细化为 20 个原则，分别对应不同的要素，如图 2-2 所示。

治理与文化	战略与目标设定	绩效	评审与整改	信息、沟通与报告
1. 履行董事会风险监督职能 2. 建立运营架构 3. 定义理想的企业文化 4. 致力于实现核心价值 5. 吸引、培育和留住人才	6. 分析业务环境 7. 定义风险偏好 8. 评价备选战略 9. 制定业务目标	10. 识别风险 11. 评估风险的严重程度 12. 风险排序 13. 执行风险应对方案 14. 建立风险组合观	15. 评估重大变化 16. 评审风险和绩效 17. 对企业风险管理的改进进行追踪	18. 运用信息和技术 19. 沟通风险信息 20. 汇报风险、文化和绩效

图 2-2　2017 版 COSO 风险管理框架的 20 个原则

（一）治理与文化

该要素包含治理和文化两个部分，包含 5 个原则，如表 2-2 所示。其中，治理确定了企业的基调，强调了企业风险管理的重要性和监督责任；文化则包含了使命、道德价值观、行为准则等。

表 2-2 "治理与文化"包含的 5 个原则

原则编号	原则	对原则的解释
原则 1	履行董事会风险监督职能	董事会要对战略进行监督,支持管理层实现战略和业务目标
原则 2	建立运营架构	组织建立运营架构用以实现战略和商业目标
原则 3	定义理想的企业文化	组织的文化通过对期望行为的定义得以体现
原则 4	致力于实现核心价值	实现组织对主体核心价值观的承诺
原则 5	吸引、培育和留住人才	组织致力于选聘、培养与战略和业务相适应的人力资源

(二)战略与目标设定

该要素包含治理制定和业务目标设定,包含 4 个原则,如表 2-3 所示。在企业战略制定过程中,风险管理、战略和目标是相互密切联系的,战略发展规划指导业务目标的设定,业务目标的实现确保战略得以达成,而风险管理则是对这些过程中的不确定性进行管理,为它们保驾护航。所以,在实践中,要想把风险管理做实,就必须以战略和目标为导向,离开目标谈风险是没有任何意义的。

表 2-3 "战略与目标设定"包含的 4 个原则

原则编号	原则	对原则的解释
原则 6	分析业务环境	组织要重视不同环境对风险状况的影响
原则 7	定义风险偏好	组织在创造、保持和实现价值时要明确风险偏好
原则 8	评价备选战略	组织通过对风险的分析,评价备选战略,做出战略选择
原则 9	制定业务目标	组织通过对风险的评估分析,制定支持战略实现的不同层次的业务目标

(三)绩效

该要素主要解决风险管理执行层面的问题,包含 5 个原则,如表 2-4 所示。在实践中,可以先对影响战略和业务目标达成的风险进行识别、评估,然后按严重程度对风险进行排序,最后再与风险偏好和风险承受度结合,确定风险应对策略。

表 2-4 "绩效"包含的 5 个原则

原则编号	原则	对原则的解释
原则 10	识别风险	组织根据影响战略和业务目标的风险进行识别
原则 11	评估风险的严重程度	组织对风险的严重程度进行评估
原则 12	风险排序	组织对风险的严重程度进行风险排序
原则 13	执行风险应对方案	组织选择风险应对措施并予以实施
原则 14	建立风险组合观	组织建立一种组合的视角来评估风险

（四）评审与整改

该要素包含评审和整改两个方面，包含 3 个原则，如表 2-5 所示。该要素主要讲述企业通过评审主体的绩效情况，确定对风险管理进行改进。

表 2-5 "评审与整改"包含的 3 个原则

原则编号	原则	对原则的解释
原则 15	评估重大变化	组织识别和评估可能对战略和业务目标产生重大影响的变化
原则 16	评审风险和绩效	组织审视主体绩效，检查和了解风险产生的影响
原则 17	对企业风险管理的改进进行追踪	组织要根据实际情况不断对风险管理进行改进，了解改进执行情况

（五）信息、沟通与报告

该要素包含信息、沟通、报告三个方面，包含 3 个原则，如表 2-6 所示。风险管理作为一个持续的过程，需要获得和分享内外部的必要信息，确保信息在组织内有效流转。

表 2-6 "信息、沟通与报告"对应的 3 个原则

原则编号	原则	对原则的解释
原则 18	运用信息和技术	组织利用信息系统支持风险管理工作
原则 19	沟通风险信息	组织利用沟通渠道支持风险管理工作
原则 20	汇报风险、文化和绩效	组织对主体各层次的风险、文化和绩效提供报告

四、新版风险管理框架的特点

（一）重新定义了风险和风险管理

新版风险管理框架对风险和风险管理进行了重新定义：风险是指事件发生并影响战略和商业目标实现的可能性。风险管理是指组织在创造、保持和实现价值的过程中，结合战略制定和执行，所呈现的风险管理文化、能力和实践。

2004 版风险管理框架对风险管理的定义是："企业的董事会、管理层和其他员工共同参与的一个过程，该过程应用于企业的战略制定和企业的各个部门和各项经营活动，用于确认可能影响企业的潜在事项，并在其风险偏好范围内管理风险，为企业目标的实现提供合理的保证。"

新版定义将风险管理从"过程"改为"文化、能力和实践"，用以实现组织创造、保持或实现价值。

（二）强调了风险和价值之间的关系

新版风险管理框架强调了使命、愿景与核心价值，突出了所有风险管理的最终目标都是实现价值提升。风险管理能够通过预测风险事件发生的概率，事先做好对可能发生风险的预判，提高组织应对变化的能力，通过对机会和威胁的系统分析，为决策层决策提出备选项，增强企业承担风险的信心和能力，最终能够加速企业的增长和价值创造。新版框架突出强调了风险管理对主体价值创造和业绩提升方面所起到的作用，将风险管理嵌入企业管理业务活动和核心价值链当中。

（三）强调了企业风险管理和绩效的关系

新版风险管理框架将风险管理看作和绩效有机结合的整体。风险管理融于绩效管理之中，目的是推动企业绩效的实现。新版框架特别强调了企业在确立业务目标绩效时，应明确风险偏好与风险承受度，应在风险与绩效间建立起关联。

（四）强调了风险管理对企业战略的影响

新版风险管理框架中的要素和原则从围绕企业战略，变成了贯穿融入企业的使命、愿景、核心价值、战略、业务目标、绩效和价值提升当中。其中，使命是指主体的核心宗旨，要实现什么，以及为什么存在；愿景是主体对目标和未来状态的展望和描绘；核心价值是指主体的价值取向，以及对好与坏、接受或不接受的判断标准，这些将会影响组织的行为模式。企业通过将风险管理融入战略制定环节，协助管理层了解主体的整体风险状况，为管理层提供战略制定所需信息，为战略制定和决策提供支持信息以及战略选项，评估替代策略对风险状况的影响，并识别新的发展机遇，制定符合自身风险状况的战略。同时风险管理能够对所选择的战略进行评估，分析战略制定和执行的风险及可能产生的影响，并进行相应的调整和修改，更好地促进企业战略目标的实现。

新版风险管理框架将风险管理提升到了一个前所未有的高度，风险的范围不仅包括战略执行过程中的风险，还包括战略制定过程中的风险，战略目标与主体使命、愿景和价值观不匹配的风险，以及战略目标与业务目标不匹配的风险。

（五）明确了企业风险管理和内部控制的关系

新框架第一部分内容中就描述了风险管理和内部控制的关系："内部控制主要聚焦在主体的运营和对相关法律法规的遵从性上""企业风险管理的相关概念并没有包含在内部控制中（例如，风险偏好、风险承受度、战略和目标设定等概念，这些都是内部控制体系实施的前提条件）"。在 COSO 公布的《常见问题》解释上，COSO 表明两个体系并不是相互代替或取代，而是侧重点各不相同，相互补充的作用；同时也强调：内部控制作为一种经历时间考验的企业控制体系，是企业风险管理工作的一个基础和组成部分。

新版风险管理框架强调风险管理直接为利益相关方创造价值，值得企业决策者和管理者关注。新版风险管理框架指出实施风险管理的目的是为股东和利益相关方创造价值，支持主体使命、愿景和核心价值的实现，不只是要满足监管和合规要求，而是企业内生的需求。

五、新版风险管理框架的主要变化

通过上面的介绍，我们把新版风险管理框架的变化进行汇总，以方便大家记忆：

- ✓ 变更了题目和框架展现方式；
- ✓ 应用了要素和原则的编写结构；
- ✓ 简化了企业风险管理的定义；
- ✓ 强调了风险和价值之间的关联性；
- ✓ 优化了风险偏好和风险承受度的概念；
- ✓ 重新定义了企业风险管理框架应关注的焦点；
- ✓ 强调了文化在风险管理工作中的地位和作用；
- ✓ 增加了对战略相关议题的研讨；
- ✓ 强化了绩效和企业风险管理工作的协同效应；
- ✓ 明确了企业风险管理对决策的支持作用；
- ✓ 明确了企业风险管理和内部控制的关系。

值得一提的是，新版风险管理框架只是对框架本身进行了更新，2004年发布的《企业风险管理——应用技术》被继续保留。所以，风险管理工作者在实践中可以继续使用2004年COSO发行的与风险管理相关的工具和技术。

另外，实施风险管理的目的是为股东和利益相关方创造、保持和实现价值，这些并不能通过外部监管来实现，监管是控制性工作，在六西格玛中不属于价值创造活动。所以各类主体的利益相关方要明确：实施风险管理并不只是满足监管和合规要求，其真正的目的是实现价值和达成业绩，支持主体使命、愿景和核心价值的实现。

第二节 ISO 风险管理标准

一、ISO 风险管理标准简介

ISO 认为，各种类型和规模的组织都面临外部和内部因素及影响，这些因素和影响使得组织在实现其目标时都面临一定的不确定性。ISO 对风险管理的专门研究始于 2005 年，成型于 2009 年。2009 年，ISO 连续发布了三个与风险管理相关的标准，它们分别是：

✓ ISO Guide 73：2009 风险管理——术语（Risk Management - Vocabulary）；

✓ ISO 31000：2009 风险管理——原则与指南（Risk Management - Principles and Guidelines）；

✓ ISO/IEC 31010：2009 风险管理——风险评估技术（Risk Management - Risk Assessment Techniques）。

2018 年，ISO 对 ISO 31000 进行了修订，发布了 ISO 31000：2018 风险管理——指南（Risk Management – Guidelines）；2019 年，ISO 对 ISO 31010 进行了修订，发布了 ISO 31010：2019，在对之前的风险评估技术进行细分的基础上，又补充了 9 种新的风险评估技术。

ISO 开发的这些标准适合任何类型的组织，适合管理任何类型的风险，是通用的指南和方法，可用于组织的整个生命周期、各种活动及各层级的决策。下面主要介绍 ISO 31000 的两个版本。

二、ISO 31000：2009

（一）为什么要介绍 ISO 31000：2009

风险管理旨在保证组织恰当地应对风险，提高风险应对的效率和效果，增强行动的合理性，有效地配置资源。有效的风险管理应当融入整个组织的理念、治理、管理、程序、方针策略以及文化等各方面。

ISO 31000：2009 提供了一个通用的风险管理原则和实施指南，它有助于组织在任何范围和具体环境中以透明和可靠的方式去实施风险管理。

2018 年，ISO 更新了 ISO 31000：2009 标准。按照 ISO 的惯例，新标准发布后，旧标准就自动废止。本书继续介绍 ISO 31000：2009，主要有两个原因：一是这个标准基于澳新国家标准 AS/NZS4360 而来，无论在结构的完整性和严密性方面，还是在整体的科学性方面，都已经历了实践的检验，有较好的实用性；二是新版 ISO 31000：2018 除了强调"整合、嵌入性"之外，几乎没有什么创新。

（二）ISO 31000：2009 的主体结构

风险管理意识是整个组织文化的一部分。风险管理适用于组织的全生命周期及其任何阶段，其适用范围包括整个组织的所有领域和层次，也包括组织的具体部门和活动。

ISO31000：2009 标准的正文由以下五个部分构成。

第一部分是标准的范围；

第二部分是术语定义；

第三部分是风险管理的基本原则；

第四部分是风险管理的基本框架；

第五部分是风险管理的基本过程。

其中，第三、四、五三个部分的内容如图 2-3 所示。

图 2-3 是 ISO 31000：2009 的总体架构图，包括三大部分：左边是风险管理原则，中间是风险管理框架，右边是风险管理过程。其中，原则共 11 条，第一条原则是"风险管理创造并保护价值"；框架是 ISO 31000：2009 的主体，企业在建设风险管理体系时，主要是针对这部分来说的；过程是实施风险管理框架要遵循的流程。

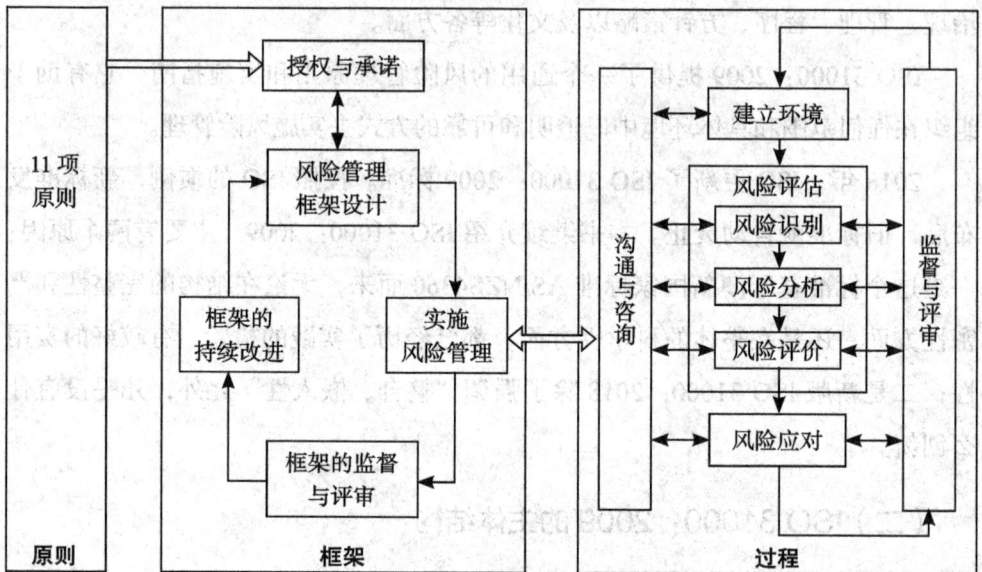

图 2-3 ISO 31000：2009 风险管理的原则、框架与过程

风险管理框架采用 ISO 惯用的 PDCA 模型，"计划"（P）对应风险管理框架设计，"做"（D）对应实施风险管理框架，"检查"（C）对应监督与评审风险管理框架，"改进"（A）对应风险管理框架的持续改进。其中，风险管理框架设计是重中之重，至少应该包括以下七项内容：

✓ 了解组织及其环境；

✓ 制定风险管理方针；

✓ 明确责任；

✓ 把风险管理整合入组织的所有过程；

✓ 明确资源；

✓ 建立内部沟通与报告机制；

✓ 建立外部沟通与报告机制。

风险管理过程是实施风险管理框架的流程，从建立环境开始，依次经过风险评估、风险应对，在这个过程中，要始终保持与相关方的沟通与咨询，要始终落实监督与评审。

风险管理过程是组织管理的有机组成部分，嵌入在组织文化和实践当中，贯穿于组织的经营过程。

ISO 31000：2009 把风险识别视为风险评估的第一个环节，定义风险评估包括风险识别、风险分析和风险评价三个子步骤。

通过上面的描述，可以看出 ISO 31000：2009 标准的建立目的是向组织推荐一个开发、实施和持续改进风险管理的框架，使组织在这个框架内采用一致的过程，帮助组织实现管理风险的有效性和高效率，并在组织中保持连贯性。企业在开展风险管理的过程中，应将管理风险的过程整合入组织的所有治理、战略、策划、管理、报告过程、方针、价值及文化中；同时，把"记录"贯穿于风险管理过程的各项活动中。

关于 ISO 31000：2009 的详细内容，请参考 ISO 31000：2009 原文或《ISO 风险管理标准全解》。

（三）ISO 31000：2009 与 2004 版 COSO ERM 框架的关系

ISO 31000：2009 与 2004 版 COSO ERM 框架无论在形式上还是内容上都相差甚远，如果非要把它们放在一起比较的话，那么可以用表 2-7 来展示。ISO 31000：2009 没有"要素"概念，强调的是"过程"；2004 版 COSO ERM 强调的是"要素"，但在落实这些要素时，又可以把它们联系起来视为一个"过程"。COSO ERM 框架在 2017 年更新后，也不再使用"要素"的概念。各企业在后续风控体系建设时，应该注意这一变化。

表 2-7　ISO 31000：2009 与 2004 版 COSO ERM 框架的比较

ISO 31000：2009 风险管理过程	2004 版 COSO ERM 框架要素
建立环境	内部环境
	目标设定
风险识别	事件识别
风险分析	风险评估
风险评价	
风险应对	风险响应
	控制活动

ISO 31000：2009 风险管理过程	2004 版 COSO ERM 框架要素
沟通与咨询	信息与沟通
监督与评审	监督

（四）我国 GB/T 24353—2009 与 ISO 31000：2009 的关系

我国发布 GB/T 24353—2009 是在 2009 年 9 月 30 日，ISO 发布 ISO 31000：2009 是在 2009 年 11 月，我们提前两个月，但没想到 ISO 在这两个月内对标准做了较大的修改，导致 GB/T 24353—2009 与 ISO 31000：2009 不合拍。

GB/T 24353—2009 基于 ISO 31000：2009 的国际标准草案而来，只有 ISO 31000：2009 "过程" 的一部分（如图 2-4 所示），所以 GB/T 24353—2009 只是 ISO 31000：2009 的一个子集。企业在选择风控体系建设依据时可忽略这个标准。

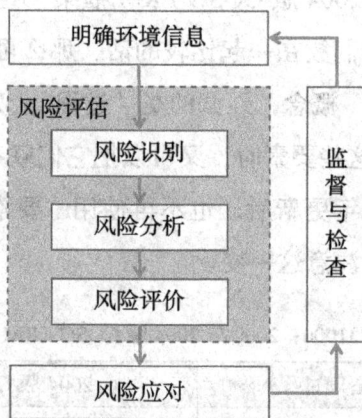

图 2-4　GB/T 24353—2009 风险管理过程

三、ISO 31000：2018

与 ISO 31000：2009 相比，ISO 31000：2018 没有什么太大的突破，一些方面甚至还不如 ISO 31000：2009 的可操作性强。下面简单介绍一下它的新变化。

（一）在术语方面的变化

ISO 31000：2009 中有 29 个术语，而 ISO 31000：2018 只保留了其中的 8 个（见表 2-8），并给予了新的注解。这 8 个术语是与风险管理最密切相关的基础术语，有了这 8 个术语，就可以对风险进行描述、估计和应对。

表 2-8 ISO 31000：2018 的术语列表

编号	术语	术语定义
1	风险	不确定性对目标的影响 注解：影响是与预期的偏差。它可以是积极的、消极的或两者兼而有之，并且可以锁定、创造或导致机遇和威胁
2	风险管理	指导和控制组织风险的协调活动
3	利益相关方	对一个决策或行动可以产生影响或被影响，或自以为将会受影响的个人或组织
4	风险源	可能单独或共同引发风险的内在要素
5	事件	某一类情形的发生或变化 注解：事件可以是一个或多个情形，可能有多个原因和多个后果
6	后果	某事件对目标影响的结果 注解：后果可能是确定的或不确定的，可能对目标产生正面或负面、直接或间接的影响
7	可能性	某个事件发生的机会 注解：包括客观、主观、定性、定量地进行定义、测度或确定，或者给定时间段内的频率
8	控制	处理（保持或调整）风险的措施 注解：控制包括但不限于保持或调整风险的任何流程、政策、设施、操作或其他行动

（二）在总体结构上的变化

ISO 31000：2018 虽然继承了 ISO 31000：2009 的基本结构和主要内容，但在表现形式上做了改变，如图 2-5 所示。

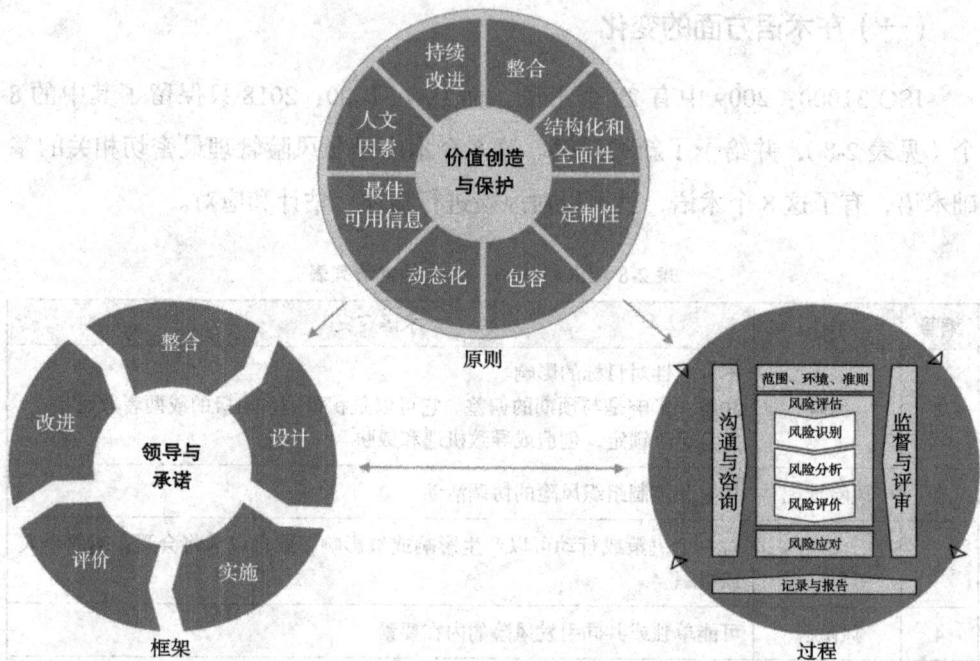

图 2-5　ISO 31000：2018 **风险管理的原则、框架和过程**

尽管 ISO 31000：2018 和 ISO 31000：2009 都是用"原则＋框架＋过程"来描述，但 ISO 31000：2018 用三个圆轮构成一个"等边三角形"来展示，而 ISO 31000：2009 则是用"左中右结构"来展示（见图 2-3）。这一变化，说明 ISO 把风险管理过程的地位提高了，风险管理原则也不能只浮在框架上，而是要直接嵌入风险管理过程之中。如果风险管理过程不能创造和保护价值，那么风险管理总体工作就不可能创造和保护价值。

（三）在内容方面的变化

1. 在"原则"方面的变化

（1）数量的变化。ISO 31000：2009 有 11 个原则；ISO 31000：2018 采用 1+8 模式，展示了 9 个原则，这个 1，就是"原则"圆轮的中心：价值创造与保护。

（2）突出了"整合"，并把"整合"（或融合）作为风险管理的一大原则。

2. 在"框架"方面的变化

（1）在 ISO 31000：2009 框架的 PDCA 循环中，增加了一个"整合"环节，使风险管理框架变为五个组成部分。其实，"整合"是融于 PDCA 全过程的，把它单独作为风险管理框架的一个组成部分，实在是没有必要。

（2）ISO 31000：2009 在设计风险管理框架之前，有一个"授权与承诺"的环节；在 ISO 31000：2018 中，该环节变成 PDCA 的中心，并变更为"领导与承诺"。应该是想突出"领导"在整个 PDCA 过程中的牵引和指导作用，而不仅仅是在设计阶段。

3. 在"过程"方面的变化

ISO 31000：2018 的过程从更大的（或管理）视野展开，由"沟通与咨询、执行风险管理操作过程、监督与评审、记录与报告"四个环节构成循环，中间的操作过程依然保留了 ISO 31000：2009"过程"的骨干内容，见图 2-4。

"记录与报告"在 ISO 31000：2009 也有描述和要求，但没有被列为风险管理过程图中的一部分。

第三节　我国《中央企业全面风险管理指引》

一、国务院国资委发布风险管理指引的目的

我国非金融企业开展风险管理工作不算太晚，国务院国有资产监督管理委员会（以下简称"国务院国资委"）在借鉴澳新标准 AS/NZS 4360 和 ISO 31000：2009 委员会草案的基础上，结合国内的实际情况及监管需求，于 2006 年 6 月 6 日发布了《中央企业全面风险管理指引》（以下简称《指引》）。

国务院国资委认为，企业全面风险管理是一项十分重要的工作，关系到国有资产保值增值和企业持续、健康、稳定发展，所以才发《指引》指导企业开展全面风险管理工作，以进一步提高企业管理水平，增强企业竞争力，促进企业稳步发展。国务院国资委要求企业在开展全面风险管理工作时，要努力实现以下五项风险管理目标：

第一，确保将风险控制在与总体目标相适应并可承受的范围内；

第二，确保内外部，尤其是企业与股东之间实现真实、可靠的信息沟通，包括编制和提供真实、可靠的财务报告；

第三，确保遵守有关法律法规；

第四，确保企业有关规章制度和为实现经营目标而采取重大措施的贯彻执行，保障经营管理的有效性，提高经营活动的效率和效果，降低实现经营目标的不确定性；

第五，确保企业建立针对各项重大风险发生后的危机处理计划，保护企业不因灾害性风险或人为失误而遭受重大损失。

已建立风控体系的企业可以用这些目标来检验风控绩效，看看是不是已全部达成这些目标，如果还没有，那就继续努力吧！风险管理任重道远。

二、国务院国资委对企业风险管理的定义

国务院国资委所称企业风险，是指未来的不确定性对企业实现其经营目标的影响，这些风险包括战略风险、财务风险、市场风险、运营风险、法律风险等，其中，只为企业带来损失一种可能性的风险是纯粹风险，能为企业带来损失和盈利两种可能性的风险是机会风险。

为方便企业理解和落实风险管理，国务院国资委还定义了"企业全面风险管理"，即企业围绕总体经营目标，通过在企业管理的各个环节和经营过程中执行风险管理的基本流程，培育良好的风险管理文化，建立健全全面风险管理体系，包括风险管理策略、风险理财措施、风险管理的组织职能体系、风险管理信息系统和内部控制系统，从而为实现风险管理的总体目标提供合理保证的过程和方法。

三、国务院国资委对风险管理基本流程的定义

为了指导企业实施风险管理，国务院国资委还明确了风险管理的基本流程，一共分五个步骤：收集风险管理初始信息，进行风险评估，制定风险管理策略，

提出和实施风险管理解决方案，风险管理的监督与改进，如图 2-6 所示。每个步骤的具体工作内容将在后续章节展开，这里不再赘述。

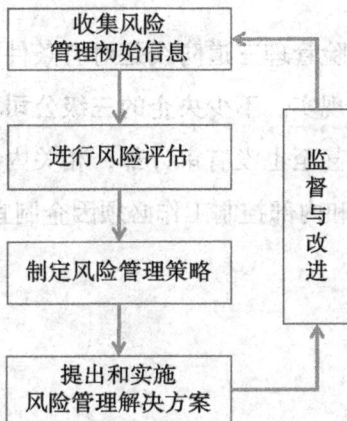

图 2-6　国务院国资委指定的风险管理基本流程

四、国务院国资委定义的风险管理三道防线

国务院国资委在《指引》中指出，具备条件的企业可建立风险管理三道防线，即各有关职能部门和业务单位为第一道防线；风险管理职能部门和董事会下设的风险管理委员会为第二道防线；内部审计部门和董事会下设的审计委员会为第三道防线。企业风险管理的三道防线如图 2-7 所示。

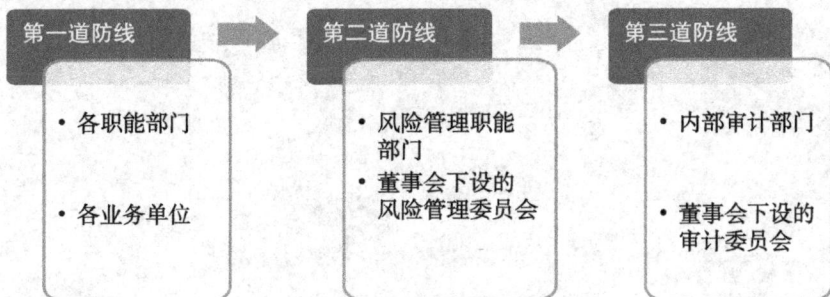

图 2-7　企业风险管理的三道防线

严格来说，这三道防线是理论上的，在实际操作中很难划分清楚。例如，质量检测部门、信息安全管理部门、财务部门，它们到底属于第一道防线还是

第二道防线？内部审计部门的业务有没有风险？它们的业务风险该由哪一道防线来管？还有像董事会办公室这样的机构，它属于第几道防线？这些在《指引》中都没有指定。

国务院国资委提出风险管理三道防线是对有条件的大中型企业而言的，对小微企业，执行起来不太现实。不少央企的三级公司不具备这样的条件，有的小国企不仅没有风控部，甚至也没有审计部，相关内控、审计的职责都由财务部承担。所以，风险管理和内部控制工作必须因企制宜。

第三章
选择合适的标准整合风控体系

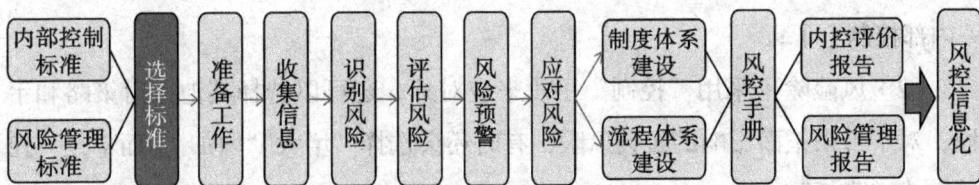

```
┌──────────┐
│ 内部控制 │──┐
│   标准   │  │   ┌──────┐ ┌──────┐ ┌──────┐ ┌──────┐ ┌──────┐ ┌──────┐ ┌──────┐   ┌──────────┐   ┌──────┐   ┌──────────┐   ┌──────┐
└──────────┘  ├──▶│ 选择 │▶│ 准备 │▶│ 收集 │▶│ 识别 │▶│ 评估 │▶│ 风险 │▶│ 应对 │──▶│ 制度体系 │──▶│ 风控 │──▶│ 内控评价 │──▶│ 风控 │
┌──────────┐  │   │ 标准 │ │ 工作 │ │ 信息 │ │ 风险 │ │ 风险 │ │ 预警 │ │ 风险 │   │   建设   │   │ 手册 │   │   报告   │   │ 信息 │
│ 风险管理 │──┘   └──────┘ └──────┘ └──────┘ └──────┘ └──────┘ └──────┘ └──────┘   │          │   │      │   │          │   │  化  │
│   标准   │                                                                        │ 流程体系 │   │      │   │ 风险管理 │   └──────┘
└──────────┘                                                                        │   建设   │   │      │   │   报告   │
                                                                                    └──────────┘   └──────┘   └──────────┘
```

前面两章分别介绍了与风险管理和内部控制密切相关的最重要的几个标准、框架、指引和规范，从这章开始，就要启动风控体系建设工作了。风控体系不是单纯的内控，也不是单纯的风险管理，而是它们二者的有机整合体，如果需要，还可以把合规管理也整合其中。万事开头难，如果能够找到适合企业自身需求的风控体系建设依据和标准，那开头也就不难了。

本章主要内容包括：

第一节　风险管理与内部控制的关系

第二节　不同风控标准之间的比较

第三节　风险管理与内部控制的整合思路

第四节　风险管理与内部控制整合的实践经验

第五节　合规管理指引

第六节　把合规管理整合入风控体系

第一节　风险管理与内部控制的关系

一、何为风控体系

前面我们把"风险管理和内部控制"简称为"风控",这里,我们把风险管理体系与内部控制体系的有机整合体称为"风控体系"。

需要注意的是,"风控"绝不是"风险控制","风控体系"也绝不是"风险控制体系",原因有二:

(1)"风险控制"概念的外延远远小于"风险管理",更不用说"风险管理+内部控制"了;

(2)风险除了采用"控制"手段来应对外,还可以选择其他应对策略和手段;对于带来正面影响的机会风险,有时还会选择"增大""增加",而不是"控制"或"降低"。

如果企业想建立风控体系,想把风险管理与内部控制二者有机地整合起来,那可以从风控目标、风控要素、风控过程等方面进行整合,整合的目的是建设一个体系,涵盖风险管理和内部控制两种功能,而不是两个体系。风险管理与内部控制的有机整合不是1+1=2,也不是1+1=1,很可能是1+1=1.5。

二、内部控制是风险管理的一种手段

企业面临的风险包括内部风险和外部风险。内部控制主要应对企业内部的风险,如人员误操作、信息系统故障、会计科目分类不清、记假账等;企业外部的风险,如战争风险、汇率利率风险等,都不是通过内控可以解决的。在风险应对的方式中,除内部控制外,还可以通过保险、外包、金融衍生工具等手段来管理风险,所以,我们可以说"内部控制"是"风险应对"的一种手段。

那内部控制和风险管理之间是什么关系呢?由于"内部控制"是"风险应对"的一种手段,而"风险应对"又是风险管理过程的一个环节,所以,可以说，内部控制是风险管理的一种手段或一种方式。

第二节 不同风控标准之间的比较

一、风控标准和指南一览

（一）ISO 发布的风险管理标准

截至 2019 年年底，国际标准化组织（ISO）已发布的风险管理标准如下：

✓ ISO Guide 73：2009 风险管理——术语；

✓ ISO 31000：2009 风险管理——原则与指南（已更新为 ISO 31000：2018）；

✓ ISO 31010：2009 风险管理——风险评估技术（已更新为 ISO/IEC 31010：2019）；

✓ ISO 31004：2013，该标准是 ISO 31000 的实施指南。

（二）COSO 发布的风险管理和内部控制规范

截至 2019 年年底，美国 COSO 已发布的内部控制和风险管理规范如下：

✓ 1992 版《内部控制——整合框架》（已废止）；

✓ 2004 版《企业风险管理——整合框架》（已废止）；

✓ 2013 版《内部控制——整合框架》；

✓ 2017 版《企业风险管理——与战略和绩效整合》。

（三）我国风险管理国家标准的建设情况

我国是 ISO 的会员单位，截至 2019 年年底，对上述国际标准的采用情况如下：

✓ GB/T 24353—2009，对应 ISO 31000：2009 国际标准草案；

✓ GB/T 27921—2011，对应 ISO 31010：2009；

✓ GB/T 23694—2013，对应 ISO Guide 73：2009。

同时，我国还特别开发了一些专项风险管理国家标准，比如《法律风险管理指引》《公司治理风险管理指引》《供应链风险管理指引》等。

（四）我国相关部委发布的风险管理指引和内部控制规范

截至 2019 年年底，我国相关部委已发布的主要内部控制和风险管理规范如下：

✓ 2006 年国务院国资委发布的《中央企业全面风险管理指引》，参照 ISO 31000：2009 委员会草案；

✓ 2008 年财政部等五部委联合发布的《企业内部控制基本规范》；

✓ 2010 年财政部等五部委联合发布的《企业内部控制基本规范》配套指引；

✓ 2012 年国资委和财政部联合发布的《关于加快构建中央企业内部控制体系有关事项的通知》；

✓ 2014 年原银监会更新发布的《商业银行内部控制指引》；

✓ 2016 年原银监会发布的《商业银行全面风险管理指引》；

✓ 2019 年国务院国资委发布的《关于加强中央企业内部控制体系建设与监督工作的实施意见》。

（五）不同标准和规范之间的关系

前面列举了截至 2020 年第一季度国内外的风控标准和规范，包括 COSO 发布的内部控制框架和企业风险管理框架，ISO 发布的风险管理标准，以及我国相关监管部门发布的《企业内部控制基本规范》《中央企业全面风险管理指引》等，这些标准和规范是各不相干的，还是彼此之间有联系？答案是：有密切联系。它们之间的关系如图 3-1 所示。

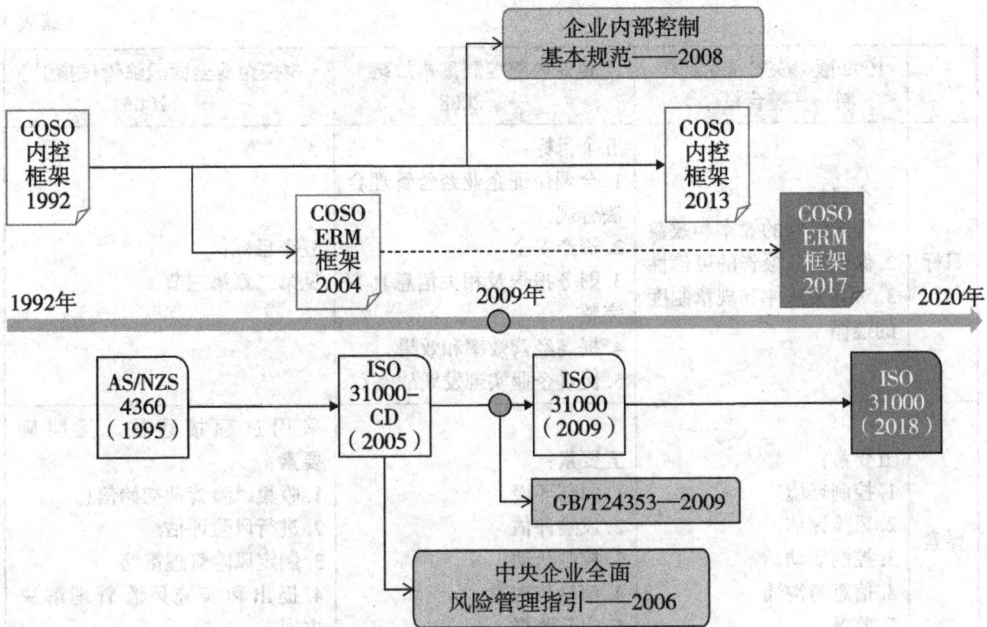

图 3-1　风控标准和规范的发展历程

二、旧风控标准之间的比较

在前面列举的标准和规范里，ISO 和 COSO 的最新成果并没有在我国落地，比如 ISO 31000：2018、2017 版 COSO ERM。我们国家以监管来推动企业的风控体系建设。下面，我们先比较几个目前正被广泛采用的风控标准和规范，如表 3-1 所示，它们是国有企业现阶段开展风险管理与内部控制整合的基础。

表 3-1　经典风控标准比较表

	1992 版 COSO《内部控制——整合框架》	《企业内部控制基本规范》——2008	《中央企业全面风险管理指引》——2006
标准性质	技术方案	部委监管规范	部委监管指引
框架	三个目标＋五个要素	五个目标＋五个要素	定义＋过程描述

（续表）

	1992版COSO《内部控制——整合框架》	《企业内部控制基本规范》——2008	《中央企业全面风险管理指引》——2006
目标	三个目标： 1. 提升经营的效率和效益 2. 保证财务报告的可信性 3. 对有关法律和规章制度的遵循	五个目标： 1. 合理保证企业经营管理合法合规 2. 资产安全 3. 财务报告及相关信息真实完整 4. 提高经营效率和效果 5. 促进企业实现发展战略	五个目标： 见第二章第三节
要素	五要素： 1. 控制环境 2. 风险评估 3. 控制活动 4. 信息与沟通 5. 监督	五要素： 1. 内部环境 2. 风险评估 3. 控制活动 4. 信息与沟通 5. 内部监督	采用过程描述法，无明确要素： 1. 收集风险管理初始信息 2. 进行风险评估 3. 制定风险管理策略 4. 提出和实施风险管理解决方案 5. 风险管理的监督与改进
风险分类	财务风险 非财务风险	财务风险 非财务风险	战略风险 市场风险 运营风险 财务风险 法律风险
适用范围	企业，兼顾其他类型的组织	适用于中国境内设立的大中型企业，尤其是上市公司和国企	适用于中央企业和地方国企
应用状况	全球很多企业采用，但目前已被COSO废止	在国内被广泛采用，目前仍有效	广泛被国企采用，目前仍有效

三、新风控标准之间的比较

这里比较三个新发布的风控标准：一个是2013年COSO发布的《内部控制——整合框架》，一个是2017版企业风险管理框架，还有一个是2018年ISO对ISO 31000的更新。三者之间的比较如表3-2所示。

表 3-2 新发布的风控标准之间的比较

	2013 版 COSO《内部控制——整合框架》	2017 版 COSO ERM	ISO 31000：2018
结构	3 个目标 +5 个要素 +17 个原则 +87 个关注点	5 个要素 +20 原则	8 个原则 +1 个框架 +1 个过程
原则	17 个	20 个	8 个
定位	围绕经营效果和效率的提升、报告的真实性以及合规三个目标展开，强调的是控制	围绕企业价值创造链展开，并为企业指明在价值创造过程中各个环节的风险管理关注点，强调的是价值增值	侧重管理不确定性，关注风险管理过程与组织各种业务和管理活动的整合，但不涉及具体业务和管理活动的风险管理
可操作性	中	强	弱
实用性	中	强	弱
适用对象	侧重企业，兼顾其他类型的组织	侧重企业，兼顾其他类型的组织	各类组织

第三节　风险管理与内部控制的整合思路

截至 2020 年年初，我国企业在开展风险管理工作方面的主要依据仍然是 2006 年国务院国资委发布的《中央企业全面风险管理指引》，在开展内部控制工作方面的主要依据依然是 2008 年财政部等五部委联合发布的《企业内部控制基本规范》及其配套指引。在实际工作中，有些企业已经开始把二者进行整合，并形成了自己独特的风控体系，既满足了监管要求，又满足了自身生存发展的需要。

一、为什么要整合风险管理与内部控制

根据《中央企业全面风险管理指引》和《企业内部控制基本规范》的定义，"内部控制"以提高经营的效率和效益、合理保障资产安全和财务报告的真实性以及合法合规为目标；"风险管理"以创造并保护价值，保障企业持续稳健发展

为目标。单从目标来看，风险管理似乎站位更高，涵盖范围更大，但前面我们讲过，不能由此得出风险管理包含内部控制。

风险管理研究的是不确定性，与决策密切相关，比如对研发、投资、并购、市场拓展等事项的决策；而内部控制针对的则是确定性活动，与执行密切相关，通常用制度、流程、操作手册来描述。通俗地讲，内部控制是在确定性活动中，研究设计的缺陷和执行的不确定性；而风险管理则是在不确定性活动中，研究其可能的确定性。

为什么要把风险管理和内部控制进行整合呢？对企业而言，需要管理确定活动中的不确定性，更需要在不确定性的市场环境里找到机会，并增加抓住机会的确定性。对国企而言，更实际的是：不能安排一拨人管风险管理，另一拨人管内控，因为这样做不仅所花费的人力资源成本高，而且还容易产生多头管理，造成管理的重复或混乱，这与风险管理和内部控制的目标相悖。

从前两章的介绍可以看出，风险管理和内部控制有很多共同点，都是"一把手工程"，都希望管理风险创造价值，都强调与业务的紧密结合，都有预防性质和控制作用等。所以，把它们整合在一起是有基础的。

再提示一遍：尽管风险管理和内部控制有很多共同点，但它们不是并列关系，也不是包含关系。这一点，在风控体系建设时务必要注意！如果它们是包含关系，那它们早就整合了，用不着等到现在。

二、满足外部监管的要求

监管是分国家、分行业的，不同国家对风险管理和内部控制有不同的监管要求，即便是在同一个国家，因行业或企业性质不同，其对应的监管要求也不尽相同。在我国，上市公司与非上市公司的监管不同，银行业和电信业的监管不同。下面按照我国政府目前对相关企业的监管要求来说明不同企业应该满足什么样的风控监管要求。

截至2020年一季度，国内不同企业应该遵从的风控规定如表3-3所示，这是企业进行风险管理和内部控制整合的前提。

表 3-3 不同企业应该遵从的风控规定参照表

规范或标准名称	央企 / 国企	上市公司	金融机构	其他企业
COSO-IC-1992	已废止	已废止	已废止	已废止
COSO-IC-2013	参照	参照	参照	参照
国务院国资委发布的《中央企业全面风险管理指引》——2006	必须执行	—	—	—
财政部等五部委发布的《企业内部控制基本规范》及配套指引——2008/2010	必须执行	必须执行	参照执行	参照
国务院国资委发布的《关于加强中央企业内部控制体系建设与监督工作的实施意见》	必须执行	—	—	—
银保监会发布的《商业银行内部控制指引》——2014	—	—	必须执行	—
银保监会发布的《商业银行全面风险管理指引》——2016	—	—	必须执行	—
ISO 31000：2009	已废止	已废止	已废止	已废止
ISO 31000：2018	参照	参照	参照	参照
GB/T 24353—2009	参照执行	参照执行	参照执行	参照执行

注：—表示不适用。

在实践中，如果是非金融类国企上市公司（如首创股份），那就必须同时满足以下监管要求：

（1）国务院国资委发布的《中央企业全面风险管理指引》——2006；

（2）财政部等五部委发布的《企业内部控制基本规范》及配套指引——2008/2010；

（3）国务院国资委发布的《关于加强中央企业内部控制体系建设与监督工作的实施意见》——2019；

（4）其他来自证监会、证交所的监管规定。

如果是上市商业银行（如北京银行），那就必须同时满足以下监管要求：

（1）财政部等五部委发布的《企业内部控制基本规范》及配套指引——2008/2010；

（2）银保监会发布的《商业银行内部控制指引》——2014；

（3）银保监会发布的《商业银行全面风险管理指引》——2016；

（4）其他来自证监会、证交所的监管规定。

三、满足自身发展的需要

在我国，尽管风控体系建设有很强的监管要求特点，但通过前面章节的介绍，我们可以知道，风险管理的本质应该是企业生存发展的客观需求。企业只要还存在，就必然面临各种各样的风险，比如税务风险、客户信用风险、竞争对手风险、人力资源风险、资产安全风险等，所以，风控体系建设是企业生存发展的必需工作，而不仅仅是为了满足监管要求。

抛开监管要求，企业应该选择什么样的标准和规范来建立自己的风控体系呢？

ISO 31000：2018 风险管理指南的主要内容虽然只有十几页，但它明确了风险管理的定位、原则、方向、方针等大是大非的问题，这些问题对任何组织开展风险管理工作均适用。

而 COSO 在 2017 年发布的 ERM 新框架则有几百页，它除了介绍理念、框架、要素、原则，还对每个要素涉及的原则做了细化说明；为了帮助选用者理解和使用，COSO 还列举了不少案例，并且针对 9 个不同行业开发了框架的使用说明。所以，在实用性和可操作性方面，COSO 的优势不言而喻。

风险管理的对象是各种各样的风险，即各种各样影响企业目标达成的不确定性，例如，研发结果的不确定性、投资回报的不确定性、市场拓展的不确定性、并购的不确定性，等等。如果哪个企业能把这些风险管理好，那么它就能在市场中立于不败之地。这就是风险管理创造价值所在——发现风险，控制不利的风险，由风控一体化一个体系解决。

第四节　风险管理与内部控制整合的实践经验

一、国有企业的实践

从表 3-3 不难看出，国有企业建立风控体系首先是要满足监管要求，无论企业上市与否，都必须按照《中央企业全面风险管理指引》的要求建立风险管理体系，同时还要按照《企业内部控制基本规范》的要求建立内部控制体系，这是国有企业整合风险管理和内部控制的硬性要求，不可忽视。

国有企业，尤其是中央企业，必须每年向国资委提交《××年度企业全面风险管理报告》和《××年度企业内部控制评价报告》。很多企业已经这么做了七八年，它们有的侧重风险管理，有的则侧重内部控制；有的是一拨人管，有的则分两拨人管。随着时间的推移，人们对风险管理和内部控制的认识越来越清晰，把二者整合的呼声也越来越高。终于，这一局面在 2019 年最后一周被打破，以后央企每年只需提交《××年度中央企业内控体系工作报告》。

打破这一局面的是国务院国资委于 2019 年第四季度连续发布的两个通知：

✓ 国资发监督规〔2019〕101 号，关于印发《关于加强中央企业内部控制体系建设与监督工作的实施意见》的通知；

✓ 国资厅发监督〔2019〕44 号，《关于做好 2020 年中央企业内部控制体系建设与监督工作有关事项的通知》。

其中，第一份通知是今后央企风控工作的指南，从之前的以风控体系建设为重心，向体系建设、体系执行、监督评价转移；第二份通知围绕第一份通知展开，要求央企在风控体系建设、执行、监督三个方面都要有成效、有提升，并把结果报告给国务院国资委。

从这两个通知可以看出，央企以后的风控工作将以"内部控制"为主题，尽管具体工作内容涉及"内部控制"和"风险管理"两个方面。把二者统一是大势所趋，但为什么会变成这样的统一方式，这不是本书要讨论的内容。大家把这一变化视为监管要求的"阶段性变化"即可。

整合是众望所归，但到底该怎么整合？监管者在思考，企业也在思考。其实，无论怎么整合，都要回答：内部控制要控什么？内部控制要为谁服务？企业内部控制做好了，企业就会安全了、没有风险了吗？有没有内部控制管不了的风险存在？思考这些问题，然后尝试回答这些问题，可能就会明白"上述监管变化"并不意味着风险管理不再被重视或者被抛弃。

> risk-doctor[①] 认为：在 21 世纪和未来，风险管理只会越来越重要！

现在，在风险管理与内部控制整合方面做得好的国有企业有中国海洋石油集团公司、中国五矿集团公司等。感兴趣的朋友，可以与这些企业取得联系，前去考察、交流。

二、民营企业的实践

对于民营企业，如果是上市公司，那满足证监会和证券交易所的要求就会成为首要目标，所以需要严格执行《企业内部控制基本规范》及其配套指引；如果只是普通的非上市民营企业，那就相对自由多了。

对于未上市但跨国经营的企业，如华为公司，除了满足中国国内的监管要求外，还要满足业务所在国的监管要求，不然就会受到"处罚"。

非上市民营企业不以满足监管为根本目的，所以他们更关注风险管理和内部控制对企业发展的实际效益，更注重风控最佳实践，除了借鉴 ISO、COSO 的一些通用经验外，还会采用 ITIL、COBIT、SW-CMM、六西格玛等模型和工具来加强相关领域的治理、提高经营的效率和效益。

民营企业在风险管理与内部控制整合方面，做得好的企业有华为、京东等。感兴趣的朋友，可以与这些企业取得联系，前去考察、交流。

---

① 本书作者笔名，余同。

三、在美国上市的国企的风控体系整合实践

如果国企在美国上市，首先要满足国内国资委的要求，依据《中央企业全面风险管理指引》建立风险管理体系，按照《企业内部控制基本规范》建立内部控制体系，并提交年度企业风险管理报告和年度企业内部控制报告；同时，要满足美国证券交易委员会和《萨班斯法案》的要求，采用COSO《内部控制——整合框架》来建立自己的内部控制体系。如果企业建两套或三套体系，那显然不是明智之举。

如何两头兼顾或者"一石三鸟"呢？前面已经讲过《企业内部控制基本规范》与COSO《内部控制——整合框架》的关系，《企业内部控制基本规范》是依照COSO《内部控制——整合框架》制定的，所以采用COSO《内部控制——整合框架》来搭建内部控制体系应能较好地满足国资委对内控的要求；剩下的就是内控体系与风险管理体系的整合，即把COSO《内部控制——整合框架》与《中央企业全面风险管理指引》进行整合。企业可参考表3-1具体落实。整合的路径可以先建好专项业务的内部控制体系，然后在此基础上，再把它们整合入企业全面风险管理体系。

在这方面做得好的企业有中国海洋石油集团公司、南方航空等。

四、风控体系整合的经验体会

企业建设风控体系，需遵循的基本原则是"因企制宜"。因为风控体系的建设取决于企业的性质、所处行业等因素。不同性质的企业（国有企业和民营企业）需要满足的监管要求不同，不同行业对企业的风控要求也不尽相同。

在风险管理实践中，除监管要求外，与企业所处的发展阶段也密切相关。在初创阶段，企业一般需要"冒险"，即风险偏好高一些，如果在这个阶段，过于保守，那可能会失去发展壮大的机会。在成熟阶段，企业一般规模较大，业务成熟，这时，如果随便放弃主营业务闯入新领域，那可能会面临现金流紧缺或转型不成功的巨大风险。这就像人类一样，年轻时，初生牛犊不怕虎，四处

闯荡，寻找机会成就自己的事业；年老时，便求稳健。风险管理的核心原则是创造并保护价值，在初创期，企业价值较小，创造价值是主旋律；在成熟期，资产和资本有所积累，保护价值便成了主旋律。所以，企业的风险偏好、风险管理策略并不是一成不变的。

企业开展全面风险管理工作，可以先制定开展全面风险管理的总体规划，然后本着"从实际出发，务求实效"的原则，以对重大风险、重大事件（指重大风险发生后的事实）的管理，以及对重要流程的内部控制为重点，分步实施；也可先选择发展战略、投资收购、财务报告、内部审计、衍生产品交易、法律事务、安全生产、应收账款等一项或多项业务开展风险管理工作，建立单项或多项内部控制子系统，通过积累经验，培养人才，然后逐步建立健全全面风险管理体系。

特别需要强调的是，企业在开展全面风险管理工作时，应与其他管理工作紧密结合，把风险管理和内部控制的各项要求融入企业各项管理和业务中，防范和控制可能给企业造成损失和危害的风险；同时，也应把机会风险视为企业的特殊资源，通过对机会风险的管理，促进经营目标的实现，为企业创造价值。

第五节　合规管理指引

一、国务院国资委发布合规指引的背景

近年来，国际合规治理呈现出新的趋势，各国监管机构对合规方面的要求越来越严苛。合规成为我国企业面临的一个越来越严重的问题，这严重阻碍了我国企业进入国际市场开展国际竞争的步伐。为了打破这一局面，2018 年 8 月 1 日国家标准 GB/T 35770—2017《合规管理体系——指南》开始正式实施；之后，为了推动中央企业全面加强合规管理，加快提升央企的合规经营水平，着力打造"法治央企"，保障企业持续健康发展，2018 年 11 月 2 日，国务院国资

委发布了《中央企业合规管理指引（试行）》；2018 年 12 月 26 日，国家发改委、外交部、商务部、中国人民银行、国资委、外汇局、全国工商联七个部委也共同印发了《企业境外经营合规管理指引》，以此来全方位地提升我国企业的合规意识和合规能力。为此，2018 年成为我国企业的合规元年。

合规，英文是 compliance，原意是遵守和服从规则。合规的范围很广泛，不仅包括对法律法规的遵从，还包括诚实守信和道德约束。对企业来说，合规意味着要遵守所在国的法律法规，遵守企业内部的规章制度，遵守职业操守、道德规范等。为方便理解，我们把合规的"规"分成三个层面：

第一个层面是所在国家和地区的各项法律法规；

第二个层面是所在行业的规定、公司的政策和制度等，以及公司应承担的社会责任和商业诚信等；

第三个层面是员工的职业操守和道德规范，包括企业的员工行为准则，以及一些没有明文规定的行为道德准则。

二、国务院国资委对合规的定义

合规是指中央企业及其员工的经营管理行为符合法律法规、监管规定、行业准则、企业章程、规章制度以及国际条约、规则等要求。

合规风险，是指中央企业及其员工因不合规行为，引发法律责任、受到相关处罚、造成经济或声誉损失以及其他负面影响的可能性。

合规管理，是指以有效防控合规风险为目的，以企业和员工经营管理行为为对象，开展包括制度制定、风险识别、合规审查、风险应对、责任追究、考核评价、合规培训等有组织、有计划的管理活动。

三、建立合规管理体系的原则

建立健全合规管理体系需要遵循全面覆盖、强化责任、协同联动、客观独立等原则，各原则的含义如表 3-4 所示。

表 3-4 建立健全合规管理体系的原则

原则	对原则的释义
全面覆盖	要坚持将合规要求覆盖各业务领域、各部门、各级子企业和分支机构、全体员工,贯穿决策、执行、监督全流程 注解:合规要覆盖全业务、全流程,"横向到边、纵向到底",这与风险管理和内部控制的全面性原则相一致
强化责任	要把加强合规管理作为企业主要负责人履行推进法治建设第一责任人职责的重要内容。要建立全员合规责任制,明确管理人员和各岗位员工的合规责任并督促有效落实 注解:与风险管理、内部控制一样,都是"一把手工程",都是全员参与
协同联动	要推动合规管理与法律风险防范、监察、审计、内控、风险管理等工作相统筹、相衔接,确保合规管理体系有效运行 注解:合规管理不是唱"独角戏",要与内控和风险管理工作相统筹、相衔接
客观独立	要严格依照法律法规等规定对企业和员工行为进行客观评价和处理。合规管理牵头部门要独立履行职责,不受其他部门和人员的干涉 注解:和风险管理部门、内部控制部门一样,合规管理牵头部门要保持一定的独立性

从表 3-4 的注解可以看出,在遵循"原则"层面,合规管理与"风险管理和内部控制"有一致性,可以整合,可以统一管理。

四、合规管理的重点内容

合规管理也要求全面覆盖,即"横向到边、纵向到底",但在资源有限的情况下,在兼顾全面性的同时,更要突出重点,有的放矢。所以,企业应当根据外部环境变化,结合自身实际,在全面推进合规管理的基础上,突出重点领域、重点环节和重点人员,切实高效地防范合规风险。相关重点工作如下。

(一)对重点领域的合规管理

企业在生产经营过程中,面临各种合规问题和合规风险,尤其是在市场交易、健康安全环保(HSE)、产品质量、劳动用工、财务税收、知识产权、商业伙伴等领域,更是合规管理的重点。表 3-5 给出了这些领域合规管理的措施,供合规人员参考使用。

表 3-5　合规管理的重点领域

重点领域	合规管理措施
市场交易	✓ 完善交易管理制度，严格履行决策批准程序，建立健全自律诚信体系 ✓ 突出反商业贿赂、反垄断、反不正当竞争 ✓ 规范资产交易、招投标等活动
安全环保	✓ 严格执行国家安全生产、环境保护法律法规 ✓ 完善企业生产规范和安全环保制度 ✓ 加强监督检查，及时发现并整改违规问题
产品质量	✓ 完善质量体系，加强过程控制 ✓ 严把各环节质量关，提供优质产品和服务
劳动用工	✓ 严格遵守劳动法律法规，健全完善劳动合同管理制度 ✓ 规范劳动合同签订、履行、变更和解除，切实维护劳动者合法权益
财务税收	✓ 健全完善财务内部控制体系，严格执行财务事项操作和审批流程，严守财经纪律 ✓ 强化依法纳税意识，严格遵守税收法律政策
知识产权	✓ 及时申请注册知识产权成果，规范实施许可和转让 ✓ 加强对商业秘密和商标的保护 ✓ 依法规范使用他人知识产权，防止侵权行为
商业伙伴	✓ 对重要商业伙伴开展合规调查 ✓ 通过签订合规协议、要求商业伙伴做出合规承诺等方式促进商业伙伴行为合规

（二）对重点环节的合规管理

上面列出了合规管理的重点领域，为了做好合规管理工作，还要把合规管理嵌入企业的重点活动环节，如制度制定环节、经营决策环节、生产运营环节等，如表 3-6 所示。

表 3-6　对企业重点活动环节的合规管理

重点环节	合规管理建议
制度制定环节	要强化对规章制度、改革方案等重要文件的合规审查，确保符合法律法规、监管规定等要求
经营决策环节	要严格落实"三重一大"决策制度，细化各层级决策事项和权限，加强对决策事项的合规论证把关，保障决策依法合规
生产运营环节	要严格执行合规制度，加强对重点流程的监督检查，确保生产经营过程中照章办事、按章操作

（三）对重点人员的合规管理

除了管业务、管流程，合规管理还要重视对重点人员的管理。这些人员包括企业的管理人员、重要岗位人员，以及境外工作人员。具体的合规管理建议见表 3-7。

表 3-7　对企业重点人员的合规管理

重点人员	合规管理建议
管理人员	要促进管理人员切实提高合规意识，带头依法依规开展经营管理活动，认真履行承担的合规管理职责，强化考核与监督问责
重要岗位人员	首先要根据合规风险评估情况明确界定重要岗位和重要风险岗位，有针对性地加大培训力度，使这些人员熟悉并严格遵守业务涉及的各项规定；同时，要加强监督检查和违规行为追责
海外工作人员	要将合规培训作为海外工作人员任职、上岗的必备条件，确保这些人员遵守我国和所在国（地区）的法律法规等相关规定

五、如何运行合规管理

合规管理的运行与风险管理的运行有类似之处，从制度的建立到制度的执行，从风险识别到风险预警和风险应对，从监督审查到违规问责，都有一系列的机制和制度来保障合规管理的运行。具体包括以下内容。

第一，建立健全合规管理制度，制定全员普遍遵守的合规行为规范，针对重点领域制定专项合规管理制度，并根据法律法规变化和监管动态，及时将外部有关合规要求转化为内部规章制度。

第二，建立合规风险识别预警机制，全面系统梳理经营管理活动中存在的合规风险，对风险发生的可能性、影响程度、潜在后果等进行系统分析，对于典型性、普遍性和可能产生较严重后果的风险及时发布预警。

第三，加强合规风险应对，针对发现的风险制定预案，采取有效措施，及时应对处置。对于重大合规风险事件，应由合规委员会（可与风险管理委员会或内部控制委员会合署）统筹领导，合规管理负责人牵头，相关部门协同配合，最大限度地化解风险、降低损失。

第四，建立健全合规审查机制，在进行规章制度制定、重大事项决策、重要合同签订、重大项目运营等经营管理行为时，将合规审查作为必经程序嵌入其中，及时对不合规的行为提出修改建议；未经合规审查，上述工作内容不得实施。

第五，强化违规问责，完善违规行为处罚机制，明晰违规责任范围，细化惩处标准。畅通举报渠道，针对反映的问题和线索，及时开展调查，严肃追究违规人员责任。

第六，开展合规管理评估，定期对合规管理体系的有效性进行分析，对重大或反复出现的合规风险和违规问题，深入查找根源，完善相关制度，堵塞管理漏洞，强化过程管控，持续改进提升。

六、如何保障合规管理落到实处

企业可以通过以下具体工作，来保障合规管理的落实。

（1）建立专业化、高素质的合规管理队伍，根据业务规模、合规风险水平等因素配备合规管理人员，持续加强业务培训，提升队伍能力水平。

（2）重视合规培训，结合法治宣传教育，建立制度化、常态化培训机制，确保员工理解、遵循企业合规目标和要求。

（3）积极培育合规文化，通过制定发放合规手册、签订合规承诺书等方式，强化全员安全、质量、诚信和廉洁等意识，树立依法合规、守法诚信的价值观，夯实合规经营的思想基础。

（4）海外经营重要地区、重点项目应当明确合规管理机构或配备专职人员，切实防范合规风险。

（5）强化合规管理信息化建设，通过信息化手段优化管理流程，记录和保存相关信息。运用大数据等工具，加强对经营管理行为依法合规情况的实时在线监控和风险分析，实现信息集成与共享。

（6）建立合规报告制度，发生较大合规风险事件，合规管理牵头部门和相关部门应当及时向合规管理负责人、分管领导报告。重大合规风险事件应当向集团公司、国资委和有关部门报告。

（7）加强合规考核评价，把合规经营管理情况纳入对各部门和所属企业负责人的年度综合考核，细化评价指标。对所属单位和员工合规职责履行情况进行评价，并将结果作为员工考核、干部任用、评先选优等工作的重要依据。

第六节　把合规管理整合入风控体系

一、把合规管理整合入风控体系的思路

前面章节对风控体系的整合做了说明，国有企业基于《中央企业全面风险管理指引》和《企业内部控制基本规范》把风险管理体系和内部控制体系整合在一起，建立了综合的风控体系。"合规"是内部控制和风险管理的目标之一，企业可以通过良好的风险管理和内部控制来实现合规管理。

无论是 ISO 在 2014 年发布的 ISO 19600《合规管理体系——指南》，还是国务院国资委在 2018 年发布的《中央企业合规管理指引（试行）》，都是对单一的合规目标进行管理。如何把合规管理整合入风控体系，是目前央企共同关心的问题。表 3-8 给出了一些基本的整合思路。

表 3-8　合规管理与风控体系整合的思路

步骤	整合内容	内容说明
1	目标整合	风控目标包括战略发展目标、经营管理目标、报告真实性目标、合规目标等，合规目标是风控体系的目标之一
2	原则整合	把合规嵌入业务，嵌入内部控制和风险管理，"横向到边、纵向到底"全覆盖
3	职能整合	一般不用单独设合规管理部和合规管理委员会，可把合规管理职能赋予法律事务部或风险管理部，可把合规管理委员会的职能赋予风险管理委员会
4	过程整合	建立健全合规审查机制，在进行规章制度制定、重大事项决策、重要合同签订、重大项目运营等经营管理行为时，将合规审查作为必经程序，嵌入其中，及时对不合规的行为提出修改建议；未经合规审查，上述工作内容不得实施

（续表）

步骤	整合内容	内容说明
5	监督整合	建立合规管理监督机制和合规风险识别预警机制，全面系统梳理经营管理活动中存在的合规风险，对风险发生的可能性、影响程度、潜在后果等进行系统分析，对于典型性、普遍性和可能产生较严重后果的风险及时发布预警。对违规事项提交风险管理委员会和审计委员会
6	评价整合	在内部控制评价或风险管理评审时，对合规管理体系的有效性进行分析评价，对重大或反复出现的合规风险和违规问题，深入查找根源，完善相关制度
7	整改整合	把合规管理的监督发现、评审发现、审计发现整合入风控体系的整改清单，统筹考虑，持续改进
8	问责整合	强化违规问责，完善违规行为处罚机制，明晰违规责任范围，细化惩处标准。畅通举报渠道，针对反映的问题和线索，及时开展调查，严肃追究违规人员责任

二、把合规管理整合入风控体系的实践经验

2014 年 12 月，国际标准化组织发布了 ISO 19600《合规管理体系——指南》，ISO 19600 沿用 ISO 的 PDCA 循环管理模式，涵盖了企业"可以做什么"和"应该做什么"的行为标准，这些标准能够为合规体系的有效性提供一定的保障。

虽然 ISO 19600 对合规管理体系提出了指南和操作建议，并将建立合规管理体系分为建立和改进两个阶段，但并没有对如何建立合规体系提出具体要求和方案。相比较而言，国务院国资委的《中央企业合规管理指引（试行）》具有更好的操作性。

合规管理以有效防控合规风险为目的，以企业和员工经营管理行为为对象。合规管理要汇总整理外部合规要求，将外部合规要求转为内部控制要求，并切实执行和有效考评，在实践中，合规管理具体包括合规制度制定、合规审查、风险识别、风险应对、责任追究、考核评价、合规培训等有组织、有计划的管理活动。企业内部控制制度的建立和执行必须符合国家的法律、法规和政策，这也是企业内部控制工作的最基本目标和要求。

企业在实际开展风险管理、内部控制和合规管理工作时，不应割裂三者之

间的关系，要从整体上做好各项风险管理的统筹和规划，开展全面的风险识别和评估，然后根据风险识别和评估结果有针对性地制定风险应对措施。内部控制是企业通过内部管控来应对各类风险的手段，其目的是保障企业高效运营，保证财务报告的真实可靠，以及满足合规要求。合规管理是要把监管机构的"外规"要求变为企业的"内规"约束，将合规要求转化为具体的内部控制措施，通过对制度、流程、权限等的梳理和完善，以及对内部控制的监督和评价等来确保外部合规要求得到贯彻执行。

在实际工作中，不同时期、不同行业的企业会面临不同的合规要求，其合规工作的重点也会有所不同，企业应根据自己的实际情况选择不同的侧重点。但总体来看，与其他内部控制措施相比较，合规管理更关注商业活动，比如反商业贿赂、反舞弊、反洗钱，以及环境保护和知识产权保护等，所以，很多企业通常以发布"行为准则"（code of conduct）的方式来体现合规要求，把健康、安全、环保、人权、劳工、反托拉斯、反腐败、反洗钱等内容都设计在"行为准则"里。

另外，还有三点也特别值得企业借鉴。

一是企业可以把合规与经济效益、社会责任和环境保护等结合在一起，作为每一位员工遵循的规则和标准；同时，把合规效果整合入员工绩效考评当中，使之成为员工绩效考评的组成部分。

二是为保证合规工作落地，企业高管、部门主管、合规相关部门（风控部门、法律部门等）应有计划地组织合规方面的培训和宣贯。

三是企业应根据合规工作的开展情况及内外部环境变化情况，对合规标准和规定进行适时修改和完善；至少应该在每年对企业内部控制体系进行评价的时候，要重新审核相关合规标准，并给予修改和完善。

第四章
风控体系建设准备工作

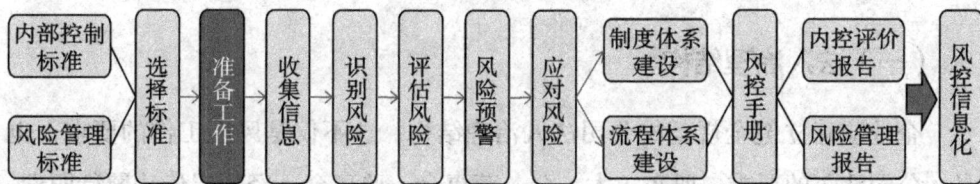

```
┌────────┐
│内部控制│
│ 标准   │──┐
└────────┘  │   ┌────┐   ┌────┐   ┌────┐   ┌────┐   ┌────┐   ┌────┐   ┌────┐        ┌────┐   ┌────┐   ┌────┐
            ├──→│选择│──→│准备│──→│收集│──→│识别│──→│评估│──→│风险│──→│应对│  ┌──→│制度体系│┐ │风控│ ┌→│内控评价│┐ │风控信息│
┌────────┐  │   │标准│   │工作│   │信息│   │风险│   │风险│   │预警│   │风险│──┤  │建设│├→│手册│─┤ │报告│├→│化│
│风险管理│──┘   └────┘   └────┘   └────┘   └────┘   └────┘   └────┘   └────┘  │  └────┘│ └────┘ │ │风险管理│
│ 标准   │                                                                     └──→│流程体系│┘       └→│报告│
└────────┘                                                                        │建设│
```

上一章已经启动了风控体系建设的准备工作，选择了适合自己的风控体系建设指引和规范。这一章将正式启动风控体系建设工作，包括如何组建风控项目团队，如何编制风控体系建设方案和计划，如何召开启动会。

本章主要内容包括：

第一节　建立风控组织职能体系

第二节　选择风控体系的建设模式

第三节　组建风控项目团队

第四节　风控工作总体策划

第五节　调研分析

第六节　制定项目计划

第七节　召开项目启动会

第一节　建立风控组织职能体系

为设计和运行风控体系，企业应建立健全风控组织职能体系，为风控工作提供组织保障和人员保障。

风控组织职能体系是企业风控体系的重要组成部分。对大型集团公司而言，企业应通过法定程序，指导和监督其全资、控股子公司建立与之相适应（符合其自身特点且能有效发挥作用）的风控组织职能体系。

一、在风控治理结构方面的设计

（一）法人治理结构

企业应建立健全规范的公司法人治理结构，这不仅是风控工作的要求，也是《公司法》的要求。股东（大）会、董事会、监事会、经理层依法履行职责，形成高效运转、有效制衡的监督约束机制。

国有独资企业的股东会，一般指各级国资委。央企对应国务院国资委，省属国资企业隶属各省国资委，地市国企隶属地市国资委。除国资委管辖的国有企业外，还有其他部委或局办委管辖的国企，比如中国邮政集团公司的股东是国家财政部。

国务院国资委要求国有独资企业和国有控股企业应建立外部董事、独立董事制度，外部董事、独立董事人数应超过董事会全部成员的半数，以保证董事会能够在重大决策、重大风险管理等方面做出独立于经理层的判断和选择。

在高层治理方面，除了对董事会有明确的要求外，对上市公司而言，还要坚决杜绝高层管理人员交叉任职，比如董事长和总经理同为一人，董事会和总经理班子人员重叠。这种交叉任职的后果之一是董事会与总经理班子之间权责不清，制衡力度锐减；后果之二是关键人大权独揽，形成一人具有几乎无所不管的控制局面。这都有悖于风险管理和内部控制的要求。

（二）明确董事会在风控工作中的主要职责

董事会是企业经营管理的决策机构，在风控工作方面，应就风控工作的有效性对股东（大）会负责。董事会在风控方面主要履行以下具体职责：

（1）审议并向股东（大）会提交企业全面风险管理年度工作报告；

（2）确定企业风险管理总体目标、风险偏好、风险承受度，批准风险管理策略、风险准则和重大风险管理解决方案；

（3）了解和掌握企业面临的各项重大风险及其风险管理现状，做出有效控制风险的决策；

（4）批准重大决策、重大风险、重大缺陷、重大事件和重要业务流程的判断标准或判断机制；

（5）批准重大决策的风险评估报告；

（6）批准内部审计部门提交的内部控制评价报告和风险管理监督评价审计报告；

（7）批准风控组织机构设置及其职责方案；

（8）批准风险管理措施，纠正和处理任何组织或个人超越风控制度做出的风险性决定的行为；

（9）督导企业风控文化的培育；

（10）风控工作的其他重大事项。

（三）设立风控委员会

具备条件的企业，董事会可下设风控委员会，企业内部控制委员会或合规管理委员会可与该委员会合署办公。风控委员会成员中需有熟悉企业重要管理及业务流程的董事，以及具备风险管理监管知识或经验、具有一定法律知识的董事。

风控委员会负责协调、指导风控工作的开展和推进，听取风控工作汇报。风控委员会对董事会负责，主要履行以下具体职责：

（1）制定企业风险管理目标、合规目标、重大风险管理策略、重大决策风险评估等事项；

（2）审议风控组织机构设置及其职责方案；

（3）审批企业风控相关制度和标准；

（4）审批企业年度风控考核方案；

（5）审议重大决策、重大风险、重大缺陷、重大事件和重要业务流程的判断标准或判断机制；

（6）审议重大决策的风险评估报告和重大风险管理解决方案；

（7）监督企业风控体系建设及运行；

（8）听取风险管理工作汇报，对企业的风险管理和内部控制工作进行指导、监督；

（9）审核企业年度《全面风险管理报告》《内部控制评价报告》《合规评价报告》，并向董事会提交年度风控工作报告；

（10）审议内部审计部门提交的风控监督评价审计综合报告；

（11）办理董事会授权的有关风控的其他事项。

（四）企业总经理在全面风险管理工作中的职责

企业总经理对风控工作的有效性向董事会负责。总经理或总经理委托的高级管理人员（如首席风险官），主要负责主持风控的日常工作，负责组织拟订企业风控组织机构设置及其职责方案，负责组织召开风控委员会会议等。

二、风控的三道防线

（一）三道防线示意图

风险是不确定性对企业目标的影响，风险不可能独立于企业目标而存在，离开企业和企业的业务谈风险，那是空中楼阁、杯弓蛇影、杞人忧天。

企业的风险多种多样，不可能由一个人或一个部门来全部管控，而应由分布在不同部门和岗位的人员共同管理和控制，他们分别承担业务控制、流程控制、质量管理、信息安全、财务控制、风险管理、内部控制管理、合规管理、内部审计、舞弊调查等工作。由于他们分散于企业的不同部门和岗位，为了使各种控制活动之间既无缺口，也不重复，那就需要界定和协调他们的角色与职责，以确保风险管理和控制流程的有效运行。

为此，我们把风控划分成三道防线，业务部门在第一道防线，风控部门在第二道防线，审计监察部门在第三道防线，如图 4-1 所示。

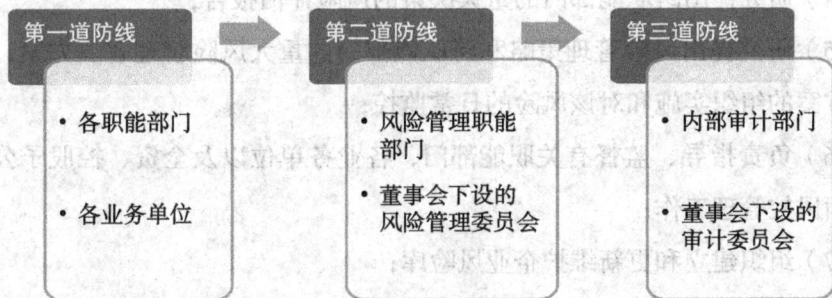

第一道防线	第二道防线	第三道防线
• 各职能部门 • 各业务单位	• 风险管理职能部门 • 董事会下设的风险管理委员会	• 内部审计部门 • 董事会下设的审计委员会

图 4-1　风控三道防线

为方便大家理解三道防线，我们可以用足球比赛来类比。企业在市场中搏击，无异于球队在球场奋战。在球场上，有两层"三道防线"，一层对球队而言，一层对比赛而言。

第一层"三道防线"在球队内部：在赛场上，前锋（含中锋和边锋）担当第一道防线，后卫担当第二道防线，守门员担当第三道防线。只有他们三方协同，球队才能立于不败之地。

第二层"三道防线"是对比赛技能、成绩和秩序的保障。其中，第一道防线由双方球员承担，尽全力踢球、合规、不打假球；第二道防线由双方教练承担，可以指导球场上的球员该如何进攻和防守，但自己不能上场踢球；第三道防线由裁判承担，他们负责维持比赛的秩序，维护比赛的公平、公正。只有他们三方协同，观众才能获得一场好看的比赛。

（二）专职风控部门的职责

为保证企业风控工作的正常运行，企业需设立专职风控部门或指定相关职能部门来履行全面风控的职责。该部门对公司总经理或其委托的高级管理人员负责，主要履行以下职责：

（1）负责组织协调全面风险管理和内部控制日常工作；

（2）研究提出全面风险管理工作报告；

（3）研究提出跨职能部门的重大决策、重大风险、重大事件和重要业务流程的判断标准或判断机制；

（4）研究提出跨职能部门的重大决策的风险评估报告；

（5）研究提出风险管理策略和跨职能部门的重大风险管理解决方案，并负责该方案的组织实施和对该风险的日常监控；

（6）负责指导、监督有关职能部门，各业务单位以及全资、控股子公司开展全面风控管理工作；

（7）组织建立和更新维护企业风险库；

（8）组织开展企业年度风险评估，负责对全面风控的有效性进行评估，研究提出全面风控的改进方案；

（9）实施内部控制评价和合规评价，并组织编制企业年度《内部控制评价报告》《合规评价报告》和《全面风险管理报告》；

（10）组织制定重大危机的应对预案；

（11）拟定企业全面风险管理和内部控制考核方案；

（12）开展企业重大风险监控预警，编制风险监控预警报告；

（13）负责组织建立风险管理信息系统；

（14）组织实施风控人员的培训；

（15）办理风控其他有关工作。

简言之，风控部门是企业风控工作的归口管理部门，负责风控专业技术开发和跨部门的沟通协调。在风险识别、风险分析和风险评价，以及内控缺陷认定工作过程中，风控部门的职责是组织、协调、支持、配合业务部门做好以上工作。

随着风险管理实践的日益成熟，人们对风控部门的认知也发生了变化，从初期的专职风控部门掌管企业的一切风险，到现在与其他职能部门（法律部、财务部、人力资源部、质量管理部等）一起，共同担负企业风险管理的第二道防线的职责。

在实践中，对小微企业而言，因受人力资源限制，risk-doctor认为，可以把第二道防线分解成两部分，一部分并入第一道防线（比如风控指导职能），另一部分并入第三道防线（比如风控监督职能）。

（三）业务部门在风控工作中的职责

企业其他职能部门及各业务单位在风控工作中，应接受风控职能部门和内部审计部门的组织、协调、指导和监督，主要履行以下职责：

（1）执行风控基本流程；

（2）研究提出本职能部门或业务单位重大决策、重大风险、重大缺陷、重大事件和重要业务流程的判断标准或判断机制；

（3）研究提出本职能部门或业务单位的重大决策风险评估报告；

（4）做好本职能部门或业务单位建立风控信息系统的工作；

（5）做好培育风控文化的有关具体工作；

（6）建立健全本职能部门或业务单位的风控子系统；

（7）办理风控其他有关工作。

（四）内部审计部门在风控工作中的职责

企业应在董事会下设立审计委员会，企业内部审计部门对审计委员会负责。审计委员会和内部审计部门的职责应符合有关规定。内部审计部门在风控工作方面主要负责：

（1）研究提出全面风险管理监督评价体系；

（2）制定监督评价相关制度；

（3）开展监督与评价；

（4）出具监督评价审计报告；

（5）监督整改等。

三、专职风控部门的职能提升

风控工作在我国企业，特别是中央企业和上市公司的全面推广已经有很多年，很多企业设置了风控部门或风控岗位，按照上一节风控部门的职责，其每年会按照监管机构或集团公司的要求开展风险识别、风险评估工作，同时参照《企业内部控制基本规范》及配套指引的要求建立健全内部控制体系，开展内部控制评价工作。但时间久了，不少公司管理层和业务部门就感觉风控也就那么回事，对企业决策、业务发展也没有预想中的那种功效，风控部门也因此开始彷徨迷茫。那么风控部门需要发挥什么样的作用，才具有存在的价值和意义？才能在企业发展过程中给企业带来可衡量的效益？

在实践中，上述问题可以转化为：风控部门能完成什么其他职能部门不能完成的工作，能发挥什么样的独特作用，使之成为不可替代的职能？或者说，支撑风控部门作为独立部门存在的主要日常工作和任务是什么？

在很多企业，风控部门往往不能参与战略及重大业务决策过程，在职能定位上只能开展企业整体的例行风险评估，或是对业务部门及下属单位的风险管理进行评审、内部控制进行评价。这种近乎一次性的工作，往往并不需要建立一个常设的部门来做，完全可以融入财务、企业管理或审计部门等来执行。

这些问题都是让风控人员纠结的问题。下面介绍三个突破点，以化解这些问题，为风控部门的主责确定方向。

（一）为决策提供有效信息，发挥决策支撑作用

风险管理应该更好地融入组织治理和决策过程中，作为科学决策的一部分，为企业管理者的决策发挥更重要的支撑作用。

企业管理者在生产经营过程中需要做出各种各样的决策，风控部门可以协助分析风险中存在的机会，以及机会中存在的危险，对机会进行综合分析判断，甚至可以通过量化的指标对危险和机会进行更有效、更客观的判断，帮助企业管理者和决策者依据分析结果做出判断和决策，更好地管理不确定性，从而帮助企业实现价值。

比如在业务发展战略决策方面，风控部门可以利用 PEST、SWOT、五力模型等方法和工具来全面分析企业面临的风险和机遇，继而提出风险应对策略选项，为管理层和决策层提供决策支撑。

（二）规范和监督业务开展，为业务发展保驾护航

在 ISO 31000 风险管理标准中，ISO 明确指出风险管理的第一原则是"创造并保护价值"。所以，从业务层面来看，风控部门职能应该定位为协助业务部门创造价值或保持价值。如果风险管理孤立开展，那就是为管理而管理，是走形式。风控部门作为第二道防线应该为第一道防线业务部门提供保障，甚至更加靠近第一道防线，成为第 1.5 道防线，通过对风险的有效识别、评估和应对，将劣势和威胁变为优势和机会，将风险管理作为管理不确定性的科学有效的工具，保障业务稳健发展和增长；通过对业务进行监督，增强业务部门识别和防范风险的能力，帮助业务部门明确风险管理职责，将职责落实到岗位、落实到人，从而为业务绩效的达成提供保障。

（三）落实风控能力评级，保障资源投放有的放矢

风险管理水平是衡量企业管理能力的重要指标之一。对大中型企业而言，风控部门可以通过对下属单位的风险防范水平评级来帮助企业决策者衡量下属单位的管理能力，提升其决策的科学性和合理性。

比如，风控部门可以根据企业目标和期望定期衡量风险管理能力，判断企业的风险管理能力是否适合组织目标并促进组织目标的实现，然后把结论呈现给决策层。决策层依据下属单位的风控水平评级，可以了解下属单位的管理水平和内部控制能力，然后，对风险防范能力较强的下属单位，在贷款、投资等重大决策方面可以相应地给予更大的授权，让其具有更多的自主权力，在上级单位审计、纪检等监督控制方面，也可适当放宽；反之，则收紧。

通过上述例子可以看出，对下属单位的风控水平评级，有利于提升管理效率，有助于企业将有限的资源用于重点的风险领域。

第二节　选择风控体系的建设模式

风控体系的运行和优化是一项长期的日常性工作，风控体系建设一般以项目形式展开。本节介绍三种常见的风控体系建设模式：以咨询机构为主的模式、以企业自身力量为主的模式和独立自建模式，读者可根据自己企业的实际情况参考选用。

一、以咨询机构为主的模式

在已经建立风控体系的企业当中，有约 75% 的企业采用此种模式。这种模式下，项目的实施一般由咨询机构牵引。

（一）聘请咨询机构的益处

在开展风控工作过程中，往往需要借助咨询机构的力量，帮助完成总体方案设计、协助梳理业务流程、建立制度体系。特别是最初阶段，企业没有太多人才和经验储备，因此多数企业开展风控工作的初期都是通过聘请外部咨询机构，并与咨询机构建立联合团队的方式来开展风控体系建设工作。

聘请咨询机构的益处：

- ✓ 咨询机构对各项法规和指引有较深入的研究和理解，一般具有丰富的制度建设、流程梳理、风险评估，以及项目实施经验，并拥有一些专业的风控实施工具；
- ✓ 可以借鉴咨询机构在其他企业实施风控的经验和教训，帮助企业完善风控实施方案，避免走弯路；
- ✓ 与咨询机构组成联合项目组，在项目实施过程中，通过理论培训和实践操作的结合，可以实现知识的无缝转移，为企业培养风控专业人才。

（二）聘请咨询机构的注意事项

因为此种模式由外部咨询机构牵引，所以企业要特别注意以下四点：

✓ 一是在聘请外部咨询机构联合开展项目时，要通过邀标、招标的形式选择具有合格资质和足够专业能力的机构来参与项目；

✓ 二是要确保咨询机构对企业有比较充分的了解，包括但不限于企业的业务、管理现状等；

✓ 三是在项目启动后，要对项目的总体目标和实施方案进行充分研讨，可能的话，最好请其他外部专家参与方案评审；

✓ 四是要选择易沟通的咨询机构，否则项目执行过程会非常艰难，极端情况下，甚至达不成项目建设目标。

二、以自身力量为主的模式

这种风控体系建设模式虽然以企业自身力量为主，但企业一般仍会聘请外部咨询机构。在已经建立风控体系的企业当中，采用此种模式的企业约占15%。

选择此种模式的企业大致分为两种情形：

✓ 一种是企业有风控高端人才，有风控体系建设的策划者与组织者，但在实施细节方面缺乏人力资源。这种情形下，项目由企业自己牵引，咨询机构的人员主要配合做一些具体工作，例如，梳理组织架构、梳理业务流程、梳理规章制度、收集风险信息、建立风险库等。

✓ 另一种是企业有风控人力资源，但对总体策划、项目进度、项目质量等缺乏自信心，于是聘请外部咨询机构来指导企业风控体系建设工作。这种情形下，外部咨询机构参与项目的人员较少，一般仅限项目经理或风控专家，大部分项目组成员都是企业自己的人员。

三、独立自建的模式

在已经建立风控体系的企业当中，采用此种模式建设风控体系的企业约占10%。

选择此种模式的企业一般分为三种情形：

✓ 一是企业领导对风控工作认识不足，认为风控工作是上级单位或监管机构的一项额外要求，没有什么难的，随便对付一下就行了，此谓"无知无畏型"；

✓ 二是企业领导认为风控工作已经有标准和规范了，凭自身力量完全可以完成此项工作，还可以为企业节约一大笔咨询费，此谓"狂妄自大型"；

✓ 三是企业自身管理成熟，风控人才充足，且对风控监管要求能够充分领会，有能力自行设计和实施风控体系，此谓"实力硬核型"。

四、选择适合自身的建设模式

在实际操作时，企业需要根据自己的实际情况，结合上述介绍，选择适合自己的风控体系建设方式。因企制宜，因时制宜，在资金允许的情况下，最好能聘请外部咨询机构参与。

无论企业自身的风控能力如何，在实际风控体系项目建设过程中，有外部咨询机构参与，内部人员在项目开展过程中就可以学习和了解咨询机构的工作方法和项目经验，这样既可以实现低成本知识转移，又可以提升整个企业的风控专业水平。

另外，有外部咨询机构的参与，风控工作更容易开展。常言道"外来的和尚好念经"，这主要体现在咨询机构与公司各方的沟通协调更具独立性和专业性。

第三节　组建风控项目团队

企业风控体系建设是"一把手工程"，需要全员参与，如果没有管理机构，那将是一件不可思议的事情。所以，一般在项目建设初期就要成立风控项目办公室，发挥承上启下的桥梁作用，向上对风险管理委员会负责，向下管理项目组。在风控项目初期，企业一般不会先设立风控部，所以，风控项目办公室就成了风控工作的日常管理机构。

一、设立风控项目办公室

在风控体系建设开始时，企业应设立风控项目办公室。风控项目办公室是企业开展全面风险管理项目的日常管理机构，在风险管理委员会的指导下工作，负责项目的整体协调和资源配置，定期进行沟通，提供反馈意见和建议。其具体职责主要包括以下方面：

（1）负责项目的整体协调和资源配置；

（2）负责拟定项目管理的相关制度和标准；

（3）负责审核项目总体方案和项目计划；

（4）负责为项目组提供反馈意见和建议；

（5）负责监督检查项目进度和项目质量；

（6）负责定期向风险管理委员会或管理层汇报项目进展情况；

（7）负责组织相关人员的培训；

（8）负责项目成果的宣贯等。

二、成立项目组

项目组作为项目的具体执行团队，要亲自参与项目的具体实施，积极配合项目进度和项目日常工作。无论采用哪种方式，都不要忽视企业内部的力量。如果企业内部有足够的力量，那就以内部为主，由内部团队负责项目的实际执行，咨询机构等外部专家负责提供专业技术指导和专家建议，协助设计工作方案和提供工具，以及提供培训指导等。

（一）项目组的主要职责

项目组的主要职责一般包括：

（1）在风控委员会及风控项目办公室的指导下，开展风控体系建设工作；

（2）协调企业各级管理层、各部门按要求落实风控要求，配合访谈、调研、流程梳理及内控自评等工作；

（3）梳理业务、组织结构、制度、流程；

（4）组织讨论和确认识别出来的风险，制定风险应对方案和措施；

（5）识别企业内部控制缺陷，并组织讨论和确认，制定内部控制解决方案；

（6）对发现的内部控制缺陷制定整改计划，明确整改主责部门；

（7）监督整改措施的落实；

（8）对重大风险或重要风险建立风险预警指标；

（9）编写风险手册；

（10）组织实施对企业相关人员的风控培训，培育风控文化；

（11）宣讲风控体系建设成果，实现知识转移；

（12）协助企业建立风控信息系统等。

（二）组建团队

项目团队成员来自企业和咨询机构，企业内部的风控牵头人和咨询机构人员的选择是项目成功的关键因素，尤其是咨询机构的项目经理。有人说：项目经理选择对了，项目就成功了一半。这一点在招标时一定要特别注意，不要被低价蒙蔽了，也不要被咨询机构的方案蒙蔽了。方案再好，没有人在现场指导，都将是水中月、杯中花。

在企业内部，由于风控工作对人员的能力素质、业务熟悉程度等多方面有较高的要求，所以企业可以考虑从相关部门或下级单位抽调人员组成跨部门的内部项目团队，来参与风控项目的实施。

（三）培养团队

由于风险管理和内部控制概念抽象，企业对风控的理解需要一个过程，这就需要随着项目的逐步深入，及时展开一些相应的培训，包括风控理念的培训、风控基础知识和技能的培训等。

在风控建设实践中，咨询机构应结合企业实际情况对企业风控团队开展注重实效的培训和指导，通过有效的培训，实现知识转移，帮助企业培养出一支有专业能力的团队，从而保证风控项目的顺利开展。

除了对项目团队成员进行培训外，还要积极促进部门间、企业间的横向经验交流，通过风险评估、内控评价和其他风控宣传活动，不断加深企业各层级人员对项目的理解，使合规、内部控制和风险管理逐渐融入企业文化当中。

三、明确项目沟通机制

风控组织职能体系的各层级需要进行充分的信息共享与沟通。为确保相关信息能够及时、准确、有效地在组织内进行传递，使相关管理层级能够及时了解和把握风控体系建设及风险评估的总体情况，及时了解项目进度，并通过获得必要的足够的信息来做出决策，企业需要明确项目的沟通机制。

（一）项目组与项目办公室之间的沟通

沟通是双向的，有效的沟通机制有助于风控项目组了解企业管理者及其他利益相关方的期望和要求。项目组可以通过周报等形式定期或不定期地把项目最新进展情况通报给风控项目办公室。及时的沟通既有利于风控项目办公室发挥项目管理和监督的职能，又可保障项目组少走弯路。

（二）项目办公室与上级管理机构的沟通

在风控项目办公室层面，也需与上级管理机构建立日常汇报机制。除了一些特殊事项和特殊风险的专项汇报外，关于企业整体风控工作的开展情况、各个子项目的最新进展情况等都需要通过简报或者月报的形式向风控委员会进行例行汇报，以便及时了解上级管理机构对风控工作的新要求。

第四节　风控工作总体策划

一、总体规划，分步实施

风控工作是一项持续性的、循序渐进的工作，不可能一蹴而就。企业在开展风控工作之前要结合监管要求和企业实际情况，制定总体工作规划，并将各阶段的实施方案进行细化。对大中型企业而言，风控体系实施过程不能走得太急、太快，分步骤分层次地实施是一种良好实践。

企业在风控工作方面的总体规划包括长远规划和近期规划，长远规划一般按 3 ~ 5 年规划，近期规划一般按 1 ~ 2 年规划。企业在整体上有了一个系统、全面、清晰的长远规划，就可以用来指导整个风控工作的持续开展。有了近期规划，就容易明确近期工作思路，就可以根据实际资源和管理基础，设计开展近期风控工作的具体步骤和方式，对下属单位进行分类，对不同的业务、不同的行业做好统筹规划，然后分步骤、分层次地实施。比如，先在某个业务板块或某个子公司实施，或先在财务管理领域实施，抑或先在法律合规方面实施。

编制风控总体规划时，要注意以下事项：

（1）风控目标要服从企业的整体战略、风险及合规要求；

（2）风控工作内容要考虑企业机构设置、授权和岗位职责，要保证制度体系、内部控制标准与企业实际业务流程相一致；

（3）要建立风控专业人才培养机制，为企业风控工作提供人力资源保障；

（4）要充分考虑风控工作与企业各项业务活动的整合；

（5）要考虑风控信息化，努力把各种控制措施融入企业 OA 和 ERP 系统，实现自动预警和机控。

二、突出重点，讲求实效

风控工作范围"横向到边、纵向到底"，非常宽大，除了实施范围要覆盖所有下属单位，还要包括所有业务。为了保证实施效果，在实际工作开展前应有所侧重，要聚焦重点企业、重点业务流程，这个经验是风控工作能够取得良好效果的基础，也是项目能够持续稳定开展的保障。

如何突出重点？可以对企业面临的各类风险进行优先级排序，优先考虑风险较大的业务活动，管理层所关心的重要领域，以及生产经营面临的首要问题。

此外，风控工作还要以实现企业整体目标为目的，以取得实际效果为导向。

毕竟企业是以盈利为目标的，在开展风控工作时除了要考虑满足监管机构的合规性要求之外，还要从为企业创造价值、提升价值的角度去开展工作。

如何获得实效？比如，可以通过对业务活动中控制环节的梳理，来加强对内部控制薄弱环节或者缺失环节的控制，避免企业财产的损失，减少烦冗的审批流程，节约时间和成本。

三、难点问题解析

从多家企业的风控建设经验来看，开展风控工作经常会面临以下难点问题：

（1）领导支持不足；

（2）项目范围模糊或过大；

（3）人员素质不能满足要求；

（4）项目不能与业务结合，无法有效落地。

这些难点问题如果不提前考虑，有效应对，将会给风控工作带来很大的障碍。下面逐一解释这些难点问题，建议读者朋友在风控体系建设初期予以重点关注。

（一）领导支持不足

要想风控工作顺利开展和取得成效，一个重要的保障就是要获得各级领导的支持，包括企业的最高领导、各部门的领导和下属各级单位的领导。领导的支持表现在他们对风控工作的重视程度，如果他们对风控工作给予更多的关注和宣传，并在各种场合强调风控工作的重要性，那么他们就可能对风控工作给予更多人力、物力的支持。

要想得到各级领导的有效支持，除了要说明风控工作是满足监管的要求外，还要让领导意识到风控工作是一项能给企业带来实际效益，给管理层提供各种有效信息，支持决策，确保企业各项制度、规定和政策得到有效执行的有力抓手，借此督促下属单位按企业管理层的要求高效率地办事，促进企业整体战略和经营目标的实现。

（二）项目范围模糊或过大

开展风控工作的另一个挑战是项目范围确定问题。对一个大型企业来说，下属单位数量众多，且可能所处行业也不同，其管理水平参差不齐，业务和产品区别较大，如果想在短时间内统一实施，那将面临很大的困难。

因此，在开展风控工作时，要有策略，有所选择，比如先试点再推广。在选择试点单位时，首先应选择那些资产规模和收入规模均居前列，且具有良好管理基础和影响力，具备推广条件的下级单位或业务。

也可以通过对下属单位或业务进行适当的区分，从而确定哪些单位可以由总部督导重点开展，哪些单位可以按照总部的要求自行开展风控工作。

（三）人员素质不能满足要求

在风控工作起步阶段，企业内部对风控的理解还不深入，风控人员素质不能满足要求是正常现象。在这种情况下，项目组所能调动的各方面资源都非常有限，更多的人还处于观望状态。只有把有限的资源和精力集中在最重要的业务和管理层最关注的领域，才能取得事半功倍的效果。

应对策略建议：如果企业的质量管理做得比较好，就可以借助这方面资源重点关注业务流程的梳理；如果领导比较关注采购和销售中的风险，那就与采购和销售人员多沟通，向他们学习相关业务，了解业务流程，发现风险点；如果领导关注安全生产和投资等高风险领域，也可以如法炮制。另外，审计发现的重大问题也可以作为风控管理工作的切入点。这样操作，不仅可以聚焦资源解决实际问题，而且可以减少对人员的需求。

（四）项目无法有效落地

项目不能有效落地，最根本的原因就是让风控远离了业务。主要有以下表现形式：

- ✓ 一是项目成果太教条，本身就没有与业务结合；
- ✓ 二是项目成果良好，但由于执行不到位而出现"两层皮"现象，执行不到位的原因有很多，比如，培训不到位、执行人不愿意按规定执行；

✓ 三是项目成果设计没问题，但业务现状发生了变化，所以出现不匹配的
　　现象。

为了避免上述情况发生，项目组在项目开展过程中应与各部门、下属单位充分交流和沟通，充分了解其对风控的实际需求，比如实际工作中面临的主要风险和亟须解决的问题。

例如，通过资料审查发现，财务部门在开展某项理财业务方面不仅缺乏制度，而且对相关风险的评估也不足，项目组就可以建议其通过对标完善相关制度，或聘请专业咨询机构对相关风险进行评估，然后根据企业的风险偏好和风险容忍度退出高风险领域业务，或通过财产保险等措施来降低或转移风险。

第五节　调研分析

成立项目团队后，接下来就是要对企业的各个方面进行调研和分析。

首先，要以企业战略、风险和合规要求为出发点，对标同行业优秀企业的最佳实践，对企业的业务、内部的组织结构和岗位设置进行梳理，了解企业的治理结构和管理架构，分析企业的治理结构是否科学、合理。

其次，要全面调研和诊断企业的风控管理现状，明确建设和优化提升的方向。

再次，要从制度和流程的梳理入手，梳理企业的制度体系和流程体系，诊断现有的业务流程和关键控制标准，分析各关键控制是否合理、是否有效。

最后，从控制目标出发，调研企业的风险控制考核评价体系，分析企业的风控工作是否实现闭环管理。

调研分析常用的方法有实地考察、调查问卷、访谈法等。关于这些方法的应用在第六章风险识别里会进行介绍，这里不再赘述。

第六节　制定项目计划

联合项目组在明确项目目标和具体工作内容后，将基于企业业务状况和管理现状编制风控体系建设项目计划书。

项目计划书是项目各项工作的指南针，需明确说明风控体系建设的各项工作安排，尤其是近期工作的具体安排，比如近期各阶段的工作目标、工作内容、时间安排、进度安排、人员安排、需要相关部门配合的事项，以及相关要求等。项目计划一般包含项目总体规划（见表4-1）和项目近期安排（见表4-2）。

在项目启动会上，项目负责人要向与会人员介绍项目总体规划和项目近期安排。

表 4-1　项目总体规划

阶段	时间	全面风险管理工作内容
阶段一	2016 年 5 月—8 月	全面风险管理体系建设，全面梳理总部层面风险
阶段二	2017 年 3 月—2018 年 12 月	三级单位全面开展全面风险管理体系建设工作 重点关注：资本金不足风险、财务杠杆比率过高情况、风险传递、风险外溢（负外部性）和人才短缺
阶段三	2019 年 1 月—2020 年 12 月	三级单位针对第二阶段发现的重大 / 重要风险，开展专项风险管理工作

表 4-2　项目近期安排

	工作程序	工作内容描述	工作时间	输出成果
项目启动	项目启动会	成立项目组，召开项目启动会	略	略
全面风险管理	风险调研	编制集团各部门风险调研问卷		
	完善集团公司全面风险框架	根据前期调研情况，分析集团层面管控模式、管理体制，以及业务模式和业务流程等		
	搭建集团公司风险库	根据调研结论，编制集团公司全面风险数据库，并与法律事务部沟通确认		
	提出重大风险控制措施合理化建议	梳理重大风险管理情况，包括对管控机制、制度、流程、业务表单等内容的梳理		
	编制全面风险管理制度	在现有基础上优化与重大风险管控相关的管理制度，包括新增、修订、完善风险管理制度		

（续表）

	工作程序	工作内容描述	工作时间	输出成果
法律风险管理	搭建法律风险框架	根据前期调研结果与现有法律风险成果，优化完善集团层面法律风险框架		
	整理法律风险数据库逻辑	根据集团层面全面风险框架，整理法律风险数据库逻辑，确保二者架构一致		
	编制法律专项风险评估方案	包括对法律风险评估的算法说明等		
	……	……		
……	……	……		

第七节 召开项目启动会

一、谁应该出席项目启动会

风控体系建设是"一把手工程"，风控体系建设项目的启动需要企业高管层参加，最好是"一把手"参加，这样既能彰显风控工作的重要性，也能表达高层对风控工作的重视。启动会作为企业开展风控工作的重要里程碑，除公司高层参加外，还应要求所有部门负责人、下属单位主要领导参加，这将有利于未来工作的开展。启动会参会人员名单示例见表4-3。

表4-3 启动会参会人员名单示例（可用作签到表）

时间：2020年3月15日 下午2：00—4：15 　　　　　　　地点：集团办公大楼三层报告厅

单位 / 部门	职务	姓名	签到
集团领导	董事长		
	总经理		
	副总经理		
	副总经理		
	副总经理		
人力资源部	总经理		

（续表）

单位/部门	职务	姓名	签到
财务部	总经理		
战略发展部	总经理		
法律部	总经理		
市场部	总经理		
审计监察部	总经理		
北京分公司	总经理		
北京分公司	副总经理		
上海分公司	总经理		
上海分公司	副总经理		
重庆分公司	总经理		
重庆分公司	副总经理		

二、项目启动会应该做哪些事情

项目启动会除了安排领导讲话，特别是"一把手"进行正面积极的表态外，项目负责人还要讲述项目的计划和安排，并利用这个契机，培训风控知识，宣传风控文化。

下面列举一些风控相关负责人在启动会上向与会人员和全体员工传递的基本信息。

✓ 介绍风控"是什么"。着重介绍风控的基本概念和内容，以及风控与企业战略、业务之间的关系。

✓ 介绍风控工作的必要性。明确风控工作的合规性要求和重要性，说明风控工作既是外部监管的要求，也是企业内部规范管理、防范各种经营风险所必需的环节。

✓ 说明风控工作该"如何做"，包括开展风控工作的依据、方法论、程序、计划安排等，让相关人员和单位了解并意识到自己未来要参与风控工作，明白自己的职责和需要发挥什么样的作用。详细信息参照风险管理三道防线的说明。

✓ 详细介绍项目的计划安排。明确告诉与会人员风控体系建设的近期安排和中长期安排，尤其是近期工作的具体安排，比如具体工作内容、人员、进度、需要相关部门配合的事项，以及相关要求等。

项目启动会的时间不宜太长或太短，一般 2 ~ 3 个小时为宜。

为了方便大家参考，下面介绍项目启动会需要提前准备的几个材料。

（1）会议通知。一般至少提前三天发出，确保公司主要领导参加。

（2）议程安排。随会议通知发放，如果条件许可，可以打印一些，在启动会现场发给与会人员。

（3）风控工作的意义和必要性。该文件可以是 PPT 文件，也可以是 Word 文件。如果是专家讲解，一般采用 PPT 形式，时间以不超过 1.5 小时为宜；如果是领导讲话，一般采用 Word 形式，时间以不超过半小时为宜。

（4）风控项目工作计划。该文件一般由咨询机构的项目经理介绍，有些单位安排风控项目办公室主任介绍；如果由分管副总经理讲解，那当然最好。

以上文件的编写安排见表 4-4，项目启动会议程安排见表 4-5。

表 4-4 编写项目启动会相关文件的分工

文件名称	材料形式	起草人	实施人 / 演讲人
会议通知	普通文本或 Word 文件	项目办公室主任	项目办公室主任
议程安排	Word 文件或 Excel 文件	项目办公室主任	项目办公室主任
风控工作的意义和必要性	PPT 文件或 Word 文件	项目经理	公司领导或风控专家，项目经理备选
风控项目工作计划	PPT 为主，可插入 Excel 文件、Project 文件、Word 文件	项目经理	项目经理或分管副总

表 4-5 风控项目启动会议程安排

时间安排	主题	负责人 / 演讲人
1：45—2：00	签到	项目办公室成员
2：00—2：05	介绍会议议程安排	项目办公室主任

（续表）

时间安排	主题	负责人 / 演讲人
2:05—2:10	董事长或总经理致辞	董事长或总经理
2:10—3:40	风控的重要性和必要性	高层领导或专家
3:40—4:00	风控体系建设项目计划安排	项目经理
4:00—4:05	公司对风控项目的要求	分管副总
4:05—4:15	答疑	项目办公室主任＋项目经理

做完项目准备工作后，下面就进入风控体系建设项目的实际工作阶段，即风控初始信息收集。

第五章
收集风控信息

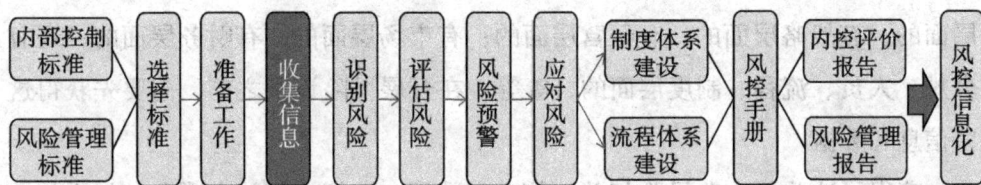

```
内部控制          制度体系                  内控评价
标准              建设                      报告
        选择   准备   收集   识别   评估   风险   应对              风控              风控信息化
        标准   工作   信息   风险   风险   预警   风险              手册
风险管理          流程体系                  风险管理
标准              建设                      报告
```

企业实施全面风险管理，应广泛、持续不断地收集与本企业风险管理和内部控制相关的内外部初始信息，包括历史数据和未来预测。这些信息是与企业目标及风控相关的信息，并不是针对风险的具体描述，风控初始信息框架也不是风险目录（Risk Catalog），但二者如果能统一，将会使下一章的风险识别工作事半功倍。

本章将介绍两种流行的风控信息分类框架：第一种是把企业风控信息分成内部风险相关的信息和外部风险相关的信息，其中，内部风险相关的信息又分为公司层面风险相关的信息和业务层面风险相关的信息；第二种是按国务院国资委对企业风险的分类去搭建企业风控初始信息框架。在实践中，企业可以选择其中一种进行风控信息收集，也可以根据企业所处的行业（如银行业、军工业），结合行业监管要求和企业自身特点，建立适合自己的个性化风控信息框架。

本章主要内容包括：

第一节　搭建风控信息框架

第一节　搭建风控信息框架

企业的风险信息多种多样，有内部的，有外部的；有公司层面的，有业务层面的；有战略层面的，有经营层面的；有市场层面的，有财务层面的；还有合规、人员、流程、制度层面的，等等。在开展风险识别之前，需要先获得这些信息和数据。

获得了这些与企业风险相关的信息和数据，该把它们放在哪儿、怎么放？这是个不得不回答的问题。为了便于对已收集信息的查询和修改，更为了后续风险识别工作的便利，需要对这些信息进行分类，即建立一个系统的全面的风控信息框架（或称信息分类模型）。实践证明，框架越完整、越科学，信息就越容易归置。

不同的信息框架，代表着不同的管理思路，没有绝对的"好"与"不好"。

一、按企业内外部信息分类搭建风控信息框架

信息框架的搭建与信息分类密切相关。为了保证企业风控信息框架的全面性和完整性，需要对信息进行科学分类。比如把信息分为企业内部信息和企业外部信息，这是一个全集，保证了信息的完整性；然后再对企业内部信息进行分解，比如分解为治理信息、决策信息、运营信息等；或者把内部信息分解成公司层面的信息及业务层面的信息，然后再对公司层面的信息和业务层面的信息进行细分，如图 5-1 所示。

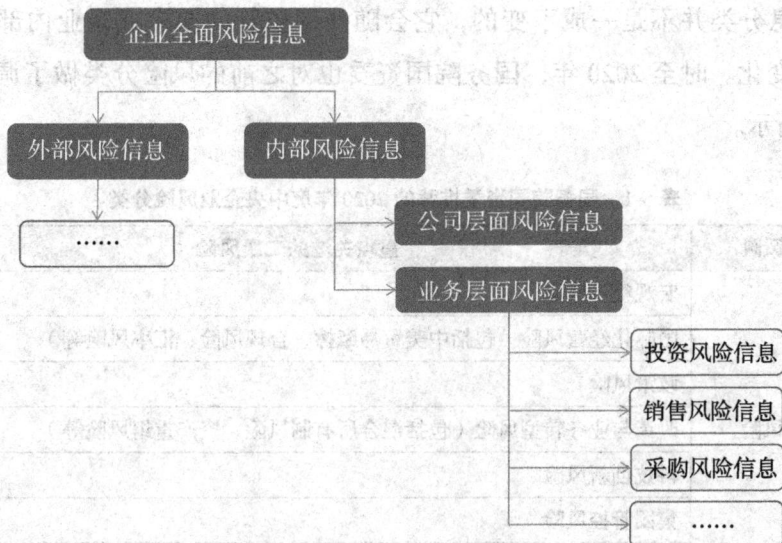

图 5-1　企业风控信息框架（示例 1）

二、按国资委推荐的风险分类搭建风控信息框架

按照国务院国资委对企业风险的分类"战略风险、市场风险、运营风险、财务风险、法律风险"，企业可以把与风控相关的信息分为五类进行收集。这五类信息的框架如图 5-2 所示。

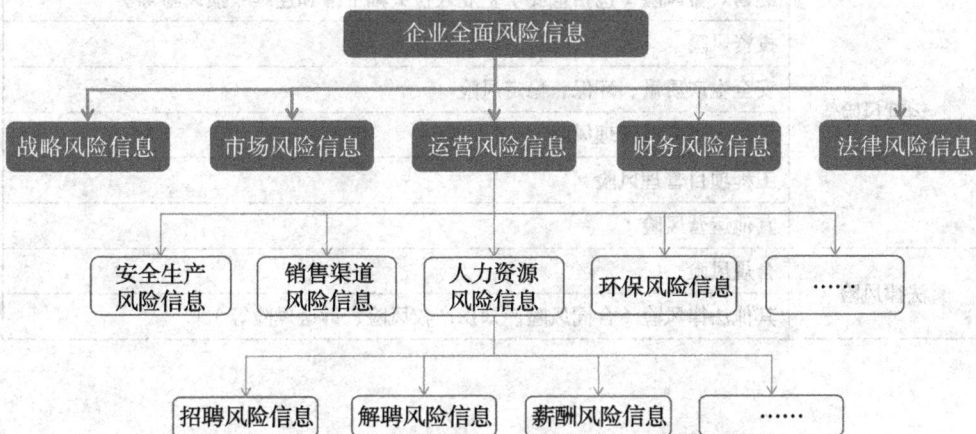

图 5-2　企业风控信息框架（示例 2）

信息分类并不是一成不变的，它会随外部监管的要求或企业内部管理的需求而变化。时至 2020 年，国务院国资委也对之前的风险分类做了调整，如表 5-1 所示。

表 5-1　国务院国资委推荐的 2020 年度中央企业风险分类

一级风险	重点关注的二级风险
战略风险	宏观经济风险
	国际化经营风险（包括中美贸易摩擦、合规风险、汇率风险等）
	政策风险
	改革与业务转型风险（包括混合所有制风险、资产重组风险等）
	科技创新风险
	集团管控风险
	其他战略风险
财务风险	金融业务与衍生品交易风险
	债务风险（包括负债率高企风险、债券违约风险、融资性贸易风险等）
	现金流风险
	其他财务风险
市场风险	市场变化和市场竞争风险
	客户信用风险
	其他市场风险
运营风险	经营效益风险（包括重要子企业效益大幅下滑和连续亏损风险等）
	投资风险
	安全生产质量、环保、稳定风险
	采购与供应链管理风险
	工程项目管理风险
	其他运营风险
法律风险	合规风险
	其他法律风险（合同风险、知识产权风险、诉讼风险等）

第二节 收集企业外部风控信息

一、收集哪些外部风险信息

对企业而言，外部风险信息远远多于企业内部风险信息。如何高效、低成本地获取所需的信息，是各个企业都非常关注的事情。

企业可以根据监管要求以及企业设定的战略发展目标和具体经营目标，收集与企业风控相关的外部初始信息，比如：

- ✓ 国内外宏观经济政策以及经济运行情况；
- ✓ 国家安全稳定、文化传统、社会信用、消费者行为等社会因素；
- ✓ 人力资源市场状况；
- ✓ 行业状况、国家产业政策因素；
- ✓ 能源、原材料、配件等物资供应的充足性、稳定性和价格变化情况；
- ✓ 潜在竞争者、竞争者及其主要产品、替代品情况等竞争因素；
- ✓ 技术进步、工艺改进等科学技术因素；
- ✓ 不断变化的客户需求和期望；
- ✓ 自然灾害、传染病、环境状况等自然环境因素；
- ✓ 法律法规、监管要求等政策因素；
- ✓ 其他有关外部风险的因素。

二、如何收集外部风险信息

知道要收集哪些外部信息了，那么，接下来该如何收集呢？下面列举一些信息收集的方式和渠道。

（一）人工收集

人工收集是最常用的信息收集方式，具体包括以下形式：

   ✓ 在互联网、报纸、期刊上获得相关信息；

   ✓ 以调查问卷、电话、邮件等市场调研方式收集相关信息；

   ✓ 咨询监管机构，倾听专家意见获取相关信息。

（二）利用爬虫等技术自动收集

利用爬虫技术，在互联网上收集相关信息。这种数据往往需要经过处理才能被使用。

（三）购买相关信息

向国际组织、国外机构、国内团体付费购买相关信息，包括购买单项信息、报告、数据库等。这种数据比较系统、权威性较强，有较好的利用价值。

企业对收集到的风险信息要进行筛选、提炼、对比、分类、组合等整理工作，以便后续根据这些信息开展风险识别和风险评估工作。

第三节　收集公司层面的风控信息

一、公司总体层面的信息

上一节介绍了企业外部的风控信息及其收集方式，这一节和下一节将介绍企业内部的风控信息，其中，这一节主要介绍公司总体层面的信息。在实践中，企业可以从以下方面收集公司层面的风控初始信息：

（1）集团及分子公司董事、监事、经理及其他高级管理人员的职业操守、必要的知识、专业技能和经验等人力资源情况；

（2）集团及分子公司组织机构、管理层职责的变化，包括组织结构的形式、各职能部门的划分，以及各职能部门的权责分配情况；

（3）集团及分子公司的发展战略和规划、投融资计划、年度经营目标、经营战略，以及编制这些战略、规划、计划、目标的有关依据等信息；

（4）经营方式、资产管理等管理情况；

（5）集团及分子公司的各种业务政策，包括普遍性原则和具体的操作指南信息；

（6）集团及分子公司的各种业务流程信息，包括质量、安全、环保、信息安全等管理中曾发生或易发生失误的业务流程或环节；

（7）集团及分子公司的财务状况、经营成果、现金流量等信息；

（8）集团及分子公司的信息系统运行情况以及信息系统对经营状况的影响及作用；

（9）集团及分子公司签订的重大协议和有关贸易合同，以及发生的重大法律纠纷案件的情况；

（10）其他与内部风控、合规有关的信息。

二、专项信息

在公司层面，除了上面列举的信息外，还有很多专项信息需要收集，如组织架构、发展战略、人力资源、企业文化、社会责任、审计监督等方面的信息，受篇幅所限，这里仅以人力资源和内部审计两个专项为例来说明专项信息收集的思路和范围。

（一）人力资源相关部分信息收集

在人力资源政策方面，可以收集以下信息：

（1）员工的聘用、培训、辞退与辞职的制度和流程；

（2）员工的薪酬、考核、晋升与奖惩的制度和流程；

（3）关键岗位员工的强制休假制度和定期岗位轮换制度；

（4）掌握国家秘密或重要商业秘密的员工离岗的限制性规定；

（5）有关人力资源管理的其他政策。

在专业培训方面，可以收集以下信息：

（1）入职培训情况；

（2）继续教育情况；

（3）专业胜任能力情况等。

在员工行为守则方面，可以收集以下信息：

（1）职业道德修养；

（2）社会责任；

（3）法制教育情况；

（4）反贪、反腐教育情况等。

（二）内部审计相关部分信息收集

针对企业内部审计相关的信息收集，可从以下方面入手：

（1）内部审计机构设置情况（包括人员配备、岗位职责等信息）；

（2）内部审计制度；

（3）内部审计业务流程；

（4）内部审计工作的独立性情况；

（5）内部审计计划管理情况；

（6）内部审计项目管理情况；

（7）内部审计质量管理情况；

（8）内部审计机构对内部控制的有效性进行监督检查的情况；

（9）内部审计机构对风险管理的有效性进行监督检查的情况；

（10）内部审计机构对合规管理的有效性进行监督检查的情况；

（11）经济责任审计信息；

（12）信息安全审计信息；

（13）其他专项审计方面的信息等。

第四节　收集业务层面的风控信息

企业的业务活动因企而异，与业务相关的信息既包括业务活动本身（如活动、操作）的信息，也包括对业务的控制（如制度和具体的控制措施）信息，所以，在进行业务信息收集时要收集这两方面的信息。

业务层面信息的收集可以通过梳理业务流程和制度来实现。企业的各项生产经营活动一般可以分解成一个或者多个业务流程，各个业务流程都有明确的控制目标、控制步骤、不相容岗位、相应的权限划分；同时，每一个流程也都设有一个或多个控制点，控制点通常由不同的实施主体负责，负责对其实施审批、执行、监督检查等控制活动。

业务层面的控制措施一般包括不相容岗位分离控制、授权审批控制、计划控制、预算控制、合同管理控制、资金支付控制、信息技术控制和绩效考评控制等。

受篇幅限制，本节仅介绍筹资、采购、销售三项业务活动的风险信息收集，其他像研发、生产、工程建设、外包、仓储、客服等业务活动的信息收集，可参考财政部等五部委发布的《企业内部控制应用指引》进行，详见财政部官方网站。

一、筹资业务活动信息收集

筹资活动是企业资金活动的起点，也是企业整个经营活动的基础。通过筹资活动，企业取得投资和日常生产经营活动所需的资金，从而使企业投资、生产经营活动能够顺利进行。企业应当根据经营和发展战略的资金需要，确定融资战略目标和规划，结合年度经营计划和预算安排，拟定筹资方案，明确筹资用途、规模、结构和方式等相关内容，对筹资成本和潜在风险做出充分估计。如果是境外筹资，还必须考虑所在地的政治、经济、法律和市场等因素。

筹资活动的业务流程一般包括提出筹资方案，论证筹资方案，审批筹资方案；然后根据审核批准的筹资方案，编制较为详细的筹资计划；经过审批后，按照相关程序执行筹资计划，筹集资金；筹资活动完成后，检查监督是否按照筹资方案确定的用途使用资金，确保款项的收支、股息和利息的支付、股票和债券的保管等符合有关规定；最后进行筹资后评价，对存在违规现象的，严格追究其责任。

针对筹资业务活动，在初始信息收集时，至少要包括表 5-2 中的信息。

表 5-2　筹资业务活动风控初始信息

资金战略	收款凭证
资金预算	入库凭证
资本结构	资金到账记录
资金来源	资金使用记录
筹资计划	利息支付记录
筹资方案	股利支付记录
筹资合同	借款存量表
期限结构	借款计划表
利率结构	还款计划表
筹资成本	……
各种授权审批制度和流程……	

二、采购业务活动信息收集

采购，是指企业购买物资（或接受劳务）及支付款项等相关活动。其中，物资主要包括企业的原材料、商品、工程物资、固定资产等。采购是企业生产经营的起点，既是企业"实物流"的重要组成部分，又与"资金流"密切关联。采购物资的质量和价格，供应商的选择，采购合同的订立，物资的运输、验收等供应链状况，在很大程度上决定了企业的生存与可持续发展。采购流程的环节虽不复杂，但隐藏的风险却是巨大的。

采购业务流程主要涉及编制需求计划和采购计划、请购、选择供应商、确定采购价格、订立框架协议或采购合同、管理供应过程、验收、退货、付款、会计控制等环节。

针对采购业务活动，在初始信息收集时，至少要包括表 5-3 中的信息。

表 5-3　采购业务活动风控初始信息

采购需求	应付账款
采购申请	应付票据
采购计划	预付账款

（续表）

采购渠道	验收证明
采购方式	入库凭证
采购定价机制	退货情况
采购价格	供应商情况
采购合同	供应商准入制度
采购通知	供应商淘汰制度
各种授权审批制度和流程……	

三、销售业务活动信息收集

销售业务是指企业出售商品（或提供劳务）及收取款项等相关活动。企业生存、发展、壮大的过程，在相当程度上就是不断加大销售力度、拓宽销售渠道、扩大市场占有的过程。生产企业的产品或流通企业的商品如不能实现销售的稳定增长，售出的货款如不能足额收回或不能及时收回，必将导致企业持续经营受阻、难以为继。

企业销售业务流程，主要包括销售计划管理、客户开发与信用管理、销售定价、订立销售合同、发货、收款、客户服务和会计系统控制等环节。

针对采购业务活动，需要收集的初始信息至少要包括表5-4中的内容。

表5-4 销售业务活动风控初始信息

销售目标	结算方式
销售计划	销售价格
信用政策	发货方式
客户信用状况	收款方式
销售合同	发货品种和规格
双方权利与义务	发货数量
销售收入	发货时间
销售成本	发货单据
应收款项	发运凭证

（续表）

销售退回的处理	接货地点
应收账款催收记录（包括往来函电）	接货时间
坏账准备的计提和冲销	相关纠纷信息
各种授权审批制度和流程……	

第五节　按国务院国资委推荐的框架收集信息

一、国务院国资委推荐的风险信息框架

在《中央企业全面风险管理指引》中，国资委把企业的风险分为五大类：战略风险、市场风险、运营风险、财务风险、法律风险。我们可以把五大类风险作为风险信息目录的一级目录，然后逐层逐个展开，分别建立二级目录、三级目录、四级目录，如表5-5所示。其中，战略风险包含7个二级风险，市场风险包含9个二级风险，运营风险包含23个二级风险，财务风险包含9个二级风险，法律风险包含4个二级风险。在实践中，企业可以根据自身需要，继续分解各二级风险，建立第三级、第四级子目录。

现在回头看，表5-5的分类也不是十全十美的。这种不完美体现在两个层面：第一个层面是一级目录的概念不清，比如什么是运营风险？什么是市场风险和财务风险？由于对这些概念没有定义，所以企业执行起来可能就不清楚运营风险应该包含哪些风险，市场风险应该包含哪些风险，以及它们之间应该是什么样的关系。第二个层面是二级目录不完备，且不同类型的风险之间有交叉，比如运营风险里的稳定风险和社会舆情风险，它们与市场风险是什么关系？又比如市场风险里的信用风险，它为什么没被列入财务风险？这些问题的出现就是一级目录定义不清导致的。

表 5-5 国务院国资委推荐的风险信息框架（2011 年）

战略风险	市场风险	运营风险	财务风险	法律风险
		健康安全环保风险		
		人力资源风险		
		经营风险		
		技术风险		
		集团管控风险		
		信息风险		
		产品风险		
投资风险	竞争风险	公司治理风险	现金流风险	
政策风险	市场需求风险	研究开发风险	应收账款风险	
战略管理风险	价格风险	资源保障风险	预付账款风险	合同管理风险
"走出去"风险	行业风险	信息系统安全风险	存货风险	知识产权风险
宏观经济风险	汇率风险	稳定风险	成本费用风险	法律纠纷风险
产业结构风险	信用风险	社会舆情风险	财务控制风险	合规风险
改制风险	证券市场风险	道德风险	资本运作风险	
	客户风险	执行风险	资产风险	
	商品策划风险	系统供应商风险	关联交易风险	
		工程建设风险		
		项目管理风险		
		文件体系建设风险		
		流程管理风险		
		品牌管理风险		
		采购风险		
		运行控制风险		

二、从哪些方面收集战略风险相关的信息

在战略风险方面，国务院国资委指示，企业应广泛收集国内外企业战略风险失控导致企业蒙受损失的案例，并至少收集与本企业相关的以下重要信息：

（1）国内外宏观经济政策以及经济运行情况、本行业状况、国家产业政策；

（2）科技进步、技术创新的有关内容；

（3）市场对本企业产品或服务的需求；

（4）与企业战略合作伙伴的关系，未来寻求战略合作伙伴的可能性；

（5）本企业主要客户、供应商及竞争对手的有关情况；

（6）与主要竞争对手相比，本企业的实力与差距；

（7）本企业发展战略和规划、投融资计划、年度经营目标、经营战略，以及编制这些战略、规划、计划、目标的有关依据；

（8）本企业对外投融资流程中曾发生或易发生错误的业务流程或环节等。

三、从哪些方面收集财务风险相关的信息

在财务风险方面，国务院国资委指示，企业应广泛收集国内外企业财务风险失控导致危机的案例，并至少收集本企业的以下重要信息（其中有行业平均指标或先进指标的，也应尽可能收集）：

（1）负债、或有负债、负债率、偿债能力；

（2）现金流、应收账款及其占销售收入的比重、资金周转率；

（3）产品存货及其占销售成本的比重、应付账款及其占购货额的比重；

（4）制造成本、管理费用、财务费用、营业费用；

（5）盈利能力；

（6）成本核算、资金结算和现金管理业务中曾发生或易发生错误的业务流程或环节；

（7）与本企业相关的行业会计政策、会计估算、与国际会计制度的差异与调节（如退休金、递延税项）等信息。

四、从哪些方面收集市场风险相关的信息

在市场风险方面，国务院国资委指示，企业应广泛收集国内外企业忽视市场风险、缺乏应对措施导致企业蒙受损失的案例，并至少收集与本企业相关的以下重要信息：

（1）产品或服务的价格及供需变化；

（2）能源、原材料、配件等物资供应的充足性、稳定性和价格变化；

（3）主要客户、主要供应商的信用情况；

（4）税收政策和利率、汇率、股票价格指数的变化；

（5）潜在竞争者、竞争者及其主要产品、替代品情况等信息。

五、从哪些方面收集运营风险相关的信息

在运营风险方面，国务院国资委指示，企业应收集与本企业、本行业相关的以下信息：

（1）产品结构、新产品研发；

（2）新市场开发、市场营销策略，包括产品或服务定价与销售渠道、市场营销环境状况等；

（3）企业组织效能、管理现状、企业文化，高中层管理人员和重要业务流程中专业人员的知识结构、专业经验；

（4）期货等衍生产品业务中曾发生或易发生失误的流程和环节；

（5）质量、安全、环保、信息安全等管理中曾发生或易发生失误的业务流程或环节；

（6）因企业内外部人员的道德风险致使企业遭受损失或业务控制系统失灵；

（7）给企业造成损失的自然灾害以及除上述有关情形之外的其他纯粹风险；

（8）对现有业务流程和信息系统操作运行情况的监管、运行评价及持续改进能力；

（9）企业风险管理的现状和能力。

六、从哪些方面收集法律风险相关的信息

在法律风险方面，国务院国资委指示，企业应广泛收集国内外企业忽视法律法规风险、缺乏应对措施导致企业蒙受损失的案例，并至少收集与本企业相关的以下信息：

（1）国内外与本企业相关的政治、法律环境；

（2）影响企业的新法律法规和政策；

（3）员工道德操守的遵从性；

（4）本企业签订的重大协议和有关贸易合同；

（5）本企业发生重大法律纠纷案件的情况；

（6）企业和竞争对手的知识产权情况等信息。

企业在实际操作中，也可以按照表 5-6 这个框架来收集法律风险信息。

表 5-6　法律风险信息收集框架（示例）

引发原因	法律环境	违规行为	违约行为	侵权行为	不当行为	怠于行使权利
经营管理活动 1						
经营管理活动 2						
经营管理活动 3						
……						

第六节　信息收集的方式和注意事项

初始信息收集是风控最基础的工作之一。常言道："巧妇难为无米之炊。"如果信息收集没有渠道，或者收集到的信息不准确、不全面、不及时，那么，风控后续工作的正确性就很难保证。所以，这一节将在本章第二节的基础上，再介绍一下信息收集的方式和相关注意事项。

一、信息收集的方式

信息收集的方式有很多种，这里将其分成两类：手工收集和自动采集。

（一）手工收集

目前，大部分企业的绝大部分风险信息都是通过手工收集获得的。

对于尚未使用 ERP（或类似信息系统）的企业，大部分业务和管理信息都还是通过手工台账、纸介质凭证或表单来记录的，尚未电子化，所以收集这些信息的工作量可见一斑。

对于已经部分实施信息化的企业，其可能有供应链管理系统（SCM）、客户关系管理系统（CRM）、人力资源管理系统、财务管理系统、项目管理系统，但因这些系统都是独立的信息系统，基本属于"信息孤岛"，很多信息即使能通过 Excel 导出来，也还是需要整理、"清洗"，否则很难被风控工作使用。

信息收集除了对格式化数据的收集，也不要忽视对非格式化信息的收集，因为很多非格式化数据更能反映实际情况，比如招聘现场照片、评标会的录像、项目评估会的录音等。

（二）自动采集

自动采集是风险信息收集的发展方向。随着信息技术的飞速发展，移动互联网、工业互联网、5G、物联网、云计算、大数据、AI 等将进入企业的方方面面。在不久的将来，很多企业都将实现数字化、自动化、智能化。风险管理工作需要的各种信息，如产品信息、订单信息、库存信息、收入信息、投诉信息等都会从不同的系统按照不同的采集频率自动地定时传送到风控信息库，或者直接传送给风险管理人员。如果企业建立了数据中心，那就可以"一站购齐"了。

对于内部信息，企业可以利用内部信息系统接口，编制接口程序，实现相关信息的自动收集，比如，与企业内部的 ERP 系统、财务系统、人力资源管理系统、供应商管理系统等对接，从中定期自动抓取相关信息和数据。这些数据大多是结构化的，有较高的利用价值。

对于外部信息，比如公司舆情信息、行业监管信息、客户信息等，企业可以使用爬虫技术，24 小时不间断地在互联网上收集想要的信息。

二、信息收集的注意事项

信息收集是一项"真实性、全面性、连续性、及时性"的工作，如果没有机制作保障，那无论是人工收集还是自动采集都将难以满足这"四性"。所以，企业在开展风险管理之前，就要为此打下坚实的基础。

（一）保持真实性

真实性是对信息的最基本要求。如果信息不实，那后续的一切都将是白辛苦。为了保证信息的真实性，可以从信息源入手，或者建立一套机制和方法去识别二手信息的真实性。

（二）平衡全面性和重要性

在全面性方面，要明确风险信息收集的目标、范围和内容，建好信息分类框架，力争囊括与之相关的企业内外部风控信息，做到"横向到边、纵向到底"，不遗漏任何与企业相关的信息，比如监管合规方面的信息，客户信用、客户投诉、客户服务方面的信息，供应商资质、供应商产品质量、供应商财务状况等方面的信息，以及企业研发生产、健康环保方面的信息，等等。

信息收集的工作量很大，需要全员参与。风控牵头部门可以把收集初始信息的职责分工落实到各职能部门和业务单位，例如，战略发展部侧重收集与战略相关的风险信息；市场部和销售部可侧重收集与市场、客户、产品相关的风险信息；财务部侧重收集与财务相关的风险信息；法律部侧重收集与法律、合规相关的风险信息。

在落实信息全面性的同时，要关注重要信息。虽然事物是普遍联系的，但事物的发展变化有内因和外因，有主要矛盾和次要矛盾，所以，在信息收集时，尤其是在特定时期对特定对象而言，一定要关注重要信息，避免事倍功半。

（三）保持连续性和及时性

在连续性和及时性方面，就是要做到信息收集及时且不中断，比如对销售收入信息的收集，你不能今天收集明天不收集，这个月收集下个月不收集，或者今天收集这个产品的收入，明天收集另一个产品的收入，这都不符合信息收集及时性和连续性的要求。

信息收集的连续性和及时性至少要满足风险评估周期的要求。为此，企业需要建立有效的信息收集机制，通过制度和规范，指定专人及时、持续地收集与风险相关的内外部信息，然后存放到安全的地方供风险评估使用。

第六章
进行风险识别

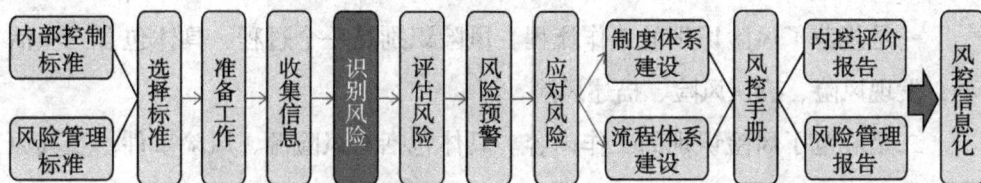

内部控制标准 / 风险管理标准 → 选择标准 → 准备工作 → 收集信息 → 识别风险 → 评估风险 → 风险预警 → 应对风险 → 制度体系建设 / 流程体系建设 → 风控手册 → 内控评价报告 / 风险管理报告 → 风控信息化

风险识别是风险评估的第一步，分三种场景：一是在企业开展风控体系建设初期，需对企业进行全面风险排查时；二是在对某个分支机构、某项业务或某个决策进行风险评估时；三是在企业日常运行过程中，根据内外部环境的变化，实时研判新旧风险时。

企业风险多种多样，如何识别，从哪儿入手？风险识别有哪些具体工作要做？用什么方法进行风险识别？对识别出来的风险如何描述？风险识别的输出成果是什么？怎么保证进行了全面的风险识别？对未能识别的风险如何处理？本章主要回答这些问题。

本章主要内容包括：

第一节　风险识别概述

一、什么是风险识别

国家标准化组织在 ISO Guide 73：2009 中对"风险识别"（risk identific-ation）的定义是：发现、确认和描述风险的过程。风险识别包括对风险源、风险事件，及其原因和潜在后果的识别。风险识别可包括历史数据、理论分析、有见识的意见、专家的意见，以及利益相关方的需求。

该定义规范了风险识别三个方面的内容。

一是规范了风险识别的工作流程。风险识别是一个过程，具体包含三项活动：发现风险、确认风险、描述风险。

二是规范了风险识别的工作内容。具体包括对风险源、风险事件，及其原因和潜在后果的识别。

三是规范了风险识别的工作方法。可以通过历史数据、理论分析、有见识的意见、专家的意见，以及利益相关方的需求等来进行风险识别。

通俗地讲，风险识别就是在风险事故发生之前，人们运用各种方法系统地、连续地识别所面临的各种风险的过程。对企业来说，风险识别就是要搞清楚企业正在或即将面临哪些影响目标的不确定性，并找出可能导致这些不确定性事件发生的原因和后果。

讲得再通俗些，风险识别就是查找企业治理结构、发展战略、各业务单元、各项重要经营活动及其重要业务流程中有没有风险，有哪些风险。

在 ISO 31000 风险管理标准中，ISO 定义风险评估是风险识别、风险分析、风险评价的全过程，即风险识别是风险评估的第一步工作，如图 6-1 所示。

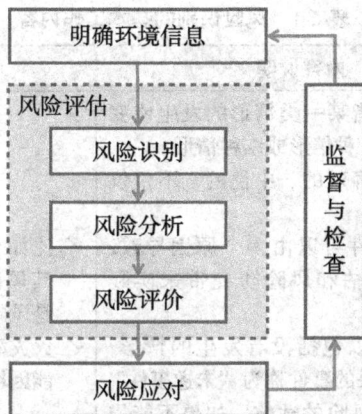

图 6-1　风险评估过程

在实际风险管理工作中，大家还是习惯把风险识别与风险评估区分开来，作为两个独立的活动。本书遵循 ISO 的定义，把风险识别视为风险评估的第一个环节，但在阐述时，为了突出风险识别的重要性，还是把风险识别作为单独的一章进行描述。我国的风险管理国家标准 GB/T 23694—2013 也遵循 ISO 对风险识别的定义。

二、风险识别的具体工作内容

风险不是臆测出来的。确定一个风险，至少需要说明四项信息：风险源、潜在事件、风险原因、潜在后果。这四项信息也被视为风险的四要素。如果这四项信息不全，那就不能对其进行评估（因为你不知道会发生什么事或者不知道会有什么后果），更谈不上去应对，所以不能将其视为风险。

在实践中，可以通过询问以下四个问题来识别风险：

（1）潜在的风险事件是什么？

（2）该事件的潜在后果是什么？

（3）风险源是什么？

（4）导致该风险事件的原因是什么？

关于这四个问题的解答，见表 6-1 中的说明。

表 6-1 风险识别的基本工作内容

风险四要素	内容说明	举例
潜在的风险事件是什么	（1）事件是指某一类情形的发生或变化，可以是一种情形或多种情形 （2）事件是客观的、中性的，不仅仅指"事故" （3）同一事件可以由多个原因导致，这给风险评估和风险防控带来实际困难 （4）事件可以包括没有发生的情形，没有造成后果的事件称为"未遂事件" （5）事件是风险的载体，如果不能描述风险事件，即使发现了风险源，也不属于"可管风险"，因为你不知道将会发生什么	✓ 比如仓库的火灾风险，"明火"是其风险源，"火灾"是一种情形，是风险事件 ✓ 火灾事件，可能因明火导致，也可能因堆放物自燃等原因导致
该事件的潜在后果是什么	（1）后果也是针对风险事件而言，指某事件对目标影响的结果 （2）一个事件可以导致多个后果或一系列后果 （3）后果可以是确定的，也可以是不确定的 （4）后果是中性的，对目标的影响可以是正面的，也可以是负面的 （5）有时，通过连锁反应，最初的后果可能升级	✓ 比如地震事件，可能导致人员伤亡、房屋倒塌、环境被破坏等 ✓ 又比如 2019 年年底爆发的新型冠状病毒肺炎事件，除了导致易感人群患肺病或死亡，还导致很多人无法正常聚会、出行，很多工厂停摆，造成 GDP 下降等负面后果，但同时也引发网上办公、网络教育的蓬勃发展
风险源是什么	（1）风险源是指可能单独或共同引发风险的内在要素 （2）风险源可以是有形的，也可以是无形的	✓ 比如仓库的火灾风险，"明火"就是风险源，因为明火可能单独引发仓库的火灾 ✓ 又比如企业的声誉风险，互联网上对企业的"负面报道"持续扩散、发酵
导致该风险事件的原因是什么	（1）风险原因和风险源是两个难以区分的概念，实践中，经常不特别区分这二者，但它们确实不是一回事 （2）风险原因是对潜在事件而言的，风险源是对风险而言的 （3）一个风险事件的发生，风险源是基础，但如果没有风险原因（有时叫风险诱因），风险源是不能引发风险事件的	✓ 比如仓库火灾，"明火"是其风险源，其风险原因可能是有人故意在仓库纵火，也可能是有人无意间在仓库丢弃未熄灭的烟头等 ✓ 又比如现金流风险，一旦发生就会造成入不敷出的局面，其风险原因可能是销售中断，也可能是回款不力，还可能是融资受阻等

表 6-1 中的四要素是对风险的基本认知，只有确认了这四项基本认知，才有可能将其放入风险列表中，进行接下来的风险评估。

风险识别工作非常重要，它是风险评估的第一步，直接影响风险评估的最终结果。如果头开错了（风险识别的输出有问题），那么即使风险评估后面的流程和方法都没问题，也不可能得到正确的评估结果。

第二节　风险识别的操作过程

一、风险识别过程概述

依据 ISO 对风险识别的定义，风险识别应该分三步走，即发现风险、确认风险和描述风险，如图 6-2 的中间三个环节所示。

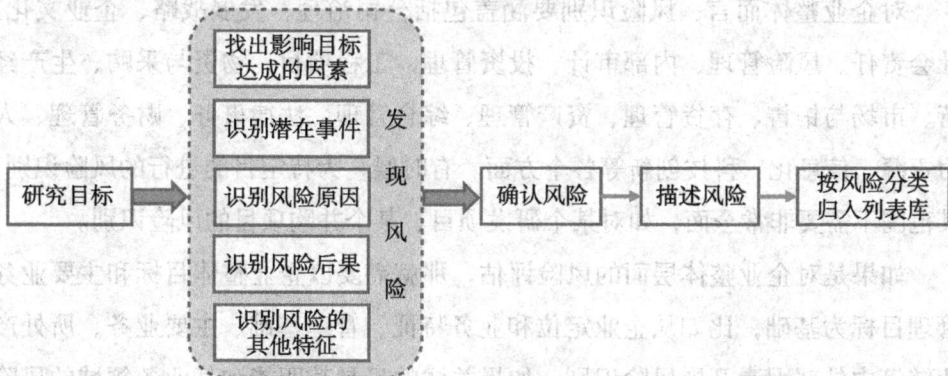

图 6-2　风险识别过程

风险识别的第一步是要有能力发现风险，如果对即将发生的事情没有感觉、没有敏锐性或者熟视无睹，那就很难及时发现风险。发现风险的过程往往从"发现问题"开始。

风险识别的第二步是确认风险，潜在事件到底是不是风险，不能一个人说了算，要经过正式的确认程序才行。

风险识别的第三步是描述风险，描述风险不是想当然地记录或陈述，它是有要求的，详见前面"风险四要素"的内容。

开展风险识别需要做一些准备工作，包括确定识别的对象和范围，因地制宜地确定风险识别的方式和方法，制定风险识别工作计划，组建风险识别小组，准备相关工作底稿或访谈提纲等。作为全面风险管理的一个重要环节，在风险识别阶段，需要确保对企业风险的全扫描。

二、研究企业目标

根据企业的发展战略、经营目标、经营计划和预算、组织职能配置等，分解研究企业目标，包括企业层面的目标和业务层面的目标等。风险识别就是要确定哪些潜在事件会影响到这些目标的实现。

三、确定风险识别的对象和范围

对企业整体而言，风险识别要涵盖包括公司治理、发展战略、企业文化、社会责任、风险管理、内部审计、投资管理、工程项目、物资与采购、生产经营、市场与销售、存货管理、资产管理、综合管理、法律事务、财务管理、人力资源、信息化、科技创新等各个方面。有时候，为特定目的进行的风险识别，其范围不需要非常全面，如对某个研发项目、某个并购项目的风险识别。

如果是对企业整体层面的风险评估，那就需要以企业整体目标和主要业务管理目标为基础，比如从企业定位和业务特征、管理基础、主要业务、所处产业链等内外部因素开展风险识别。如果关注的只是某职能和某业务领域的风险评估，那就可以从该职能的定位和目标出发，围绕业务目标、相关业务管理流程，以及流程各具体环节开展风险识别。

四、确定风险识别方法

风险识别的方法很多，常用的方法有以下六种：

（1）头脑风暴法；

（2）访谈法；

（3）问卷调查法；

（4）德尔菲法（专家法）；

（5）流程分析法；

（6）历史数据推演法。

下一节将对这些方法做简单介绍。

五、收集风险信息

对风险信息的收集在本书第五章已介绍，我们可以把第五章的成果拿来使用。

针对特殊项目或特殊事项的风险识别，需要在第五章的基础，围绕该特殊项目或特殊事项的目标，进行进一步的风险信息收集。企业（或风控项目组）可以通过以下渠道进行信息收集：

- ✓ 利益相关方公开披露的信息；
- ✓ 专业机构的研究数据库；
- ✓ 政府或其他企业发布的权威信息和报告；
- ✓ 企业内部的历史数据，如财务报表，索赔记录等；
- ✓ 调查问卷、实地查看、访谈或研讨等。

在日常工作中，企业应该对风险信息实行动态管理，指定专人定期或不定期收集与企业风险和风险管理相关的内外部信息，包括专家建议、历史数据和未来预测等。对信息化程度高的企业，还可以从各业务系统和管理系统中采集数据，从相关数据的变化趋势来识别可能的风险。

六、确认和描述风险

获得上述的初步风险信息后，接下来就是确认风险。确认风险需要经过研讨、审核或审批等正式程序，不能随意添加或删除风险。

获得正式确认的风险，要按风险四要素的要求进行描述，使风险被客观、真实地记录下来，以便后期查阅、分析和评价。

第三节　常用的风险识别方法

风险识别的方法很多，感兴趣的朋友可以阅读 ISO 31010 或 GB/T 27921《风险管理——风险评估技术》。受篇幅所限，这里只简单介绍几种最常用的方法：头脑风暴法、访谈法、问卷调查法、流程分析法、历史数据推演法。

一、头脑风暴法

头脑风暴法是一种最"物美价廉"的风险识别方法，俗称"小组讨论""小组会议"，是其他方法的基础，多与其他方法组合使用。

（一）组织形式

（1）小组人数一般为 8~15 人，最好由不同专业或不同岗位的人员组成；

（2）时间一般为 40~60 分钟；

（3）设主持人一名，主持人只主持会议，对设想不评论；

（4）设记录员一名，要求认真将与会者的每一设想都完整地记录下来。

（二）准备工作

（1）确定主题，并提前把会议主题通报给与会者，让其有一定准备；

（2）确定主持人，主持人熟练掌握该技法的要点和操作要素，了解研讨主题的现状和发展趋势；

（3）确定与会者，与会者既要对研讨主题有研究，又要懂得头脑风暴法的原则和方法；

（4）确定头脑风暴场所，不宜太大也不宜太狭小。

（三）原则

为使与会者畅所欲言，互相启发和激励，达到较高效率，必须严格遵守下列原则。

（1）禁止批评和评论，也不要自谦。对别人提出的任何想法都不能批判和阻拦。即使自己认为是幼稚的、错误的，甚至是荒诞离奇的设想，亦不得予以驳斥；同时也不允许自我批判，在心理上调动每一名与会者的积极性，防止出现一些"扼杀性语句"和"自我扼杀性语句"。诸如"这根本行不通""你这想法太陈旧了""这是不可能的""这不符合某某定律""我提一个不成熟的看法"及"我有一个不一定行得通的想法"等语句，尽量不在会议上出现。只有这样，与会者才可能在充分放松的心境下，在别人设想的激励下，集中全部精力开拓自己的思路。

（2）目标集中，追求设想的数量，越多越好。

（3）鼓励巧妙地利用和改善他人的设想。这是头脑风暴的关键所在。每个与会者都要从他人的设想中激励自己，从中得到启示，或补充他人的设想，或将他人的若干设想综合起来提出新的设想等。

（4）与会者一律平等，记录人员要将各种设想全部记录下来。与会者，不论是该方面的专家、员工，还是其他领域的学者，以及该领域的外行，一律平等；各种设想，不论大小，甚至是最荒诞的设想，记录人员也要认真地将其完整地记录下来。

（5）主张独立思考，不要私下交谈，以免干扰他人思考。

（6）提倡自由发言，畅所欲言，任意思考。会议提倡自由奔放、发散思考、任意想象、尽量发挥，主意越新、越怪越好，因为它能启发他人。

（四）应用举例

头脑风暴法可以单独使用，也可以与其他方法混合使用。多数时候，头脑风暴法都是作为一个基本方法与其他方法搭配使用。下面用头脑风暴法识别某制造型企业的生产机器故障原因。

为了聚焦，可以事先把故障原因分为几个维度（或几个类别），比如由于操作导致的故障、设备自身故障、维修不当导致的故障、生产环境导致的故障等，然后再用头脑风暴法找出具体原因。

为了便于记录和观察，我们可以用鱼骨图来记录和展示与会者反馈的各故障原因，如图 6-3 所示。

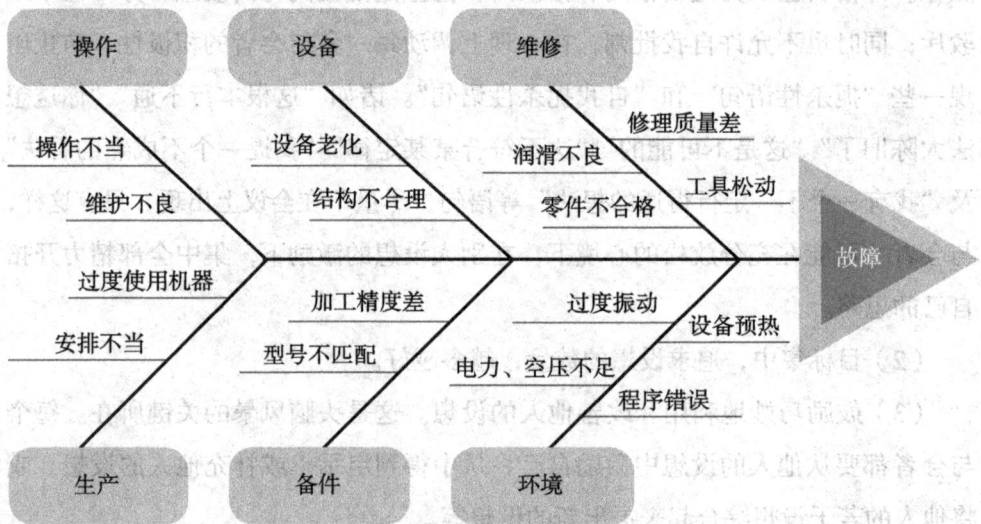

图 6-3　用头脑风暴法识别机器故障原因

二、访谈法

（一）方法介绍

访谈法是通过访谈人与被访谈人面对面交谈的方式来了解被访谈人的观点和行为的基本研究方法。

访谈法目前被广泛运用在很多领域，能够简单而有效地收集多方面的信息，除了教育、求职之外，也广泛应用在企业咨询服务领域。

采用访谈法，需要提前制定访谈计划，编写访谈提纲，如表 6-2 所示。

表 6-2　现场访谈计划模板

现场访谈计划			
访谈目的			
访谈对象		访谈对象职务	
主谈人		主谈人职务	
其他访谈人员		记录人	
访谈时间		访谈地点	
预计访谈时长			
访谈提纲：			
1.……			
2.……			
3.……			
……			
访谈计划制定人		制定时间	
访谈计划审批人		审批时间	

　　访谈计划需要基于访谈的目的、范围、方式以及访谈对象的实际情况来制定。访谈计划应当明确访谈工作的步骤、时间、参与人员、访谈目的、访谈提纲等信息。在开展访谈之前，除了要确定访谈计划外，还要协调被访谈人的访谈时间和地点，访谈对象为多人时，还要制定现场访谈时间安排表。

　　在访谈过程中，访谈人要积极掌控访谈的内容和进度，既不能过多打断被访谈人的讲话，又不能任由被访谈人把话题转到不相关方面，影响访谈整体效果。有时被访谈人谈的问题过于笼统，谈及的具体风险事件可能过于粗糙，未涉及问题的根本原因，访谈人可以追加问题，引导被访谈人深入讲解，鼓励被访谈人讲出很多访谈提纲上所没有涵盖的风险和隐患。

（二）应用举例

访谈人（主谈人）：小瑞。

被访谈人：某子公司销售部总经理王五。

访谈目的：了解市场价格波动对公司产品销量和销售收入的影响。

访谈现场：

小瑞拿着访谈提纲访谈某子公司销售部的总经理王五，当谈及市场价格波动因素对产品销售的影响时，王五很快谈及美国发动的贸易战，以及贸易保护主义等，这时候小瑞要怎么办？

小瑞要做的，不是洗耳恭听，而是要以适当的方式把话题拉回来，询问王五：

你们产品的原材料或元器件来自美国吗？你们的产品出口美国吗？或者你们的产品会被转售到美国吗？

如果对方回答"不是"，那就赶快把话题转到国内市场；如果对方回答"是"，那要继续问：那些出口产品的占收比是多少？如果影响发生，有什么应对策略或备选方案吗？等等。

小提示：

（1）访谈法最重要的是访谈人要能够控场，并且始终紧紧围绕访谈目的去访谈。

（2）注意提问言简意赅、不重复、不拖沓、不挑衅。

（3）组合使用"开放式问题"和"封闭式问题"进行访谈。

三、问卷调查法

问卷调查法在很多场合被应用，它是把调查者想要了解的风险信息，编制成简明扼要的风险调查问卷，然后由被调查者根据风险调查问卷的"填写示例"回答，以此来了解被调查者对企业经营管理中可能存在的风险的认识或评价情况。

问卷可以是简答题（疑问），也可以是选择题（设问）。问卷调查法大多采用邮寄、个别分送或集体分发等多种方式发送问卷。问卷可以是书面的，也可以是电子版的，还可以通过 APP 应用来做调查。

问卷调查法的主要优点在于标准化，所以，一般来讲，问卷调查法比访谈法更易于控制，但调查问卷在一定程度上限制了被调查者提供信息的范围，使很多没有被问卷囊括的信息被忽视。另外，调查问卷往往会因为被调查者不理解问题本身或者缺乏耐心，或者缺乏现场人员指导，导致填写质量下降，致使调查结果具有一定的不可靠性。

调查问卷的格式如表 6-3 所示。

表 6-3 员工满意度调查问卷

针对每个问题，请在你选择的答案对应的栏里打"√"

编号	调查内容	很满意	满意	不满意
1	从整体而言，你对公司的管理模式评价如何			
2	你对公司企业文化评价如何			
3	你对公司主要业务流程、制度评价如何			
4	你对公司领导的管理方式满意吗			
5	你对部门主管的管理方式满意吗			
6	你认为在公司可获得更好的发展前景吗			
7	你觉得公司的升迁渠道公平、合理吗			
8	你对目前工作所需的培训是否满意			
9	你对自己在公司的职业发展生涯满意吗			
10	薪资待遇与你的工作绩效成正比吗			
11	你觉得你目前的工作对公司有实际贡献吗			
12	你对所在部门的工作氛围满意吗			
13	你对公司目前的工作环境满意吗			
14	你对自己的工作业绩满意程度如何			
15	你对公司的工作时间安排满意吗			

四、流程分析法

（一）流程分析法概述

流程是为达到特定的价值目标而由不同的人共同完成的一系列活动，活动之间不仅有严格的先后顺序限定，而且活动的内容、方式、责任等也都必须有明确的安排和界定，以使不同活动在不同岗位角色之间进行转手交接成为可能。

流程分析法就是先把企业的管理和业务流程图画出来，然后对流程的每一阶段、每一环节进行调查分析，从中发现潜在风险，找出导致风险发生的原因，最后结合企业实际情况和相关历史资料，确定风险发生的可能后果。

（二）流程分析法使用过程

用流程分析法来识别风险大致可以分为三步。

第一步，梳理流程，找到关键节点。针对流程的每一个步骤，判别其是否为关键节点，同时还要特别关注：

（1）过去曾经发生过事故的节点；

（2）在前期流程梳理或优化过程中被改动过的节点。

第二步，针对关键节点，分析可能发生的风险事件。从"正常、异常和紧急状态"这三种活动状态出发，来分析可能发生的风险事件、风险原因及后果。

第三步，查看关键节点是否已有控制措施，是否有规范性的制度，以及员工是否有能力预防或阻止该潜在事件的发生。然后把这些信息作为风险描述记录下来，等待正式确认风险。

（三）应用举例

【案例】某企业年度人员预算流程如图 6-4 所示。

利用流程分析法可以从两个方面来分析该企业的年度人员预算风险。

第一个方面是人员预算流程的描述风险。具体包括流程流向混乱，各活动环节描述不清，这将导致相关业务人员无法正常操作。

第二个方面是人员预算流程的业务逻辑风险，比如"年度人员预算报告"审核"不通过"后，流程将一直在人力资源部和总经理之间循环。如果有些审核"不通过"的原因与相关部门有关，那么在修改预算报告时没有相关部门的参与将会产生风险。

篇幅所限，该流程的其他风险识别从略。

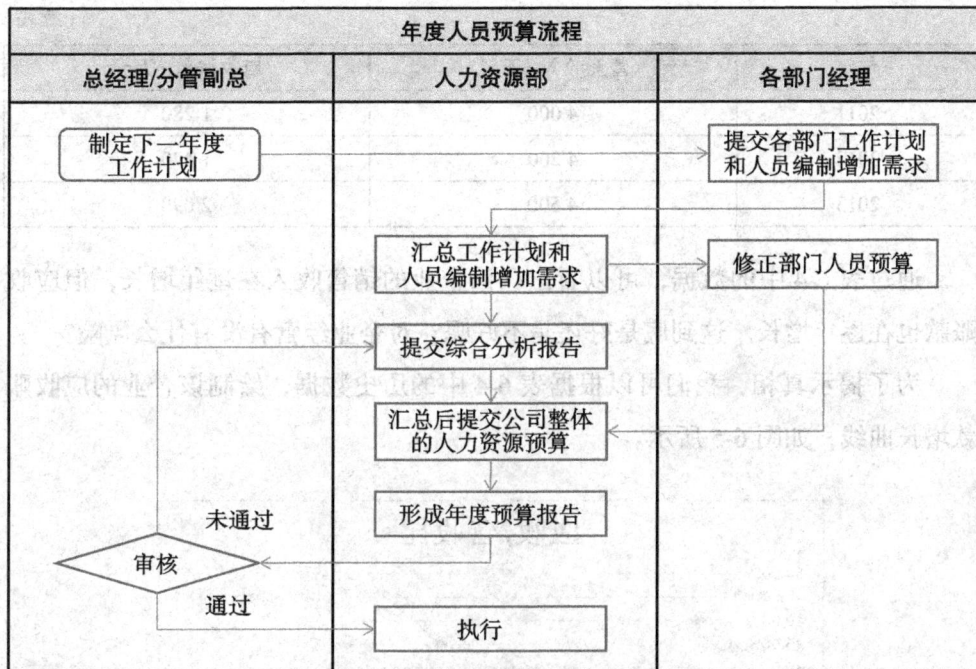

图 6-4　某企业年度人员预算流程

五、历史数据推演法

推演法有很多种，比如情景推演法、结构推演法、历史数据推演法等，这里仅简单介绍历史数据推演法。

这种方法在生产、销售、财务领域被广泛应用，通过对历史数据的"同比""环比"，可以看出上升或下降的趋势，进而揭示一些潜在的风险。

【案例】某企业 2008—2013 年（账龄一年以上）营收和应收汇总表如表 6-4 所示。

表 6-4　某企业 2008—2013 年营收和应收汇总表

年份	营业收入 / 万元	应收账款 / 万元
2008	3 220	515
2009	3 650	730
2010	3 500	735

（续表）

年份	营业收入 / 万元	应收账款 / 万元
2011	4 000	1 280
2012	4 200	1 470
2013	4 500	2 090

通过表 6-4 中的数据，可以看出：该企业的销售收入在逐年增长，但应收账款也在逐年增长。这到底是好还是不好呢？对企业经营有没有什么风险？

为了揭示真相，我们可以根据表 6-4 中的历史数据，绘制该企业的应收账款增长曲线，如图 6-5 所示。

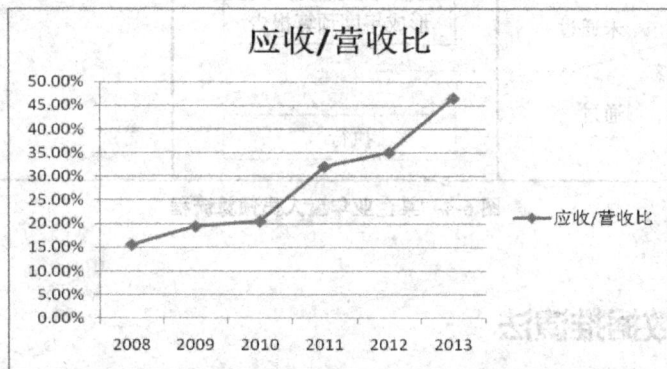

图 6-5　某企业 2008—2013 年应收 / 营收比

观察图 6-5，我们会发现：该企业"应收 / 营收比"逐年增高，已经接近收入的 50%。这是安全的比例吗？会影响企业的现金流吗？企业能维持正常经营吗？这些问题会成为企业可持续经营的不确定性因素，有可能成为风险。

接下来就要进一步分析这些不确定性对企业经营目标的可能影响，识别相关风险源、风险原因、潜在事件及其后果等。这就是风险识别要做的工作。

第四节　风险识别的输出成果

前面几节内容介绍了什么是风险识别，风险识别主要做哪些事，如何开展风险识别，以及风险识别的常用方法，接下来介绍风险识别的输出成果。

一、风险识别可以输出哪些成果

通过风险识别我们至少可以获得对各个风险的描述，经过汇总，还可以获得某个部门或者某个项目的风险列表，乃至获得整个企业的风险列表。

风险列表一般是对中小企业而言的，用 Word 或 Excel 文件形式展现；对于大企业或者已建有风控信息系统的企业，一般用风险库来记录风险识别的成果。

风险识别可以获得的主要输出成果如表 6-5 所示。

表 6-5　风险识别的主要输出成果

	成果形式	风险识别成果释义
1	风险描述	✓ 这是风险识别的最直接的成果 ✓ 通过风险识别，可以获得对风险的基本认识，认识各风险的风险源、风险事件，以及引发该事件的原因和潜在后果等属性
2	风险列表（风险清单）	✓ 这也算是直接成果。把识别出来的风险逐个汇集起来，就形成一个列表 ✓ 风险列表可以是杂乱无章的，也可以是有序的、分类的 ✓ 分类的风险列表要基于风险目录 ✓ 分类的风险列表更方便使用
3	风险库	✓ 风险库是风险列表的高级表现形式，是格式化的风险列表 ✓ 不管企业是否已建立风控信息系统，风险库的建设都是必需的 ✓ 风险库是风险管理数据的一个基本数据库，对风险描述的字段（或标签）越多、越细，对之后的风险评估和风险应对越有益
4	损失事件库	✓ 损失事件库是对历史风险出现后的格式化记载，不能被简单地视为案例库 ✓ 损失事件库要对历史损失事件进行格式描述，比如损失事件发生的时间、地点、原因、后果、损失金额，以及涉及的业务、产品、项目、部门、岗位、人员、环境等 ✓ 损失事件库对识别和分析新风险有参考作用。历史损失事件的发生情况，可以作为识别和评价现有风险事件的依据

在上述成果中，风险描述是所有其他成果的基础，为了帮助大家建立一个直观的印象，我们用图 6-6 来描述这些成果之间的关系。在一些书里把风险列表视为结构化的风险描述，这里仅把它视为非结构化的描述。

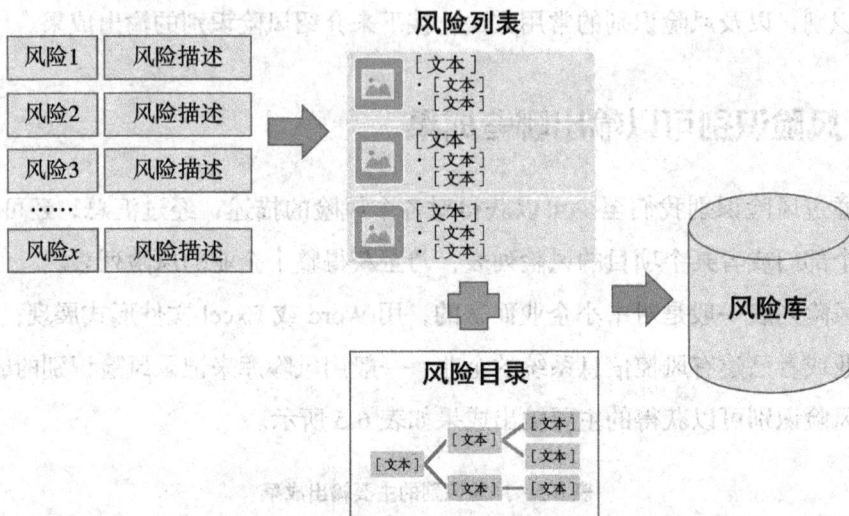

图 6-6　从风险描述到风险数据库的演变

二、风险列表（风险清单）

风险列表的格式多种多样，有专项风险列表、部门风险列表，还有企业风险列表。这里举两个例子供大家参考，一个是法律风险列表，如表 6-6 所示，另一个是某化工厂风险识别结果，如表 6-7 所示。

表 6-6　法律风险列表示例

基础信息区				法律信息区					管理信息区		
风险代码	风险名称	行为代码	引发法律风险的行为	涉及法律法规	涉及的法条	引发法律责任和后果	案例	法律建议	涉及部门	涉及法律主体	涉及的业务/管理活动
××	××	××	××	××	××	××	××	××	××	××	××
		××	××								
		××	××								
……	……	……	……	……	……	……	……	……	……	……	……

表 6-7　某化工厂风险识别结果

序号	风险名称	事件	风险因素	引发原因	发生事故的后果	影响范围
1	火灾风险	火灾爆炸	二氯乙烷	（1）明火源： 烟头、危险场所检修动火作业、外来人员带入火种、其他火源 （2）火花： 用钢制工具敲打设备；管线产生撞击火花；电器不防爆，产生电火花；雷击；车辆未带防火罩，启动时排烟带出火花 （3）高热 （4）电力线路陈旧老化或敷设不当受到损坏产生短路火花	人员伤亡、停产、造成经济损失	厂内人员
2	中毒	氯气中毒	氯	（1）有毒、有害危险化学品泄漏 （2）钢瓶焊缝泄露 （3）管线、阀门、法兰泄露 （4）劳保用品穿戴不全、缺损	人员中毒甚至死亡	厂内人员及周边人员
……						

三、风险库

（一）风险库信息展示

风险库，顾名思义就是装风险的"仓库"或数据库。风险库没有固定的格式，与企业管理的精细化程度和成熟度相关，因企而异是必然。

风险库里装的风险是被确认后的风险，是一种格式化的风险描述，对应很多数据库字段（或数据特征标签），除了风险描述的四要素外，还可以增加风险对应的单位（如子公司或部门），对应的业务、产品、项目，风险责任人等，如表 6-8 所示。

表 6-8 风险库示例

风险编号	风险名称	风险源	风险事件	风险原因	风险后果	风险类别	内/外部风险	正/负面影响	对应的业务	对应的产品	对应的项目	对应的流程	对应的制度	风险所有人	所在部门	……
S0011	××	××	××	××	××	战略风险	外部	负面				P02	(1) ×× (2) ××	张三	战略发展部	
F0031	××	××	××	××	××	财务风险	内部	负面							财务部	
M1200	××	××	××	××	××	市场风险	外部	正面							市场部	
M1290	××	××	××	××	××	市场风险	外部	负面							销售部	
L0178	××	××	××	××	××	法律风险	外部	负面							销售部	
L0168	××	××	××	××	××	法律风险	外部	负面							研发部	
……																

对还没有建设风控信息系统的企业而言，可以直接在 Excel 中用表 6-8 所示的格式构建自己的风险库；对于已建立风控信息系统的企业，则需根据系统菜单的提示，在风险识别页面登记、录入或修改特定风险的信息，然后在风险库中查看或检索相关风险信息。

由风险库可以衍生出风险事件库，把风险事件库与案例库相关联，可以方便风控人员自我学习，及时找到应对风险的解决方案。

为了更好地对风险实施内部控制，企业还可以建立流程库、制度库，然后把风险库与它们关联，实现风险与业务流程的融合以及风险与制度的融合。

（二）对风险库的维护更新

在风险识别的过程中，如果发现新风险，相关单位和部门要对新风险进行确认和描述，经风控部门确认后，相关单位或风控部门才能将该风险补充进风险库。

在风险识别的过程中，如果发现风险库中某风险现在已不是企业的风险了，相关单位和部门要提出删减意见，经风控部门确认后，相关单位或风控部门才能在风险库里删除该风险。

在风险识别的过程中，如果发现风险库中某风险现在已发生变化（比如可能产生新的风险事件或新的后果等），相关单位和部门要提出修改意见，经风控部门确认后，相关单位或风控部门才能在风险库里修改该风险。

正常情况下，风险识别是连续的、实时的，但因信息采集的难度或人力资源等因素的限制，往往很难达到这种状态。不管怎么样，每年至少要对风险库和事件库进行一次更新和优化，删除过时的信息，否则很可能导致错误的风险评估结论。

四、风险目录

任何组织（企业或 NPO）只要还在运营，都会面临各种各样的风险，为了稳健发展，组织必须管理不确定性，管理风险。要科学管理风险，必须对组织的风险进行分类，建立科学的风险目录（risk catalog）。

风险目录源于风险评估结果，是组织全面系统地掌握自身风险的有效工具，可用于风险监督与评审。有时，风险目录也用于风险识别，但值得注意的是，绝不能仅仅依靠风险目录去进行风险识别，否则会有重要的风险被忽略。

风险目录的完善是一个与时俱进的过程，企业每次在风险评估结束后，应对风险目录进行及时更新，否则风险目录就会失真，从而影响组织对风险的及时把握和有效管理。

> risk-doctor 认为，风险目录的分类和层级应与企业的组织结构相匹配，否则在常态化维护中就会遇到授权或人力资源不足等问题。

五、风险分类模式

有人说，要先进行风险分类，再进行风险识别。这没错，但这要求企业对风险和风险管理有一定的认识，否则不易实现。

风险分类是一个持续的建设过程，既不可能一蹴而就，也不可能一成不变。这主要是因为，企业内外部的环节在不断地发生变化，新风险可能产生，旧风险可能消亡；即便内外部环境没有发生变化，企业对风险的认识也会产生变化。所以我们需要用动态的视角来看风险分类。

风险分类一般有三种模式：

第一种，对有经验的企业来说，可以按照经验，从上至下，对风险进行逐级分类，比如从一级到二级，再到三四级；

第二种，对没有太多经验的企业，可以从下至上，先尽可能穷尽所有的单个风险，然后对它们按相近原则进行合并归类，在此基础上，再进行二次合并归类，层层向上，最后合并成几个独立的大类，形成企业的一级风险；

第三种，从中间分别向上向下推进，向上为"合并同类项"，向下为"细化分解"，比如从每个部门开始梳理风险，然后向上向下合并分解。

不管用哪种方式来对风险进行分类，其目的都是更好地管理风险，它们的最终输出（或展现）也都差不多，即形成树形结构的风险目录，可谓殊途同归。

> risk-doctor 认为：风险分类没有最好，只有最适合。不管对风险怎么分类，其级与级之间应该是包含关系，同级各个风险之间必须独立无交集，否则就会导致混乱。
>
> 风险分类不清，不仅影响后续在进行风险评估时对风险的归集和合并，而且还会影响将来在应对风险时对风险责任主体的责任划分。

在商业银行系统，巴赛尔新资本协议（Basel II）把商业银行的风险分为三大类：信用风险、市场风险和操作风险，并给出它们三者的明确定义和估算方法。商业银行通过对这三大类风险的估算，能够得到银行的总风险值，然后通过计提风险准备金的形式来应对这些风险。商业银行的风险分类也值得非金融企业借鉴。

六、风险分类举例

风险列表或风险库里的风险，可以杂乱无章地排列，也可以按某种规则排列。有规则的排列，我们称之为有"风险分类"的风险列表或风险库。有风险分类的风险列表或风险库更方便使用。

风险分类是企业风险管理的基础之一，体现了企业对风险的认识和风险管理水平。

风险分类的种类多种多样，与对会计科目进行分类类似。前面第五章信息收集中已对风控信息的分类进行了说明，在风险识别中，对风险的分类与其类似，甚至可以统一。比如国资委把企业风险分为五大类：战略风险、运营风险、市场风险、财务风险、法律风险，它们既可以作为收集风险初始信息的分类标准，也可以作为企业风险分类的参考标准。在风险管理实践中，很多企业把这五类风险作为企业的一级风险，然后对它们逐一分解，形成二级目录，比如把"战略风险"细分为"宏观经济风险、产业结构风险、并购重组风险、国际化经营风险、投资风险等",其中,"并购重组风险"又可以细分为"估值与定价风险、尽职调查风险、执行与整合风险等",从而构成三级目录,如表6-9所示。

表 6-9　国资委推荐的风险分类框架（2011 年）

一级风险	二级风险	三级风险
战略风险	并购重组风险	估值与定价风险 尽职调查风险 执行与整合风险
	宏观经济风险	……
	产业结构风险	……
	国际化经营风险	……
	投资风险	……
	……	……
运营风险	人力资源风险	人力资源规划风险 招聘与留任风险 人员配置风险 关键人才流失风险 人才储备风险 培训与发展风险 绩效考核风险 薪酬与福利风险 劳动关系管理风险
	销售风险	……
	……	……
市场风险	……	……
……	……	……

七、风险分类调整

风险分类不是一成不变的。随着内外部环境的变化、企业管理的需要或监管要求的变化,企业风险分类也应适时做出调整。

经过几年实际运行的国资委三级风险分类,随着环境的变化,一些新风险开始成为主角,国务院国资委也实时做出调整,直接列出了40个关键风险分类，如表 6-10 所示。

表 6-10 国务院国资委推荐的风险分类表（2018 年）

1	宏观经济风险	21	金融业务风险
2	政策风险	22	现金流风险
3	国际化经营风险	23	财务管理风险
4	战略管理风险	24	担保风险
5	业务结构和转型风险	25	关联交易风险
6	投资风险	26	合同管理风险
7	公司治理风险	27	法律纠纷风险
8	集团管控风险	28	知识产权风险
9	竞争风险	29	土地、矿权、房屋等权属风险
10	采购风险	30	人力资源风险
11	生产管理风险	31	廉洁风险
12	仓储物流风险	32	保密风险
13	工程项目管理风险	33	敏感信息风险
14	质量风险	34	信息系统风险
15	健康安全环保风险	35	内部整合和协同风险
16	研发风险	36	企业文化风险
17	信用风险	37	品牌与声誉风险
18	价格风险	38	社会责任风险
19	汇利率风险	39	公共关系风险
20	衍生品交易风险	40	舆情风险

对比 2011 年国资委发布的三级风险列表可以看出，表 6-10 所列的风险大致对应 2011 年的二级风险。但是，它们不仅在数量上有所减少，比之前少了 20 多个；在内容上也有调整，比如廉洁风险、质量风险和舆情风险之前都是三级风险，现在都升级成二级风险，与投资风险、人力资源风险、采购风险等并列。这说明，在新时期，廉洁风险、质量风险和舆情风险已上升为企业的主要风险之一，所以国务院国资委给予了更高的关注。

2020 年，国务院国资委又根据监管需求调整了风险目录，详见本书第五章

第一节或第十四章第七节的内容。

在实际工作中，企业应该对风险信息实行动态管理，定期或不定期地实施风险识别，以便对新的风险和原有风险的变化进行重新评估。

第五节　风险识别实战案例

2019 年年底发生了新型冠状病毒肺炎疫情，中国人民在足不出户的状态下度过了特殊、难忘的 2020 年新春佳节。然而，疫情并没有随着春节的结束而消退，相反，还有加重扩散的趋势。2020 年 2 月，我们开始执行更加严格的疫情防护和管控政策。在全国人民齐心协力的努力下，截至 2 月底，除湖北省外，其他省市的疫情得到有效控制，部分单位开始陆续复工。

在这种情况下，作为一家北京市国有企业的负责人，你的企业要不要复工？复工对员工健康有没有风险？下面，我们就模拟该场景，开始对"员工复工健康风险"进行风险识别。

一、收集信息

（1）收集信息的主要渠道：电视台、官网（网站）和官微（微信公众号）。

（2）相关信息：

国家和北京市政府关于复工的政策安排；

北京市疫情发布平台发布的相关信息；

北京市公安局近期围绕疫情发布的相关信息；

北京市国资委围绕疫情和复工发布的相关信息；

北京市工信委近期发布的复工信息等。

二、发现风险

通过收集信息，获悉北京市政府已于 2020 年 1 月 24 日下午宣布：北京市委市政府多次召开会议进行联防联控部署，切实把人民群众生命安全和身体健康放在第一位，启动重大突发公共卫生事件一级响应机制（最高级），把全力做好疫情防控工作作为当前重中之重的任务。

对于企业来说，要不要复工？复工有没有风险？企业不应拍脑门说"有"或"没有"，而应认真分析、科学识别。

作为企业负责人，你可以召集班子成员开电话会议或视频会议，用头脑风暴法来识别、研判复工对企业员工健康可能带来的风险。经过分析，你们认识到如下几点。

（1）复工对员工健康影响最主要的风险事件就是：员工被传染上新型冠状病毒。

（2）事件的后果是：被传染者发病、病危或死亡，或者被传染者再传染给其他人；公司负责人被追责等。

（3）导致风险的原因：与病毒携带者直接接触或近距离接触，或者直接接触了病毒携带者污染的物品等。

（4）传染渠道：飞沫、污染物等。

三、确认风险

针对上述信息及对复工风险的初步识别，作为企业的负责人，你应该与相关方沟通，获得共识后再确认该风险；可以采用投票的方法来确定上述信息是不是风险。

四、描述风险

经过收集信息、发现风险、确认风险等环节后，要把已确认的风险描述出来，告知企业全体员工。

员工复工健康风险信息描述如下：

根据北京市新型冠状病毒感染的肺炎疫情防控工作领导小组办公室对疫情的分析结果，结合我们企业的实际情况，我们认为在3月2日复工存在很高的风险。

（1）风险名称：员工复工健康风险。

（2）风险事件：员工被感染新型冠状病毒。

（3）风险源：

①新型冠状病毒肺炎患者；

②新型冠状病毒阳性携带者；

③新型冠状病毒阴性携带者。

（4）风险原因：

①直接接触风险源（如共餐、共饮、亲吻等）；

②飞沫（如在公交车、会议室、食堂，以及其他公共场所无防护说话、打喷嚏等）；

③直接接触被风险源污染过的物品（如门把手、电梯按钮、公交车扶手等）。

（5）风险后果：

①员工被感染患病或死亡；

②被感染的员工再传染其他人（包括员工和外部人员）；

③相关负责人被追责等。

至此，对员工复工健康风险的识别告一段落，这些输出成果将作为下一步风险评估的输入。下一步将对风险后果的严重性及发生的可能性进行评估；待评估完成，才能视风险的大小和严重程度进行复工决策。

第七章
开展风险评估

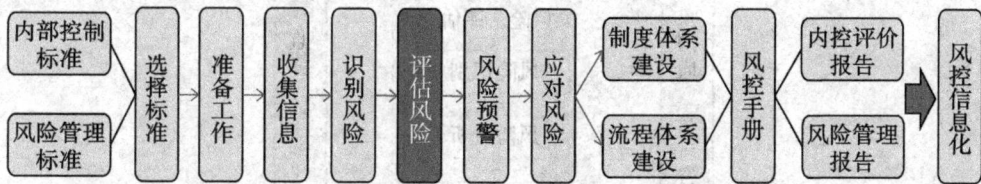

本章承接第六章风险识别的输出，继续对已识别的风险进行深入的分析和评价。评估风险是风险管理的核心环节，风险评估的质量直接影响风险应对的决策选择。本章将重点介绍风险评估的过程和方法，并通过实战案例来模拟风险评估过程。

本章主要内容包括：

第一节　风险评估概述

第二节　风险评估的详细过程

第三节　风险评估的常用方法

第四节　风险评估的注意事项

第五节　风险评估实战案例

第六节　风险评估报告示例

第一节 风险评估概述

一、什么是风险评估

风险评估是风险管理过程的核心工作内容，它是风险识别、风险分析和风险评价三项活动的全过程，如图 7-1 所示。

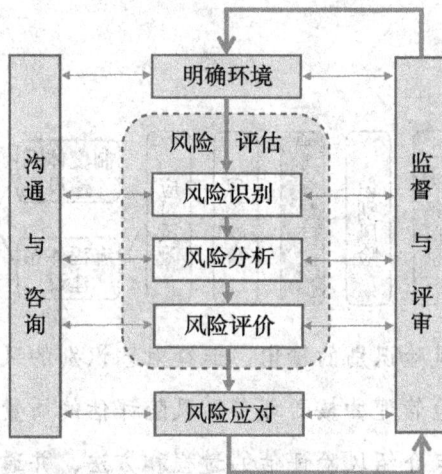

图 7-1 风险管理流程图

在图 7-1 中，风险评估的第一项活动风险识别已在本书第六章介绍过，本章主要讲解风险分析和风险评价。

ISO 对"风险分析"（risk analysis）的定义是：理解风险性质和确定风险等级的过程。风险分析为风险评价和风险应对决策提供基础；风险分析包括对风险的估计，比如对风险后果大小的估计及其发生可能性大小的估计。

ISO 对"风险评价"（risk evaluation）的定义是：把风险分析的结果与风险准则相比较，以决定风险和 / 或其大小是否可接受或可容忍的过程。正确的风险评价将有助于组织做出风险应对决策。

上述定义也被我国国家标准 GB/T 23694 所引用。

我们可以在组织层面评估风险，也可以在部门层面评估风险，还可以对项

目、单个活动或特定风险进行专项评估。不同的评估工具和技术适用于不同的
环境和状况。

二、为什么要实施风险评估

要想使风险应对有的放矢且有效，风险评估必须科学、准确。如果风险评
估不能提供有价值的信息和证据，那风险应对是做无用功。

风险评估有很多很重要的意义，大到对"三重一大"决策的支持，小到给
某个客户的信用额度。下面通过列举一些风险评估的作用来说明为什么要开展
风险评估工作，比如：

- ✓ 识别那些导致风险的主要因素或系统与组织的薄弱环节；
- ✓ 评估风险及其对目标的潜在影响，为决策者提供相关信息；
- ✓ 增进对风险的理解，帮助确定风险是否可接受，以利于风险应对策略的
  正确选择；
- ✓ 有助于建立风险应对的优先顺序；
- ✓ 有助于通过事后调查来进行事故预防；
- ✓ 满足监管要求等。

三、风险评估具体要做什么

风险评估要做的具体工作很多，但归纳起来看，核心工作内容就是要回答
以下五个基本问题：

- ✓ 第一，针对某个事项，可能会发生什么以及为什么会发生？
- ✓ 第二，潜在后果是什么？
- ✓ 第三，这些后果发生的可能性有多大？
- ✓ 第四，是否存在一些可以减轻该风险后果或者降低其发生可能性的
  因素？
- ✓ 第五，评估出来的风险等级是否可容许或可接受？是否需要进一步
  应对？

上述五个基本问题可以对应到风险评估的三个阶段，第一个问题由风险识别回答，第二、第三、第四个问题由风险分析回答，第五个问题由风险评价回答。这一章我们主要回答后四个问题。

四、什么时候开展风险评估

风险评估的主要作用就是增加决策者对风险及其原因、后果和可能性的理解，那么，何时启动风险评估活动呢？当然是在决策之前。具体集中在以下时间点。

（1）决定是否应该开展某项活动时。

（2）考虑如何充分利用时机，如何使机会最大化时。这是风险管理的真正目标，机会最大化，可以为成功实现目标创造条件。

（3）决定是否需要应对风险时。比如对那些后果影响很小且发生可能性很低的风险，就不需要进行风险应对。

（4）在应对不同风险之间，选择优先应对顺序时。

（5）在应对特定风险，选择不同应对方案的优先次序时。风险应对策略或方案不止一个，在特点时间和环境下，组织应该对各种应对方案进行比较、排序，最终确定一个最适合的风险应对方案，将风险的不利影响控制在可以容忍的水平。

在企业日常工作中，风险评估无处不在，比如对公司发展战略进行评估，对特定市场进行评估，对合同进行评估，以及对投资、筹资、采购、销售、信用、招聘等进行评估。

五、谁负责实施风险评估

风险评估并不总是需要高水平的专家出场。风险无处不在，所以风险评估也无时不在。在企业实际工作中，风险评估一般由企业相关职能部门和业务单位负责实施。如果要对企业的重大或重要事项进行评估，或者对企业进行全面风险评估，那往往需要由风控主责部门牵头实施。如果人员或时间受限，也可以聘请有资质、信誉好、风险管理专业能力强的中介机构协助实施。

六、风险评估是否都要定量

答案是否定的。风险评估可以定性、半定量、定量进行，也可以组合进行。风险评估的详细程度取决于用途、可获得的数据，以及组织决策的需求。

下面分别介绍定性、半定量、定量评估的基本形式。

（一）定性评估

风险评估一般从风险后果及其发生的可能性两个维度来评估风险的大小。定性评估可以通过约定的"文字"等级来评估风险后果和可能性的等级，如"高""中""低"，然后将后果和可能性两者结合起来，对照定性的风险准则来评价风险等级的重要程度，如图 7-2 所示。

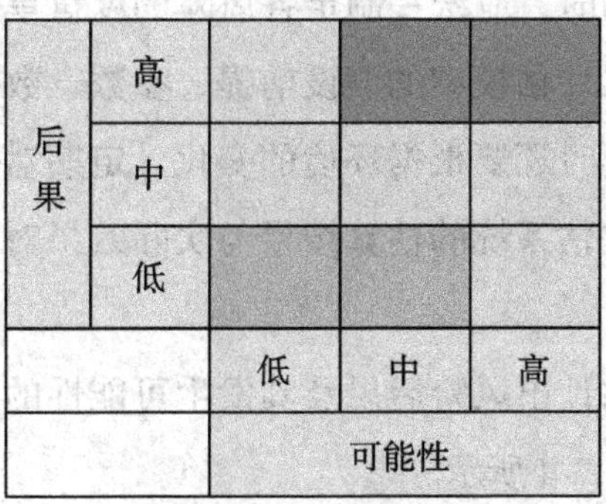

图 7-2　定性评估示例

定性评估方法可采用集体讨论、专家咨询、情景分析、行业标杆比较等。

（二）半定量评估

半定量评估实质上也是定性评估，可以理解为定性评估的数字化，只是在估计风险大小时，可以用公式计算而已。半定量评估一般用"数字"评级量表（如五分量表）来评估风险的后果和发生可能性的大小，然后运用公式将二者结合起来，确定风险大小的等级，如图 7-3 所示。

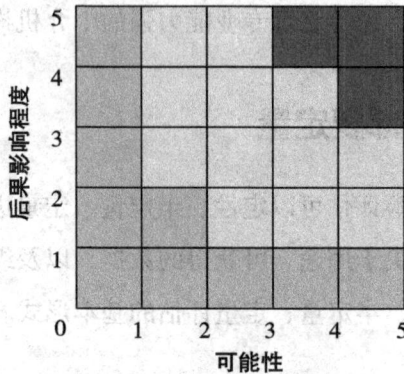

图 7-3　半定量评估示例

有一些半定量评估则是利用了一些可量化的实际数据来实施的，在这个时候，量表的刻度可以是线性的，也可以是对数的或其他形式。

（三）定量评估

进行风险定量评估时，应统一制定各风险的度量单位和风险度量模型，并通过测试等方法，确保评估模型的假设前提、参数、数据来源和定量评估程序的合理性和准确性。同时还要根据环境的变化，定期对假设前提和参数进行复核和修改，并将定量评估系统的估算结果与实际效果对比，据此对有关参数进行调整和改进。

定量评估可分别估计出风险后果及其发生可能性的实际数值，然后计算出风险大小的数值，如图 7-4 所示。

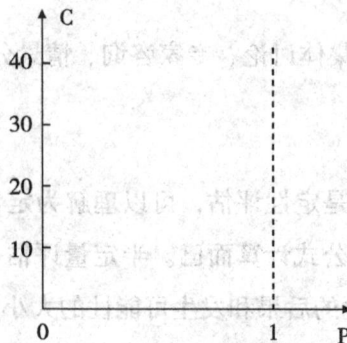

图 7-4　定量评估示例

定量评估可采用统计推演法（如集中趋势法）或计算机模拟（如蒙特卡罗分析法）来实现。

（四）注意事项

（1）如果由于相关信息不够全面、缺乏数据、人为因素影响等，或是因为定量评估难以开展或没有必要，那么全面的定量评估未必都是可行的或值得的。在此情况下，由具有专业知识和经验的专家对风险进行半定量或者定性评估可能已经足够有效。

（2）如果是定性评估，那么应该对使用的术语和概念进行清晰的说明，并记录所有风险准则的设定基础。

（3）即使已实现全面的定量评估，还应注意到，此时计算获得的风险值也是估计值，应谨慎地确保其精确度不会与所使用的原始数据及分析方法的精确度存在偏差。

第二节　风险评估的详细过程

一、风险评估六步骤

通过前面的介绍可以看出：风险评估就是按照风险评价标准（风险准则）分别评价风险发生的可能性和影响程度，然后根据风险发生的可能性和影响程度对各类风险进行风险大小的评定，并按风险水平的大小进行排序，确定风险管理的优先顺序的过程。风险评估为认识风险和应对风险而服务，包括三个子过程：风险识别、风险分析、风险评价。

在风险识别阶段，我们已确定了风险的风险源、风险事件、风险原因及后果等信息，对于面临的风险有了一个初步的了解，知道了这些风险都是什么。风险分析阶段还要在此基础上继续分析风险的相关特性、风险事件的正面和负面的后果及其发生的可能性、影响后果和可能性的因素，以及不同风险及其风险源的相互关系。一句话，风险分析就是要增进对风险的理解。

前面图 7-1 展示的风险评估流程是一个功能示意图，在实际风险评估活动中，风险评估的程序一般包括六个基本步骤，如图 7-5 所示。

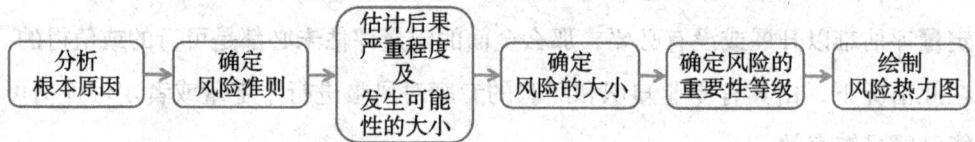

图 7-5　风险评估实操过程

第一步，找出风险的基本属性和根本原因及特征，确定风险评估的维度。

第二步，参照风险评估维度，确定各个维度的等级划分，以及定性或者定量评价标准，即"风险准则"。

第三步，按照上述各维度的评级标准，确定风险影响程度和发生可能性的大小，可采用评价问卷、专家意见、集中研讨等方法来实现。

第四步，根据各维度的值，确定风险的大小。

第五步，评估完所有风险的大小后，按照风险重要性等级划分标准确定重大风险。重大风险标准的确定可结合风险的大小，以及风险的特征、历史案例、当前的工作重点、高管层的偏好等因素，将发生可能性极高、影响程度极大的风险确定为重大风险。

第六步，绘制风险热力图（或称风险图谱）。在确定重大风险以后，以风险发生的可能性和影响程度两个维度为坐标轴绘制风险热力图。可在风险热力图中用不同颜色来区分不同风险的重要性，比如对影响后果严重且发生可能性大的，用红色标识；对影响后果中等且发生可能性不大的，用黄色标识；对影响后果轻微且发生可能性不大的，用绿色标识。这样红色区域即可定义为"重大风险"，黄色区域即可定义为"重要风险"，绿色区域即可定义为"一般风险"。

通过上述过程完成风险评估，我们可以得到以下几个方面的成果：

（1）企业整体风险状况（风险类型、数量、性质、影响程度、分布）；

（2）企业当前风险管理的状况，已用政策和对策的效果；

（3）企业风险的类型分布、严重性分布，治理风险的优先次序；

（4）企业风险评估方法的有效性；

（5）企业面临的主要风险（如前五大风险）及其发生后的损失估算；

（6）机会风险及其预期收益等。

二、分析根本原因

风险的根本原因分析、风险发生可能性及影响程度，这三者是固有风险评估的主要内容。

在风险分析过程中，除了要识别导致风险发生的各种直接原因外，还需要对形成风险的根本原因进行深入探讨。所谓根本原因，就是指导致事件发生的最基本的原因。比如公司产品销售不畅，导致销售不畅的原因有很多，比如产品质量问题、市场需求问题、销售人员的积极性问题等，哪一个是根本原因？这需要企业针对实际情况判断。

根本原因分析（Root Cause Analysis，RCA）是一项结构化的问题处理法，用以逐步找出问题的根本原因并加以解决，而不是仅仅关注问题的表征。

面对企业不同层次的风险管理需求，需要采用的根本原因分析方法也有所不同。可采用的方法包括鱼骨图、关联图、因果图、流程图、雷达图等。对根本原因进行分析有助于企业了解已有风险应对措施的最终效果。

三、评估现有控制措施

风险的大小不仅取决于风险本身，还与现有风险控制措施的充分性和有效性密切相关。在进行风险评估时，要对已有的控制措施进行评估，比如：

✓ 对于一个具体的风险，现有的控制措施是什么？

✓ 在实际中，控制措施是否在以预定方式正常运行？

✓ 现有控制措施是否有效？能不能得到证明？

✓ 现有控制措施是否足以应对该风险？是否可以将风险控制在可接受范围之内？

对于控制措施的有效性水平，可以用定性、半定量或定量的指标来表述。表述和记录风险控制效果的有效性是有价值的，因为在改进现有控制措施以及实施不同的新风险应对措施时，这些信息有助于决策者进行比较和判断。但是，在大多数情况下，企业都难以保证对控制措施评估的精确性。

四、分析风险后果的严重程度

后果分析是通过假设特定事件或情形已经出现，然后判断其影响的性质、类型和大小。后果分析的形式较为灵活，可以是对后果的简单描述，也可以是制定详细的数量模型等。

某个潜在事件可能会产生一系列不同严重程度的影响，也可能影响到一系列目标和不同利益相关方。

在很多情况下，人们都更关注具有潜在严重后果的风险，因为这些风险往往是管理者最关心的。但频繁而轻微的风险也可能有很大的累积效应或长期效应。

在分析潜在事件的后果影响时，应注意以下方面：

✓ 考虑可能影响后果的相关因素，包括影响后果的现有控制措施；

✓ 要把风险后果与最初目标联系起来；

✓ 对马上出现的后果和那些经过一段时间后可能出现的后果要同等重视；

✓ 不能忽视次要后果，如那些影响相关系统、活动、设备或组织的次要后果。

后果分析需要事先制定后果等级准则，如表 7-1 所示。

表 7-1　后果等级准则示例

定性等级	极轻微的	轻微的	中等的	重大的	灾难性的
战略实施方面	对战略实施几乎没有影响	对战略实施有轻微影响	对战略实施有一定程度的影响	对战略实施有较大影响	对战略实施有重大影响，甚至导致战略实施失败
日常运行方面	不受影响	轻度影响（造成轻微的人身伤害，情况立刻受到控制）	中度影响（造成一定的人身伤害，需要医疗救援，情况需要外部支持才能得到控制）	严重影响（企业损失一些业务能力，造成严重的人身伤害，情况失控，但无致命影响）	重大影响（重大业务失误，造成重大人身伤亡，情况失控，给企业造成致命影响）

（续表）

定性等级	极轻微的	轻微的	中等的	重大的	灾难性的
财务损失方面	较低的财务损失	轻微的财务损失	中等的财务损失	重大的财务损失	极大的财务损失
企业声誉方面	负面消息在企业内部流传，企业声誉没有受损	负面消息在当地局部流传，对企业声誉造成轻微损害	负面消息在某区域流传，对企业声誉造成中等损害	负面消息在全国各地流传，对企业声誉造成重大损害	负面消息流传世界各地，政府或监管机构进行调查，引起公众关注，对企业声誉造成无法弥补的损害
半定量等级	1	2	3	4	5
年度利润方面	影响年度利润50万元以下	影响年度利润50万~250万元	影响年度利润250万~600万元	影响年度利润600万~900万元	影响年度利润900万元以上
年度收入方面	影响年收入目标1%以下	影响年收入目标1%~5%	影响年收入目标5%~12%	影响年收入目标12%~18%	影响年收入目标18%以上

上表对战略实施和财务损失方面的等级描述在实际操作中很难被作为评估标准，所以可以称它们为"伪风险准则"。关于风险后果的程度，必须有可衡量的数量或范围来说明。比如，对工伤"下肢伤残"的后果分级可描述为：卧床不起、可坐立或借助轮椅行走、可站立或借助拐杖行走、可不利用辅助工具直立行走。

在对后果进行分析时，可以依据上表（或增或减）对后果的大小或严重程度进行判定。对后果的评价要考虑现有控制措施的效果。

五、分析风险发生的可能性

对风险发生可能性的分析，载体是该风险可能引发的潜在事件，对象是该事件的一种或多种后果，无特定后果的可能性分析是没有意义的。

可以采用以下三种方法来估计某种风险后果发生的可能性。这些方法可单独使用，也可组合使用。

（1）利用相关历史数据来识别那些过去发生的事件或情况，借此推断出它们在未来发生的可能性，所使用的数据应当与正在分析的系统、设备、组织或活动的类型有关。如果某些事件过去的发生频率很低，那将很难准确估计出其未来发生的可能性。

（2）利用故障树和事件树等技术来预测可能性。当历史数据无法获取或不够充分时，可以通过分析系统、活动、设备或组织及其相关的失灵或有效状况来推断风险发生的可能性。

（3）系统化和结构化地利用专家观点来估计可能性。在进行专家判断时应利用一切现有的相关信息，包括历史的、特定系统的、具体组织的、实验及设计等方面的信息。获得专家判断的方法较多，常用的方法包括德尔菲法和层次分析法等。

可能性分析也需要事先制定可能性等级准则，如表 7-2 所示。

表 7-2　可能性等级准则示例

定性级别	极低	低	中等	高	极高
定性描述	一般情况下不会发生	极少情况下才发生	某些情况下发生	较多情况下发生	常常会发生
半定量级别	1	2	3	4	5
等级描述	今后 10 年内可能发生少于 1 次	今后 5~10 年内可能发生 1 次	今后 2~5 年内可能发生 1 次	今后 1 年内可能发生 1 次	今后 1 年内至少发生 1 次
定量描述	10% 以下	10%~30%	30%~70%	70%~90%	90% 以上

上表中的第二行一般是没有任何参考价值的，因为执行评估的人很难区分"极少情况下才发生"和"某些情况下发生"，所以可以视为无效风险准则。为了提高风险准则的可操作性，必须对各等级的划分进行详细说明或举例说明，比如"一周几次"或"一个月几次"。

在对可能性进行分析时，可以依据上表（或增或减）对可能性的大小进行判定。对可能性的评价要考虑现有控制措施的效果。

六、确定风险的大小

我们从两个维度来评估风险的大小，上面分别分析评估了后果和可能性的大小，接下来就要确定风险的大小了。风险的大小有时被称为"风险值"，有时又被称为"风险等级"或"风险水平"，为区分风险等级与风险重要性等级，本书用"风险值"或"风险大小"来描述。

风险大小是对风险后果及其发生可能性二者的综合考虑结果。实践中，对半定量和定量风险评估，用得比较多的方法是把后果的大小与可能性的大小相乘，其乘积即为风险的大小，如表7-3所示。也有一些单位，通过把后果的大小与可能性的大小相加，来获得风险的大小。

表7-3是某企业相关部门人员流失风险值汇总表。其后果和可能性大小的评分范围为1~5，精确到小数点后面一位。

表7-3　某企业相关部门人员流失风险值汇总表

风险名称	后果大小	可能性大小	风险值
销售部	4	4	16
财务部	2	0.5	1
审计部	1	1	1
生产部	2	2	4
研发部	3	3	9
采购部	1	2.5	2.5

七、确定风险的重要性等级

确定风险的重要性等级是风险评估的最后一个环节，由风险评价完成。风险评价包括将风险分析的结果与预先设定的风险准则相比较，或者在各种风险的分析结果之间进行比较，以确定风险的重要性等级。

表7-3所示的企业，在实施风险评估之前已确定用1、2、3、4、5五个级别来描述风险的后果大小和风险发生可能性的大小，并用可能性与后果的乘积

表示风险的大小，数字越大，对应的风险越高。同时，该企业把企业风险分成高、中、低三个级别，风险值大于15的为高风险，风险值小于5的为低风险，其他为中等风险，具体如表7-4所示。

表7-4 某企业风险重要性等级划分表

风险等级	对应的风险值范围	对应的区域
高风险	> 15	红色
中等风险	5~15	黄色
低风险	< 5	绿色

根据表7-3对后果和可能性的评估结果，结合表7-4规定的风险重要性准则，我们可以获知相关部门人员流动风险的重要性等级，如表7-5所示。

表7-5 某企业相关部门人员流失风险的评估结果

风险编号	风险名称	后果大小	可能性大小	风险值	风险重要性等级
s	销售部	4	4	16	高
f	财务部	2	0.5	1	低
a	审计部	1	1	1	低
m	生产部	2	2	4	低
r	研发部	3	3	9	中
p	采购部	1	2.5	2.5	低

八、绘制风险热力图

风险热力图（也称"风险图谱"）是一种对风险分布进行展示的直观图，一般用不同的颜色，由冷到暖（由绿到黄再到红）来表示风险的重要性等级，表7-5对应的风险热力图如图7-6所示。

严格来说，图7-6是有问题的。它的色带（风险重要性等级）不应该是阶梯状的锯齿线，而应是连续的平滑的曲线，如图7-7所示。

图7-7中，r1和r2是两条等风险线（虚线部分），在r1虚线以上的风险，其风险值都大于15，是真正的重大风险；在r2虚线以下的风险，其风险值都小

于 5，是真正的轻微风险。所以，对于半定量和定量风险评估，其风险热力图是渐变的，而不是阶梯状跳跃的。定性风险评估可以用阶梯状色带来表示。

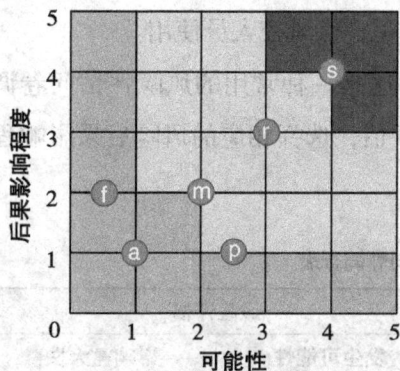

图 7-6　风险热力图

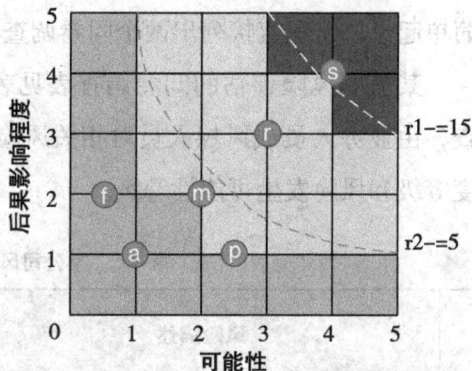

图 7-7　用等风险线描述风险重要性等级

实践中，一般在企业明确环境信息时，就确定了需要做出的决策的性质以及决策所依据的准则。但是在风险评价阶段，相关人员还需要对以上问题进行更深入的分析，因为这时对已识别的具体风险有了更为全面的认识，说不定需要调整一些风险准则。如果该风险是新识别出来的风险，则应当及时制定相应的风险准则，以便评价该风险。

最简单的风险评价结果，是仅将风险分为两种：需要应对与无需应对的。这样的方式无疑简单易行，但是其结果通常难以反映风险估计时的不确定性，而且两类风险界限的准确界定也绝非易事。

第三节　风险评估的常用方法

在 ISO 31010 中，国际标准化组织列了几十种风险评估方法，分别适用于风险识别、风险分析或风险评价，它们有的是定性的，有的则是定量的，我们可以根据自己的实际情况自由选择。本节着重介绍三种常用的、易实施的、低成本的方法。

一、问卷调查法

在第六章风险识别中我们已介绍过这种方法，这种方法还能用于风险评估。简单起见，这里直接列出两个问卷调查法的应用，供风控人员使用。

某公司风险评估的问卷调查表见表 7-6，这是一种常用的风险评估问卷调查，由业务人员或风控人员对相关风险进行评估，选择相应的风险后果影响程度等级和风险发生可能性等级。

表 7-6　某公司风险评估问卷调查表

	风险描述	风险评估								
		发生可能性				影响重大性				
	战略规划风险	极低	低	中等	高	极高	极轻	轻微	中等	重大	灾难
1	由于战略不明确或者指定的战略与公司所处环境、公司资源状况、产业发展趋势不相符而导致战略规划定位不准，造成战略规划定位风险；或者由于没有进行战略目标分解，没有制定战略实施规划，没有进行有效的资源配置，导致战略难以实现，造成战略规划实施风险	□	□	□	□	□	□	□	□	□	□
	宏观政策及形势把握风险	极低	低	中等	高	极高	极轻	轻微	中等	重大	灾难
2	如果企业不能适时地监测并跟进迅速变化的外部环境，包括国内外宏观经济政策、经济运行情况、行业状况、国家产业政策，会导致企业沿用不合时宜的战略，在未来的经营发展中处于不利地位	□	□	□	□	□	□	□	□	□	□
	二级单位及项目管控风险	极低	低	中等	高	极高	极轻	轻微	中等	重大	灾难
3	由于对二级单位及项目设计的监管制度不完善，监管流程不严密，导致对二级单位及项目的管理失控，影响公司利益；由于对投资项目的处置程序不当，或者处置时机和处置方法选择不当造成公司利益受损	□	□	□	□	□	□	□	□	□	□

某商业银行的《个人投资风险承受能力评估表》见表 7-7，这个表和表 7-6最大的不同，就是全部的选项都是定量指标，这显然更方便评估人员操作，同

时，评估的准确性也将大大提高。

表 7-7　某银行《个人投资风险承受能力评估表》

问题	A	B	C	D
您的年龄是多少	18 岁以下	18~50 岁	51~65 岁	高于 65 岁
您的家庭总资产净值（折合人民币）（不包括自用住宅和私营等实业投资，包括储蓄、保险、金融投资等）是多少	30 万元以下	30 万~100 万元	100 万~500 万元	500 万元以上
在您的家庭总资产净值中，可用于金融投资（储蓄存款除外）的比例是多少	小于 10%	10%~25%	25%~50%	大于 50%
您有多少年投资股票、基金、外汇、金融衍生产品等风险投资品的经验	没有经验	有经验，但少于 2 年	2~5 年	5 年以上
本金 100 万元，投资一年，您会选择哪一种投资机会	有 100% 的机会赢取 1 万元现金，并保证归还本金	有 50% 的机会赢取 5 万元现金，并有较大可能性归还本金	有 25% 的机会赢取 50 万元现金，并有一定的可能性损失本金	有 10% 的机会赢取 100 万元现金，并有较大可能性损失本金
投资出现何种程度的波动时，您会呈现明显的焦虑	本金无损失，但收益未达预期	出现轻微本金损失（10% 以内）	本金 20%~50% 的损失	本金 50% 以上的损失

二、鱼骨图法

顾名思义，这个方法需要画图，而且图的形状像个鱼的骨架，如图 7-8 所示。

鱼骨图法是将风险识别中发现的问题写在鱼头上，作为目标和靶子，主骨就是解决问题的所有步骤与影响因素。一般在主骨周围画若干条大骨（描述大的要因），根据分析问题的需要，有时还会继续在大骨上画若干条小刺。比如在产品质量管理中，在确定大骨时，通常从"人、机、料、法、环、测"等方面着手。人，指制造产品的人员；机，指制造产品所用的设备；料，指制造产品所使用的原材料；法，指制造产品使用的方法；环，指产品制造过程所处的环境；测，指生产产品的品质检测。

图 7-8 展示的是关于设备故障问题的分析结果。鱼头是设备故障问题，6 条大骨对应设备故障所涉及的方面，鱼刺对应各个方面的具体原因。

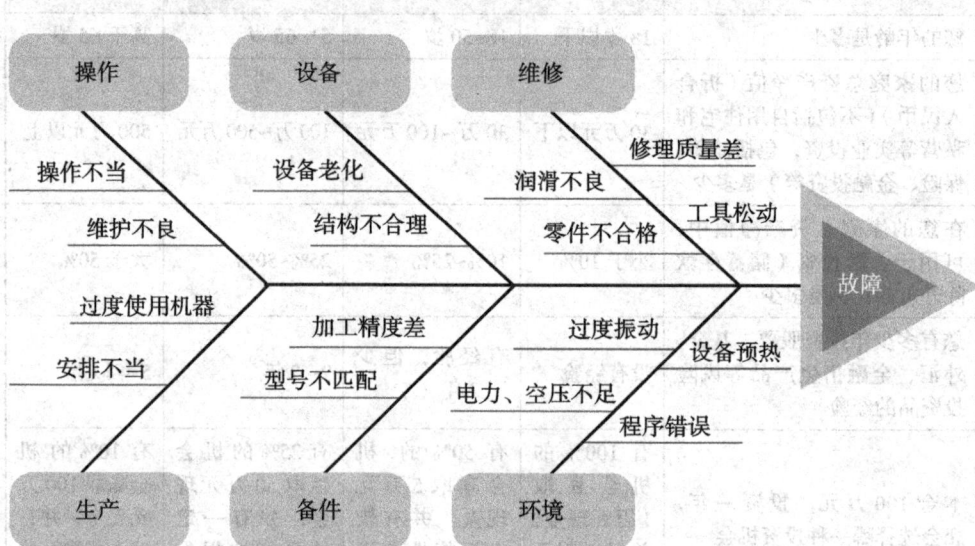

图 7-8 鱼骨图法示例

三、风险矩阵法

（一）风险矩阵法概述

风险矩阵法（risk matrix）是利用风险后果（对组织目标的影响程度）及其发生的可能性这两个维度来绘制的矩阵图，是用于识别风险和对风险进行优先排序的有效工具。风险矩阵根据风险在矩阵中所处的位置，可以直观地显现企业风险的分布情况，可以确定哪些风险需要更细致的分析，哪些风险更重要，需要优先应对，非常有助于管理者确定关键风险和风险应对方案。

风险矩阵中的风险量级划分应当与企业的风险偏好保持一致，一旦确定，企业上下都应遵循。

（二）风险矩阵的设计

风险矩阵可以定性描述，也可以定量描述，取决于风险评估是定性的还是定量的。

（1）定性方法是直接用文字描述风险发生可能性的大小、后果的严重程度，如"极低""低""中等""高""极高"等，如图7-9所示。

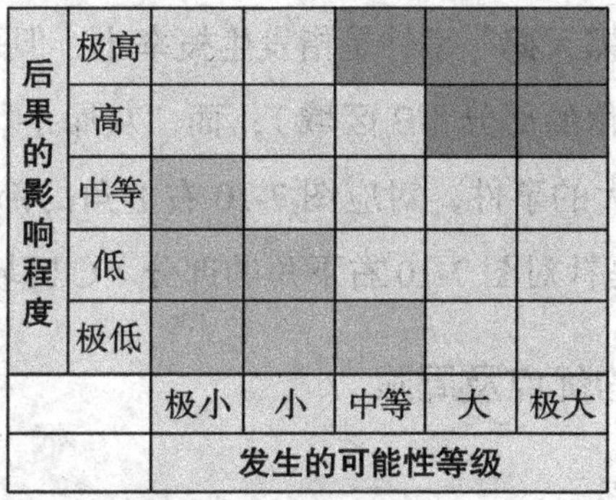

图7-9　定性风险矩阵示例

（2）定量方法是对风险发生可能性的大小、后果严重程度用具有实际意义的数量描述，如对风险发生可能性的大小用概率来表示，对后果严重程度用损失金额来表示。等级标度可以为任何数量的点，最常见的有3、4、5个点的等级，但各点定义应尽量避免含糊不清，如图7-10所示。

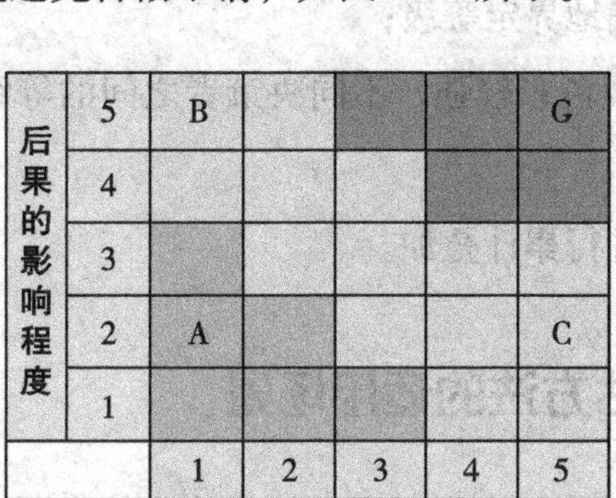

图7-10　定量风险矩阵示例

（3）对风险发生可能性的大小和后果严重程度进行定性或定量评估后，依据评估结果绘制风险热力图。绘制矩阵时，一个坐标轴表示结果等级，另一个坐标轴表示可能性等级。

风险矩阵的输出结果是各类风险的等级划分结果或重要性水平划分结果，所以说风险矩阵既是一张经分级的风险列表，也是一张风险分布图。

需要特别注意的是，放在同一个风险矩阵里的风险彼此应相互独立，并且是同一层级的，互不包含。

通常我们所说的"黑天鹅"事件和"灰犀牛"事件也都是从发生可能性和影响程度来判定的，"黑天鹅"事件是指发生概率小，但一旦发生影响重大的事件，对应图 7-10 左上角的部分（B 区域）；而"灰犀牛"事件指的是发生概率较大，并且影响非常大的事件，对应图 7-10 右上角的部分（G 区域）。我们所熟悉的内部控制一般是针对图 7-10 右下角的部分（C 区域）。

（三）风险矩阵的优点及局限

1. 风险矩阵的优点

（1）方法简单，易于使用；

（2）成果直观，可以很快地将风险划分为不同的重要性水平；

（3）可以跨险种比较。

2. 风险矩阵的局限

（1）很难清晰准确地界定等级；

（2）该方法的主观色彩较强，不同决策者之间的等级划分结果会有明显的差别；

（3）无法对风险进行累计叠加。

四、不同风险评估方法的适用场景

在风险评估的不同阶段有不少合适的方法与技术可被采用，在第六章，我们介绍了几种常用的风险识别方法，本节又介绍了两种风险分析和评价的方法，为了方便大家选择使用，现将这些方法进行比较，如表 7-8 所示。

表 7-8 不同风险评估方法在风险评估各个子过程的适用性

风险评估技术	风险评估过程			
	风险识别	风险分析		风险评价
		后果	可能性	
头脑风暴法	SA	A	A	A
调查问卷法	SA	NA	NA	NA
访谈法	SA	A	A	A
德尔菲法	SA	A	A	A
流程分析法	SA	SA	SA	A
历史数据推演法	SA	A	A	A
鱼骨图法	A	SA	SA	A
风险矩阵法	SA	SA	SA	A

注：表中 SA 表示非常适合，A 表示适合，NA 表示不适合。

第四节 风险评估的注意事项

一、相关资料的归档

风险评估的过程和结果都应进行记录。风险应以易于理解的词语来表达，风险等级的单位也应得到清晰表述。

那么，与风险评估相关的资料和记录文件都有哪些呢？这取决于评估工作的目标及范围，但一般至少需要包括：

- ✓ 风险评估的目标及范围；
- ✓ 企业的内外部环境描述以及被评估对象与内外部环境的关联情况；
- ✓ 所使用的风险准则及其合理性；
- ✓ 风险评估的局限性、假定及假设的合理性；
- ✓ 评估的方法；

- ✓ 风险识别的结果；
- ✓ 数据的来源与校验；
- ✓ 风险分析的结果及评价；
- ✓ 敏感性及不确定性分析；
- ✓ 关键的假定和其他需要加以监测的因素；
- ✓ 对风险评估结果的讨论；
- ✓ 风险评估结论和建议；
- ✓ 其他重要的参考资料。

如果需要风险评估来支持一个连续的风险管理过程，那么对于风险评估的记录工作应在整个生命周期内持续进行，尤其需要关注和记录在风险评估过程中新出现的重要信息（包括环境变化信息）。

二、不确定性及敏感性

在风险评估过程中经常会涉及相当多的不确定性，这些不确定性与所使用的数据、方法及模型有关。不确定性分析包括对风险分析结果的方差或不准确性的分析，它们可能来自用于确定结果的参数或假设的共同偏差。

与不确定性分析密切相关的是敏感性分析，敏感性分析是判断某个参数输入的变化对风险大小和等级的影响。这项分析可用来识别哪些数据对结果影响较大，哪些数据对结果影响较小，从而更加关注那些敏感参数。

在实践中，我们应尽可能充分地阐述风险评估的完整性及准确度。如有可能，应识别不确定性的起因，并阐述所使用数据、方法及模型的不确定性；对敏感的参数及其敏感性程度应予以特别说明。

三、对风险评估的监督

风险评估过程关注目标，也强调环境因素和其他因素，这些因素可能会随时间变化，并且可能使风险评估失效，所以，我们应当识别出这些因素，并对它们进行持续的监督和检查，以便在必要时更新风险评估的信息。

另外，我们还应识别和收集那些为改进风险评估而监测的数据，以及监测和记录风险控制措施的效果，以便为风险评估提供信息和数据。

为此，我们应明确创建证据和文件的责任，以及检查它们的责任，并安排相关人员负责落实。

四、选择风险评估技术的影响因素

选择合适的风险评估技术和方法，有助于及时高效地获取准确的风险评估结果。在实践中，风险评估的复杂程度及详细程度千差万别，所以，企业应该选择适合自身情况的风险评估形式及方法。

（一）选择风险评估技术的一般依据

一旦决定进行风险评估并且确定了风险评估的目标和范围，那么就可以依据如下因素，选择一种或多种评估技术：

- ✓ 适应组织的相关情况；
- ✓ 得出的结果应加深对风险性质及如何应对风险的认识；
- ✓ 应能按可追溯、可重复及可验证的方式使用；
- ✓ 风险评估目标，这对于使用的方法有直接影响；
- ✓ 决策者的需要，某些情况下做出有效的决策需要充分评估细节，而某些情况下可能只需要对总体情况进行大致了解；
- ✓ 所分析风险的类型及范围；
- ✓ 后果的潜在严重程度；
- ✓ 专业知识、人员以及所需资源的程度；
- ✓ 信息和数据的可获得性；
- ✓ 修改/更新风险评估的必要性，一些评估结果可能在将来需要修改或更新，在这方面某些方法比其他方法更易于调整；
- ✓ 法律法规及合同要求等。

只要满足评估的目标和范围，简单方法应优先于复杂方法被采用。

此外，其他几类因素对风险评估技术选择的影响也值得关注，如资源的可获得性，现有数据和信息中不确定性的性质和程度，以及在应用方面的复杂性。

（二）资源的可获得性

可能影响风险评估技术选择的资源和能力包括：

✓ 风险评估团队的技能和经验；

✓ 信息及数据的可获得性；

✓ 时间和组织内其他资源的限制；

✓ 需要外部资源时的可用预算。

（三）不确定性的性质和程度

组织内外部环境中常常存在着不确定性，可获得的信息和数据并不总是可以对预测提供可靠的基础。不确定性可能来源于信息的质量、数量和完整性，例如，较差的数据质量或缺乏基本的、可靠的数据，某些风险可能缺少历史数据，数据收集方式的有效性不足，或者是不同利益相关方会对现有数据做出不同的解释。进行风险评估的人员应理解不确定性的类型及性质，同时认识到风险评估结果可靠性的重大意义，并向决策者说明这些情况。

（四）复杂性

风险自身经常具有复杂性的特征。例如，在复杂的系统中进行风险评估时，应对其系统总体进行评估，要考虑各部分之间的相互关系，而不是孤立地对待系统中的每个部分。在某些情况下，对某一风险采取应对措施可能会对其他活动产生影响。我们需要认识到后果之间的相互影响和风险之间的相互依赖关系，以确保在管理一个风险时，不会导致在其他地方产生另一个不可容忍的风险。了解组织中单个或多个风险组合的复杂性，对于选择适当的风险评估技术和方法至关重要。

（五）常用风险评估方法的特性比较

综合上面的描述，下面对常用风险评估方法在复杂性、资源可获得性等方面进行比较，以使风控人员在选择这些方法时心中有数，如表 7-9 所示。

表 7-9　常用风险评估方法的特性比较

风险评估技术	复杂性	资源可获得性	能否提供定量结果
头脑风暴法	低	易	否
调查问卷法	低	易	否
访谈法	低	易	否
德尔菲法	中	中	否
流程分析法	中	易	否
历史数据推演法	中	中	可
鱼骨图法	低	易	否
风险矩阵法	中	中	可

第五节　风险评估实战案例

人才是企业发展的重要因素，掌握企业核心技术的骨干人员如果非预期离职，则可能给企业带来严重后果，这些后果可能包括核心技术泄露、研发项目中断等。本节以 Spring 公司首席技术官（CTO）离职为例，采用定性风险矩阵法来评估该风险的大小和重要性。

案例中，Spring 公司是高新技术企业，但 CTO 不是公司的股东，也不持有公司的股票期权。公司在进行知识产权保护的同时，也注意到人力资源风险可能对企业中长期发展造成重大影响，于是授权风险管理部和人力资源部在对企业人力资源风险进行评估的同时，对 CTO 离职风险进行专项评估。下面是本次风险评估的主要内容。

一、确定风险准则

相关人员应收集公司发展规划、技术人员储备和梯队建设情况、公司产品信息、CTO 相关信息，确定风险后果及其发生可能性的风险准则。

（一）确定后果准则

把风险后果程度分为高、中、低三个级别，具体如表 7-10 所示。

表 7-10　风险后果分级及说明

后果等级	对各个后果影响程度的定性说明
高	新产品研发中断，且在产产品销售受阻
中	对新产品研发无影响，但在产产品销售受阻
低	对公司在产产品和新产品研发皆无明显影响

（二）确定发生可能性准则

把风险发生可能性分为高、中、低三个级别，具体如表 7-11 所示。

表 7-11　风险发生可能性分级及说明

可能性等级	等级说明	等级评估参考
高	离职风险较高	工作态度一般，有离职倾向或离职可能性大于 40%
中	离职风险较低，比较稳定	工作认真、负责，且无明显离职倾向或离职可能性在 15%~40%
低	离职风险很低，非常稳定	对自己工作很满意，工作积极主动，任劳任怨或离职可能性小于 15%

（三）确定风险重要性准则

把风险重要性等级分为三级：轻微风险（对应区域Ⅰ）、中等风险（对应区域Ⅱ）、重大风险（对应区域Ⅲ），具体如表 7-12 所示。

表 7-12 风险重要性分级

风险重要性等级	对应的后果等级	对应的可能性等级	对应的区域
重大风险	高	高	对应区域Ⅲ
	高	中	
中等风险	高	低	对应区域Ⅱ
	中	高	
	中	中	
	低	高	
轻微风险	中	低	对应区域Ⅰ
	低	中	
	低	低	

将表 7-12 用风险矩阵表示，如表 7-13 所示。

表 7-13 风险矩阵

高	Ⅱ	Ⅲ	Ⅲ
中	Ⅰ	Ⅱ	Ⅲ
低	Ⅰ	Ⅰ	Ⅱ
后果／可能性	低	中	高

二、对 CTO 离职风险实施评估

根据表 7-10 和表 7-11，结合公司现有的人才储备计划以及对 CTO 的尽职调查，利用专家评议法，对 CTO 离职的可能性评估为"中"，后果影响程度为"低"。

三、确定 CTO 离职风险的等级

根据表 7-12，后果影响程度为"低"，发生可能性为"中"，对应风险重要性等级为"轻微风险"，落在安全区，见表 7-14 中的◎。

表 7-14 确定 CTO 离职风险等级

高			
中			
低		◎	
后果 ╱ 可能性	低	中	高

第六节 风险评估报告示例

根据风险评估对象和评估目的的不同，风险评估所用的方法和评估的深度也大不相同，风险评估报告的格式也多种多样，这里列举两个例子，供风控人员参考。一个是某房地产公司为竞标某个地块制作的项目风险评估报告，如表 7-15 所示；另一个是某公司生产安全的风险评估报告，如表 7-16 所示。受篇幅所限，仅列示评估报告的目录。

表 7-15 某房地产公司某地块项目风险评估报告

××房地产公司某地块项目风险评估报告
2020 年 3 月 10 日

第一章 项目背景
一、项目建设单位概况
二、项目概况

第二章 项目的合法性分析
一、发展规划分析
二、产业政策分析

第三章 项目的合理性分析
一、项目选址及用地方案
二、土地利用合理性分析
三、征地拆迁安置方案
四、生态环境影响分析

（续表）

第四章　项目的可行性分析
一、项目建设条件分析
二、经济效益分析
三、宏观经济影响分析

第五章　项目的安全性分析
一、社会影响效果分析
二、社会适应性分析
三、社会稳定风险及对策分析

第六章　评估结论

表 7-16　某公司生产安全风险评估报告

××公司生产安全风险评估报告
2020-1-28

1. 公司概况
2. 评估目的与范围
3. 评估程序
4. 评估依据
5. 评估方法
6. 评估组织人员
7. 风险分析
　　7.1　工艺和设备分析
　　　　7.1.1　生产工艺分析
　　　　7.1.2　使用的主要原料及主要危险性
　　7.2　风险程度分析
　　　　7.2.1　重大危险源分析
　　　　7.2.2　可能发生事故的种类及严重程度分析
　　　　7.2.3　事故发生的可能性分析
　　7.3　风险分析结果
8. 风险应对措施建议
9. 其他相关说明

第八章
风险预警

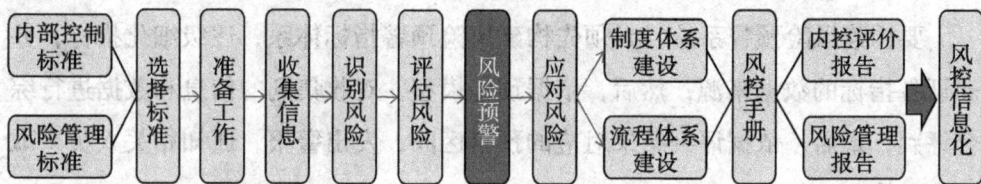

内部控制标准 / 风险管理标准 → 选择标准 → 准备工作 → 收集信息 → 识别风险 → 评估风险 → **风险预警** → 应对风险 → 制度体系建设 / 流程体系建设 → 风控手册 → 内控评价报告 / 风险管理报告 → 风控信息化

风险预警体系和风险预警系统的英文都是 risk early warning system，但二者是有区别的，一般前者包括后者。

风险预警是根据内外部环境的变化，对企业潜在风险进行预测和报警。企业进行风险预警是通过对风险的监测和评估，发出报警信号，提示企业抓紧时间去响应风险，使企业防患于未然，提高应变力，从而增强免疫力和竞争力。风险预警是风险评估方法和过程的实际应用，值得高度重视。

本章主要内容包括：

第一节　风险预警概述

第二节　建立风险预警系统

第三节　建立关键风险指标体系

第四节　建立风险预警配套机制

第一节　风险预警概述

一、风险预警的概念

风险预警是指企业根据内外部环境的变化，对企业潜在风险进行预测和报警。

风险预警系统是根据风险指标的特点，通过收集相关的信息和数据，监测风险因素的变动趋势，并评价各种风险状态偏离预警线的强弱程度，然后向决策人员发出预警信号并提前采取预控对策的信息化系统。

要构建风险预警系统，必须先构建风险预警指标体系，逐级细化指标，并保证各指标的数据来源；然后，依据预警模型，对收集到的信息和数据进行综合评判；最后，依据评判结果对应的预警区间，发出警报，通知相关人员采取相应对策。

企业的风险会随着内外部环境的变化而变化。随着企业的不断发展，企业经营管理活动中的各项风险可能会增大或者衰退乃至消失，也可能由于环境的变化而出现新的风险。风险监测就是要对企业风险的发展与变化情况进行全程监督，以便根据实际需要进行相应的策略调整。风险预警则是在风险监测的基础上，对企业面临的风险进行预测和报警。风险监测是风险预警的基础，风险预警是对风险评估成果的最佳应用。在实践中，风险预警一般包括风险监测。

---

risk-doctor 特别提示：

风险监测与风险监控不同。

风险监测只是观察和测试，而风险监控则是在观察和测试的基础上，再进行分析和应对。在计算机系统中，前者只是对信息和数据的读取，是单向操作；后者则要在读取的基础上，对信息进行分析，然后给出对策，并发出控制指令去改变之前的状态，即还要把控制信息"写"回去，是双

（续）

> 向操作。所以，风险监控包括风险监测。
>
> 目前常见的风控系统一般都还停留在风险监测阶段，但多数都被宣传成风险监控。

在市场竞争日趋激烈的今天，企业要想在大浪淘沙中站住脚，就必须要建立风险预警机制和风险预警系统。企业建立风险预警系统就像给企业安装了"千里眼"和"顺风耳"，使企业在危机还没有形成时就已经发出了预警，引起管理层的重视，并将危机消灭在萌芽状态，使企业保持稳健发展。

二、风险预警系统的特点

风险监测和预警系统具有以下四方面的特点。

（一）及时性

及时性是风险预警最基本的特点，也是最基本的要求。风险监测和风险预警系统要能够及时发现风险，一旦监测过程中发现风险，就及时发出相应的预警信号，提示相关部门和管理层，对可能出现的风险进行提前防范；同时风险监测和预警有助于及时将风险状况通报给适当的管理层、相关部门，以及其他利益相关方，让他们提前采取有效措施控制风险，在风险尚未造成巨大损失前就能消除风险或者将风险控制在可以接受的范围内，最大限度地避免风险给企业造成损失。

（二）敏感性

监测和预警指标需要具有代表性和敏感性，不能稍有风吹草动就报警，更不能等风险变成了事故还没报警。所以，对预警指标的选择很重要。

（三）持续性

风险监测和预警要保持连续性和持续性，要贯穿企业各项业务活动的整个生命周期。随着时间的推移，潜在的风险会不断发生变化，原有风险可能会减弱或消失，新的风险可能会出现，次要风险也可能会上升为主要风险，为了及时了解风险现状，及时调整风险应对策略，相关人员需要对内外部环境进行持续的跟踪并进行动态调整。

（四）可操作性

对企业业务活动的风险监测和预警需要遵循可操作原则，要符合企业实际情况，符合企业现有的资源和能力，过于复杂的监测和预警指标会增加收集信息的难度和成本。如果选择的具体风险监测指标难以获得相关信息和数据，那么，风险监测预警系统也不能发挥作用。

三、风险预警的作用

未雨绸缪永远好过亡羊补牢。对风险提前预知，采取积极主动的应对措施，将风险隐患消灭在萌芽状态，能够节约管理成本，取得事半功倍的管理成效，但这也对风险管理能力和水平提出了更高的要求。

恰当地设计和应用风险预警系统，有助于风险管理发挥为"促进企业实现战略和经营目标"保驾护航的作用。

第二节　建立风险预警系统

风险预警系统的构建是一项系统性工程，除了与 IT 相关的网络架构、服务器、存储、数据库、系统软件、应用软件、系统接口等项目之外，还有风控业务人员关注的风险识别、关键风险指标体系、指标信息收集与分析、预警发布和预警事项响应机制等内容。风险预警系统需要以全面风险管理的视角从顶层开始设计。

一、风险预警系统建设路径

风险预警系统一般包括两大模块：一是风险监测模块，二是报警模块。风险预警系统的工作流一般包括六个环节：设指标、定阈值、采数据、做分析、定警级、发警报，如图 8-1 所示。

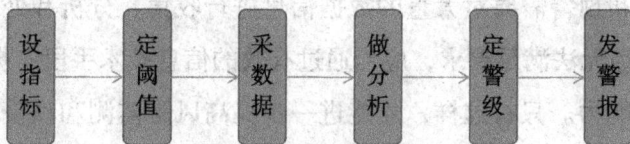

图 8-1 风险预警系统的建设路径

（1）设指标：综合企业现行风险监测指标、标杆企业风险指标设计方面的先进经验，设计分层分类的关键风险监测指标体系。

（2）定阈值：结合监管要求、同业基准、各企业内部管理要求和历史数据等因素，为各类风险指标设定合理的阈值。

（3）采数据：通过线上线下多种手段、多种接口，实时或及时采集风险预警指标的相关数据。

（4）做分析：按设定的指标计算模型或计算公式，获得风险指标的大小值。

（5）定警级：把上面分析的结果与设定的预警阈值相比较，看风险指标值落在哪个预警区间，是危险区域，还是安全区域。

（6）发警报：根据确定的预警等级，发布预警信息或信号。如果落在危险区域，那就亮"红灯"；如果落在安全区域，那就亮"绿灯"。这个环节可以建立风险预警提示机制，比如通过电信网络向手机发短信、发微信，可以通过OA 向相关人员发风险预警提示函，或者在 OA 系统、风控系统上通过风险地图、趋势图、雷达图、仪表盘等来展示风险的整体情况及预警信息。

二、预警指标数据收集与分析

建设风险预警系统必须先构建风险预警指标，然后对照指标类别确定所需数据的来源，确保通过有效的数据收集途径能够获取所需的信息，然后再及时加以分析处理。在实践中，风险管理主责部门负责从各风险事项的主责业务部门收集关于风险指标的即时数据，并且保证数据信息的准确性，以便下一步开展相关分析。

风险监测和预警需要对大量的数据信息进行收集、分析和处理，仅靠人工收集的方式已经无法满足要求，应当通过有效的信息技术手段，提高信息收集、分析和处理的能力。只有这样，才能进一步提高风险监测和预警的准确性和及时性。

因此，为了保证风险预警指标信息收集的高效性，企业不仅需要建立高度自动化、智能化的风险预警信息系统，还要保证该系统与其他系统在数据共享层面互联互通，以便及时准确地获取各种所需信息。俗话说"巧妇难为无米之炊"，如果得不到数据，那么风险预警系统就只是个壳，什么也加工不了，什么也预警不了。

三、预警事项发布和应对处理

企业可以通过风险预警信息系统实现预警信息的自动发布与处理。风险预警信息系统对每个关键风险指标都设定了阈值，一旦风险指标的实时监测结果超过风险临界值，风险预警信息系统就会根据其所在预警区间，自动判断对应的风险等级，然后触发相应的风险预警机制进行风险报警，并向相关人员发出风险提示。

风险指标主责业务部门负责汇总风险监测结果，及时进行风险发布，同时与风控部门协商采取相应对策，制定并采取综合风险应对措施。

四、风险预警信息系统示例

风险预警信息系统是一套比较复杂的系统，不仅涉及风险指标体系、预警模型核心技术，还涉及数据的收集和数据的展示，图 8-2 给出了一个欺诈风险预警系统的示例，帮助大家对风险预警系统建立感性认识。

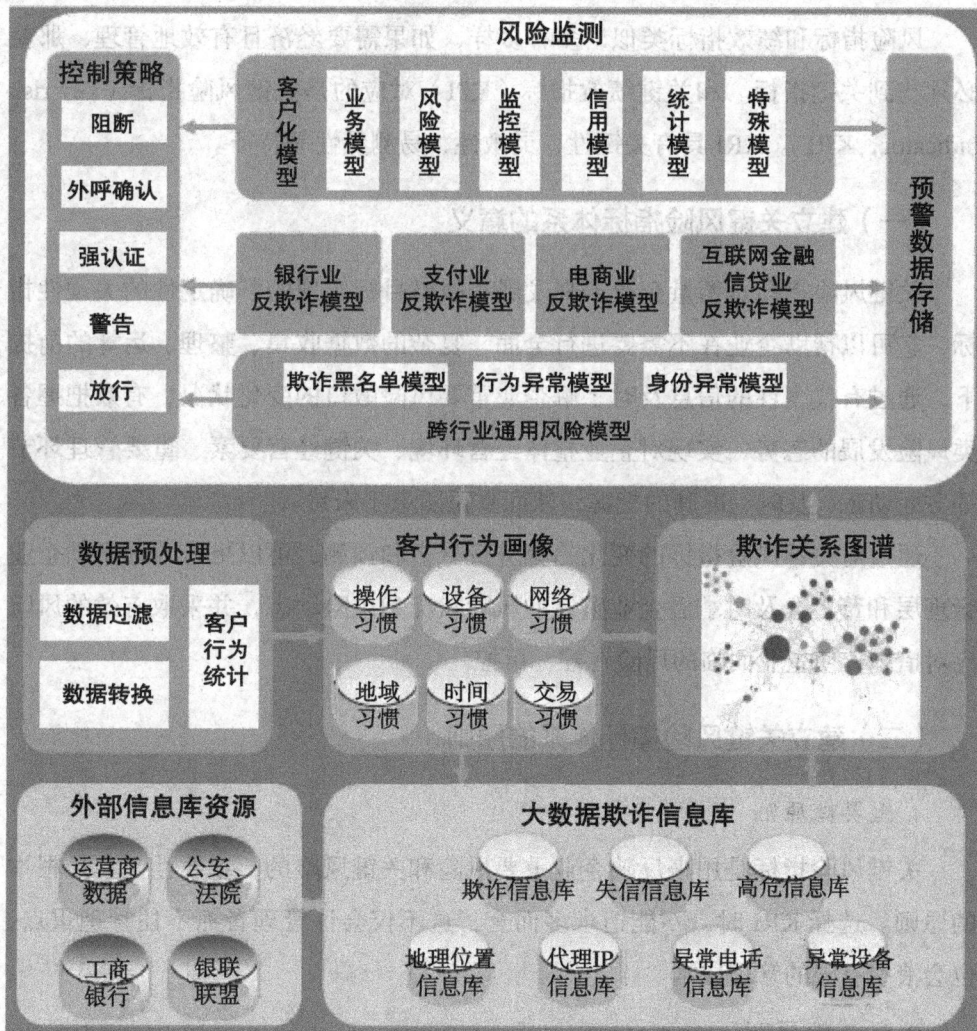

图 8-2　欺诈风险预警系统示意图

第三节　建立关键风险指标体系

一、关键风险指标体系概述

风险指标和绩效指标类似，多种多样，如果需要经济且有效地管理，那就必须找到关键指标。和关键绩效指标（KPI）对应的是关键风险指标（key risk indicator，KRI）。KRI 具有关键性、灵敏性、易测量性等特征。

（一）建立关键风险指标体系的意义

关键风险指标是衡量企业未来发展和战略目标实现的不确定性的关键性指标，它可以帮助企业在不需要进行全面、复杂的数据收集、整理、运算的前提下，通过有代表性的信息及时了解企业重要风险敞口的变化状况，有效把握各类风险发展的态势，实现对企业整体经营环境、关键经营要素、重要管理环节等方面动态、及时、准确的把握，从而真正防患于未然。

通过对关键风险指标的变化趋势进行分析和预测，可以更有效地帮助企业管理层和董事会及时掌握企业整体的风险状况和风险动态，并采取有效的风险应对措施，使企业面临的风险在控、可控。

（二）建立关键风险指标体系的原则

1. 重要性原则

关键风险指标是用来反映企业重要风险和关键风险的，重要性是其最根本的原则。选择 KRI 时，不能追求多而全，这不仅会让管理者抓不住管理重点，也会浪费有限的管理成本。

2. 敏感性原则

关键风险指标要具有敏感性，其变化要能够合理反映重大风险的整体情况，但不能稍有风吹草动就报警。当然，更不能等风险变成了事故系统还没报警。

3. 简单性原则

简单性原则包括两个方面：一是指标要尽量简单，因为复杂的指标意味着大量复杂的数据收集与分析工作；二是要易于获取，如果数据的获取复杂、艰难，甚至需要花费高额成本，那就得不偿失了。

4. 适应性原则

关键风险指标的建立不是一项一劳永逸的工作，而是一个持续改进、不断完善的过程，需要根据实际情况不断进行调整。随着企业所处内外部环境的变化，企业面临的主要风险以及企业风险偏好的不断变化，原有的一些风险指标可能会不符合企业实际需要，而一些新的指标需要补充到体系当中来，因此相关部门需要对风险预警指标进行定期评估，不断对指标体系进行更新和完善，以保证预警指标的适用性。

二、如何建立关键风险指标体系

关键风险指标体系包括关键风险指标、预警阈值、报警类别等内容。通过前面介绍的风险识别和风险评估等内容，我们可以针对识别出的重大风险，结合管理层、各业务部门及下属各级单位的实际管控要求，建立关键风险指标体系。

风险事项对应的主责业务部门要对关键风险指标提前设置预警阈值和预警区间。在设置过程中，要充分结合实际情况，并基于数据分析结果，选取恰当的风险临界值（即"阈值"）。预警阈值是分区间的，一般分三个区间，原则上不超过五个区间。

报警类别对应不同的预警阈值，有用"红绿灯"的，有直接标注"正常""警示""警告"的，也有发短信、发风险提示函的。企业根据自己的实际情况，选择一种习惯的方式即可。

对中央企业而言，在建立关键风险指标体系时，除了要考虑指标能够反映企业财务、资产、运营等方面风险的真实状况和发展变化趋势外，还要考虑以下因素：

✓《中央企业全面风险管理指引》的要求及其对风险的分类框架；

✓ 国资委对中央企业负责人经营业绩考核的要求；

✓ 企业战略规划的重点工作任务；

✓ 企业现行的风险监测指标；

✓ 同行业标杆企业风险指标设计的经验等。

随着内外部环境的变化，企业还要对关键风险指标体系持续加以完善，以便有效地对重大风险进行及时可靠的监测与预警。

三、关键风险指标体系举例

由于行业的差异、业务的差异、管控方式的差异，导致不同企业有不同的关键风险指标体系；即使在同一个企业里，也会因其管理层级不同而有不同的关键风险指标。关键风险指标体系建设是一个不断丰富和完善的过程，可以从不同角度来进行。这里分别从风险和价值两个角度展示关键风险指标体系建设的思路，如表 8-1 和表 8-2 所示。

表 8-1 风险视角下的关键风险指标体系

一级指标	二级指标	三级指标
战略风险	战略执行风险	
	投资风险	回收款按期支付率等
	……	
市场风险	市场竞争风险	
	客户信用风险	
	……	
运营风险	人力资源风险	
	采购风险	
	产品和质量风险	
	销售风险	销售收入增长率等
	信息系统风险	
	HSE 风险（健康、安全、环保）	事故隐患整改率等
	……	

（续表）

一级指标	二级指标	三级指标
财务风险	资产管理风险	
	偿债能力风险	资产负债率 带息负债比率 速动比率等
	盈利能力风险	
	……	
法律风险	合规风险	
	法律纠纷风险	
	……	

表 8-2 价值视角下的关键风险指标体系

一级指标	二级指标
收入增长	市场和营销风险 产品和服务风险 客户管理风险等
减少成本	物流风险 品质风险 信息风险 采购风险 人力资源风险等
提高资产效率	信用风险 存货风险 固定资产风险 现金风险等
预期管理提升	人均产值 利润增长率 管理成熟度等级 行业综合排名等

四、确定风险指标预警阈值

企业在实际设定预警阈值时，可以根据实际情况采取定性和定量相结合的方式，也可以一步到位，采用纯定量方式，如表 8-3 所示。

表 8-3　风险预警指标设计示例

风险类别	预警指标	预警阈值		
		绿色	黄色	红色
投资风险	回收款按期支付率	≥ 80%	< 80% 且 ≥ 50%	< 50%
健康安全环保风险	事故隐患整改率	=100%	< 100% 且 ≥ 90%	< 90%
运营风险	营业收入增长率	> 10%	≤ 10% 且 ≥ 3%	< 3%
财务风险	带息负债占总资产比率	< 25%	≥ 25% 且 ≤ 50%	> 50%
工程项目风险	成本预算超额比率	< 10%	≥ 10% 且 ≤ 20%	> 20%

五、关键风险指标的拓展应用

存货周转率是一个很有用的指标，我们可以把它设为一个关键风险指标。一般来讲，存货周转速度越快，存货水平越低，流动性越强，存货转化为现金或应收账款的速度就越快，这样企业的短期偿债能力及获利能力就强。存货周转率有很多种算法，这里仅举一种。

存货周转率的计算公式为：

$$存货周转率（次）=销售（营业）成本 \div 平均存货$$

$$平均存货 =（年初存货 + 年末存货）\div 2$$

$$存货周转率（天）=360 \div 存货周转率（次）$$

【案例】

假设 Spring 公司所在行业 2019 年的存货周转率评价标准为：

存货周转率	等级
≥ 10	优秀
5 ≤ 且 < 10	正常
< 5	不佳

Spring 公司 2019 年的主营业务成本为 1 500 万元，年初存货为 110 万元，年末存货为 90 万元。请分析 Spring 公司的存货周转水平。

【案例解析】

按照上述公式计算如下：

平均存货＝（110+90）÷2=100（万元）

存货周转率（次）=1 500÷100=15（次）

存货周转率（天）=360÷15=24（天）

把该结果与行业水平比较，显然 Spring 的存货周转率处于优秀级别，不用"报警"。

六、建立关键风险指标库

确定需要进行监测和预警的关键风险指标后，企业还应建立关键风险指标库。这是一个庞大的工程，需明确各项指标的定义、计算口径、数据收集的来源、预警涉及的业务系统及责任单位等信息，如表 8-4 所示。有时，一个指标的"数据来源"可能有多个，可能涉及多个业务系统和信息系统，也可能是线下采集，线上填报。

表 8-4　关键风险指标库示例

指标名称	指标定义	数据来源	计算方法	阈值描述	相关业务系统	相关责任单位	……
指标 1							
指标 2							
指标 3							
……							

第四节　建立风险预警配套机制

有了预警指标，也收集了数据，不一定就能实现预警。一个预警体系的正常运转，需要有一套良好的机制作保障。建立风险预警配套机制的主要工作内容包括构建完整的预警治理、管理、执行、支持及应用组织架构，完善风险预警管理制度及相关流程体系，建立专业的预警团队与健全的培训机制。

一、建立风险预警提示机制

企业应当针对各类关键风险指标，设置其监测预警提示机制，明确监测周期、数据收集程序、预警状态、预警阈值、管理触发流程，建立风险预警提示函模板，确定提示函的传送、接收、反馈等流程，确保预警后采取及时有效的应对措施。

在企业实践中，关键风险指标预警可以采用"绿灯""黄灯""红灯"三种标识进行单项预警。不同的预警区间对应不同颜色的灯，如表 8-5 所示。

表 8-5   风险预警"红黄绿灯"模式

灯色	含义	状态	行动
红灯	表示指标已经超过风险值，相关指标已经严重偏离正常水平或是已经发生风险事件，需要立刻组织风险排查小组，采取紧急措施应对风险，风险处理情况也需及时上报企业管理层	越过红线	需立即采取行动
黄灯	表示某些预警指标已经偏离正常水平，相关部门应该根据其性质、趋势、偏离程度和风险承受度确定所要采取的应对措施，并对风险处理情况进行跟踪	警示	需关注或采取措施
绿灯	表示指标处于低风险或无风险区间，说明各项指标处于正常水平，重大风险发生可能性较小，只需保持持续监测即可	正常	继续监测

二、建立风险触警响应机制

关键风险指标通过对风险阈值的确定，规定了企业在各种场景下可以承受的各种最大风险，一旦触警，企业应及时响应，尤其是高级别的触警（比如亮红灯），那就意味着某个风险指标已越过企业承担该风险的底线。在这种情况下，企业应立即启动预案进行应对。

　　风险预警系统一般为已识别的常见风险提供预警，这种触警响应一般都有比较完备的预案，包括有效的响应流程和方法。

　　对大型自然灾害或其他重大突发事件（暴乱、战争、大型传染病等），人们往往只知道其危害性，却无法提前预测，这时就要建立应急响应机制。应急响应机制不仅国家需要，城市需要，企业也需要。2020 年初的新型冠状病毒事件，使很多小微企业直接关门或濒临破产。

三、建立风险预警指标体系闭环管理机制

　　KRI 体系的建立不是一蹴而就的，而是循序渐进、不断优化、逐步完善的过程。企业应当综合考虑各关键风险指标的有效预警率、误警率、漏警率、触警率，定期监测 KRI，监测预警执行情况，建立预警事后评价机制，通过评价结果对关键风险指标进行定期维护。预警指标体系的闭环管理如图 8-3 所示。

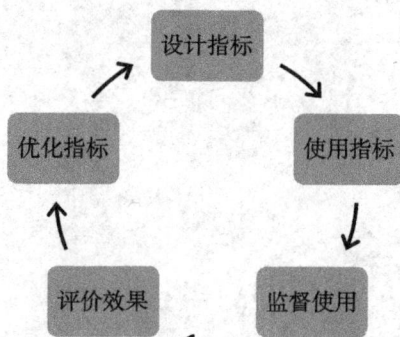

图 8-3　预警指标体系的闭环管理

四、建立风险预警组织流程管理机制

　　对集团型企业，在风险预警管理组织架构设计方面，企业应当建立和完善总部横向层面各业务条线与风险管理条线之间的信息沟通与协作机制，同时要建立和完善纵向层面各所属企业不同层级的预警联动机制。在此基础上，开展预警流程建设，建立预警的分级管理流程、指标和模型维护流程、作业流程和

应用流程等。

在风险预警管理制度设计方面，企业应当基于上述机制和流程，建立风险预警管理办法及配套实施细则，并保持持续优化。

五、建立风险预警专业团队管理机制

为了风险预警系统的稳定运行和持续改进，企业必须拥有一批相应的风险预警专业人员。在风险预警专业团队建设和管理方面，要做好以下几项工作：

一要建立风险预警知识体系；

二要制定预警岗位说明书，明确预警岗位人员需求；

三要建立风险预警培训机制；

四要将预警专业人员纳入专业技术序列体系；

五要建立预警激励考核机制。

第九章
风险应对

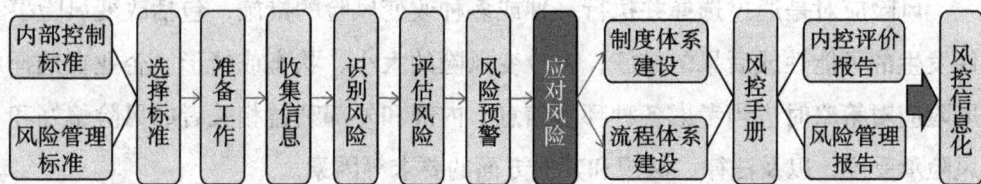

风险应对是风险管理的目的所在。风险应对承接风险评估或风险预警的输出，对需要进行风险应对的风险按优先次序实施应对。

本章主要内容包括：

第一节　风险应对概述

第二节　风险应对的操作过程

第三节　风险应对策略

第四节　风险应对方案与计划

第五节　通过内部控制来应对企业日常风险

第六节　风险应对实战案例

第一节　风险应对概述

国际标准化组织（ISO）把风险应对定义为"改变风险的过程"。风险应对是企业管理风险的关键一跳，之前对风险的识别、分析、评价、预警都是序曲，都是为风险应对服务的。

这并不是说风险评估和预警不重要。风险评估是风险管理的基础，是风险管理过程的核心环节之一，但不是目的。风险管理的目的是要通过风险评估和风险应对，把风险控制在可接受或可容忍的范围内。"风险评估"为"风险应对"提供输入，输入的形式是风险评估报告或报警信息。

风险应对是通过选择并执行一种或多种改变风险的措施，包括改变风险事件发生的可能性或后果的措施，去改变风险的大小、状态或情形。企业在选择风险应对策略时应当考虑各种环境信息、内部和外部利益相关者的风险偏好和风险承受度，以及法律、法规和其他方面的要求等因素。

风险应对是一个递进的循环过程。企业在实施风险应对措施后，还要继续关心两个问题：一是要关心风险应对的结果，依据风险准则，评估剩余风险的风险水平是否可以承受，如果不能承受，那还要采取进一步的应对措施，直到剩余风险可以承受；二是要关心风险应对的过程，执行风险应对措施时可能会改变风险，也可能引发次生风险，甚至产生新的风险，所以需要持续跟踪、监督风险应对的过程和效果，持续监测企业的内外部环境变化信息，并对变化的风险进行及时评估，必要时重新制定风险应对措施。

常见的风险应对策略包括：

✓ 决定停止或退出可能导致风险的活动以规避风险；

✓ 增加风险或承担新的风险以寻求机会；

✓ 消除具有负面影响的风险源；

✓ 改变风险事件发生可能性的大小及其分布的性质；

✓ 改变风险事件发生的可能后果；

✓ 转移风险；

✓ 分担风险；

✓ 保留风险等。

在实践中，企业可以根据实际情况选用这些策略中的一个或多个，或者是它们的组合。

第二节　风险应对的操作过程

一、风险应对操作过程四个步骤

在实务中，风险应对是在风险评估的基础上，根据企业自身条件和外部条件，选择应对风险策略，对不同的风险采取不同的应对措施的过程。风控人员应根据风险的性质和风险偏好来选择风险应对策略，制定风险应对计划，然后按计划实施应对方案。

风险应对是改变风险的过程，该过程通常分四步走，如图 9-1 所示。

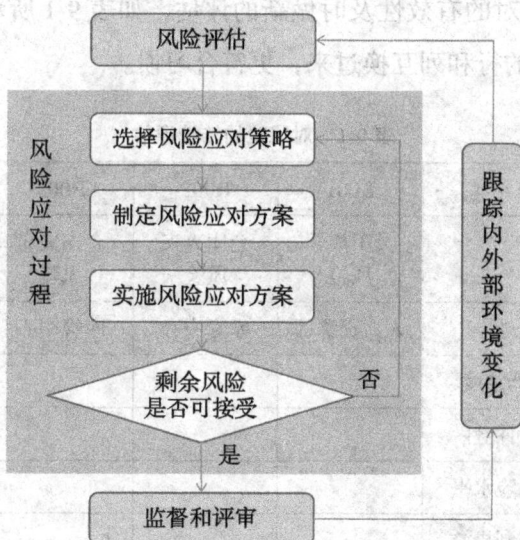

图 9-1　风险应对实操过程分解

图 9-1 中的风险应对过程分为四个步骤，每个步骤的主要工作内容如下所示。

第一步是根据风险评估结果，围绕企业总体发展战略，结合风险偏好、风险承受度，组织相关部门制定适合的风险应对策略。

第二步是根据选定的风险管理策略，组织相关部门，制定应对风险的解决方案；然后，根据风险应对解决方案，将风险应对责任落实到具体职能部门、具体岗位，制定可实行的实施计划。

第三步是按计划实施风险应对方案。

第四步是对风险应对结果进行评估，如果未达到理想要求，那就要重新制定风险应对解决方案，有时甚至要重新选择风险应对策略。

二、对风险应对有效性的评估

由于各种原因和限制，风险应对措施一般并不能完全消除所有的风险，也不能保证把风险降低到风险容忍度以内，我们把风险应对后剩余的风险称为"剩余风险"。其实对风险的评估不是一次性的，而是持续的，要根据内外部环境的变化或风险应对的有效性及时做新的评估，如表 9-1 所示。企业在风控实践中，可将表 9-1 的行和列互换过来，更符合习惯。

表 9-1　对风险的持续评估

风险编号		R001	R002	R003	R004	……
风险名称		员工离职风险	仓库火灾风险	仓库失窃风险	公章用章风险	
风险责任部门		人力资源部	库管中心	库管中心	行政部	
固有风险估计	严重度					
	可能性					
	风险水平					
现有控制措施	控制措施					
	有效性					

（续表）

风险编号		R001	R002	R003	R004	……
风险名称		员工离职风险	仓库火灾风险	仓库失窃风险	公章用章风险	
风险责任部门		人力资源部	库管中心	库管中心	行政部	
净风险估计	严重度					
	可能性					
	风险水平					
风险应对	新控制措施					
	有效性					
是否会产生次生风险（若是，评定次生风险）	严重度					
	可能性					
	风险水平					
剩余风险估计	严重度					
	可能性					
	风险水平					
评估日期						
评估人						
备注						

为了检测风险应对措施的有效性，我们需要对剩余风险进行再评估，即在采取应对措施之后，还需根据风险发生的可能性和产生影响的程度来再次衡量或判断风险的严重程度。通过再评估，可以监督检查风险控制措施设计是否有效，是否得到有效执行，是否取得了预期效果，从而确保风险管理的有效性。

风险应对过程实际上是一个将固有风险降低为可接受的剩余风险的过程，如果应对策略和措施得力，那么，这个风险应对就是有效的；反之，则需要实施新的风险应对措施。

第三节　风险应对策略

风险评估结束后，企业将根据评估报告以及企业的风险偏好和风险承受度，围绕风险对目标实现的影响程度，针对不同的业务类型，选择适当的风险应对策略和应对方式。风险应对策略多种多样，名称也五花八门，比如风险规避、风险控制、风险分担、风险降低、风险补偿、风险转移、风险对冲、风险转换、风险接受等，但归根结底，就是为了预防风险、降低风险、接受风险、规避风险。下面介绍几种常见的风险应对策略。

一、风险规避

对于超过企业风险承受度的风险，比如无法通过其他应对方法来有效降低风险，或者风险造成的损失不能被可以获得的收益抵消，这种情况下企业通常会采取风险规避策略，通过放弃或者停止与该风险有关的业务活动来避免或减轻损失。

风险规避是最简单的风险应对方法，是企业将风险发生概率降低到近于零的风险应对策略。选择风险规避，可以让企业退出可能会给企业带来巨大风险的业务，可以让企业终止已开展的高风险交易，或放弃高风险的经营活动，从而规避不可接受的损失。但规避风险并不意味着不产生任何损失。终止业务，本身就在失去机会，如果业务已经有进展，那就会多一些沉没成本。

在实践中，基于风险规避策略的措施有很多，比如建立客户黑名单制度、供应商黑名单制度，从而规避与他们发生业务往来带来的风险。

二、风险接受

企业在经营过程中总会遇到各种各样的风险，如果一些风险不可避免，且又没有好的办法去应对，那么，在权衡成本效益之后，认为自己有足够的能力去承担该风险的话，企业就可以选择"风险接受"策略。选择这种策略意味着企业不再投入新的资源去管控该风险。

风险接受并不是一种无为或放任风险的做法。理智的风险接受是基于对风险的准确评估和成本效益原则做出的决策，不对风险进行过多的控制，容忍一定量风险的存在；而非理智的风险接受则是一种赌博行为，在企业正常经营中，不提倡这种行为。

三、风险转移

风险转移是为了避免承担风险对企业经营活动造成的不利结果，将原本企业自身需要承担的风险以契约、合同等形式转移给他人。风险转移可以通过保险合同转移至另一方（如财产损失险、职业责任险、员工人身健康险等），也可以通过非保险合同转移至另一方（如外包、租赁、反担保、投资回购条款等）。

风险转移不是没有成本或损失的。企业将风险承担的责任分给其他人，不用单独去承担所有风险，按照风险和收益对等的原则，风险转移了，相应的利益也会跟着转移。

在实践中，风险转移的应用很多，比如某工程企业承接了一幢大型写字楼的建设项目，经过认真分析和风险评估，他们觉得仅仅依靠自身力量去施工和建设的风险过大，不仅在资金方面有问题，在人力资源和技术水平方面也存在问题。于是，他们就考虑把一部分业务进行外包，通过签署协议，和其他企业建立一种合作伙伴关系，充分利用其资源和技术能力，实现风险共担；承接方也因承担部分风险而获得相应的收益。

四、风险转换

风险转换策略是通过战略调整或利用衍生产品，把企业面临的某种风险转换成另一种可控的风险。比如，企业为了避免产品积压而采取"让利销售"，或者"放宽信用标准"去促进销售。这看起来是一种促销活动部署，其实是一种风险转换，把产品积压的风险转换成利润率较低的风险，或者应收账款收不回来的风险。

所以，企业在采用风险转换策略时，必须清楚了解新风险的应对成本和危害程度，优先选择较低的风险。

五、风险对冲

风险对冲是通过组合多个风险使相关风险能够相互抵消的风险管理方法。对冲手段包括期货合约、期权合约、远期合约、互换合约等。

在投资领域，风险对冲主要是通过投资或购买标的资产收益波动负相关的某种资产或衍生品，来冲销标的资产潜在风险损失的一种风险应对策略。例如，A公司在2020年3月向美国某公司采购了 × 亿美元的大豆，双方商定2020年12月10日交货，为了对冲汇率风险或大豆价格波动风险，A公司在签订协议时对该订单做了套期保值。这种操作就属于风险对冲。

六、风险控制

当企业从事某项经营活动时，不可避免地要面对某些风险，这种情况下企业需要采取措施进行风险控制。风险控制是指企业本着成本效益原则采取适当的控制措施来降低风险，将风险控制在风险承受度之内。

对于风险控制，企业可以选择"控制风险发生的可能性"，甚至"清除风险源"，也可以选择"控制风险后果的影响程度"。例如，在控制仓库火灾风险时，火灾安全教育、禁烟标识等属于降低火灾风险发生概率的措施；灭火器、水箱属于止损措施。

所以，风险控制可以是事前对风险进行控制，降低风险发生的概率，也可以是事中或事后对风险进行控制，降低风险的影响程度。企业通过风险控制，可以避免舞弊，避免人为出错等风险。

企业内部控制就是很好的风险控制手段。

七、如何利用内部控制降低风险

前面已经多次强调：内部控制是风险应对的一种手段。那么，如何利用内

部控制去应对风险呢？图 9-2 为我
们揭开谜底。

在图 9-2 中，纵坐标是固有风
险的影响程度，横坐标是内部控制
的力度强弱。通过风险评估，我
们可以获得风险事项的固有风险
以及对它的控制水平，固有风险
高、控制力度弱的风险会落在 A 区
域；固有风险高、控制力度强的

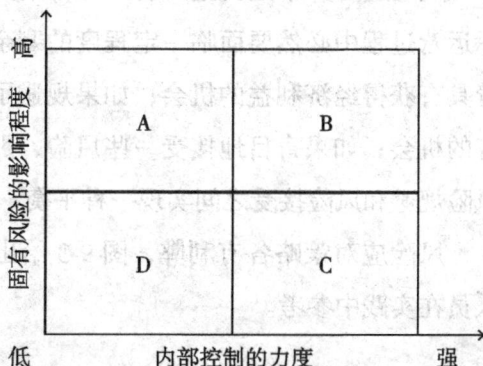

图 9-2　固有风险的大小与内部控制力度之间的关系

风险会落在 B 区域；固有风险低、控制力度强的风险会落在 C 区域；固有风险
低、控制力度弱的风险会落在 D 区域。介于这种风险分布和控制状态，如果希
望把风险管控在容忍度之内，那就需要对不同区域的风险实施不同的控制调整。
表 9-2 给出了具体的调整建议。

表 9-2　针对不同的风险选择不同的内部控制策略

区域	状况	策略
A 区域	固有风险高，且内部控制的力度弱	该区域风险发生的可能性很大，需进一步采取控制措施。如果加强内部控制之后剩余风险仍很高，那就需要采取其他措施来降低风险，比如外包、购买保险等
B 区域	固有风险高，但内部控制的力度强	对这个区域的风险事项要实时监测并确认内部控制的有效性，以保持该控制的有效性
C 区域	固有风险低，但内部控制的力度强	这种情形属于控制过度，需要对有限的管理资源进行重新部署，把资源投向更需要的地方
D 区域	固有风险低，且内部控制的力度弱	该区域是低风险区域，可以保持持续监督，但要注意低风险的累积效应。所以，需要跟踪测量风险的累积影响，定期确认控制措施的有效性；如有需要，及时改进内控措施

八、风险应对策略的优先顺序

前面的内容列出了不少风险应对策略，在实际工作中，我们该如何选择这
些策略？有优先顺序吗？

风险应对并不是要把所有风险都消灭，这既不经济，也不可能。企业在实际运营过程中必然要面临一定程度的剩余风险，承受一定程度的风险也就意味着具有获得经济利益的机会；如果规避了所有的风险，那也就意味着失去了所有的机会；如果盲目地接受一些风险，那可能招致重大损失；因此企业需要在风险规避和风险接受之间实现一种平衡，既不过分冒进，也不过分保守。

风险应对策略各有利弊，图 9-3 给出了风险应对策略的基本顺序，供风控人员在实践中参考。

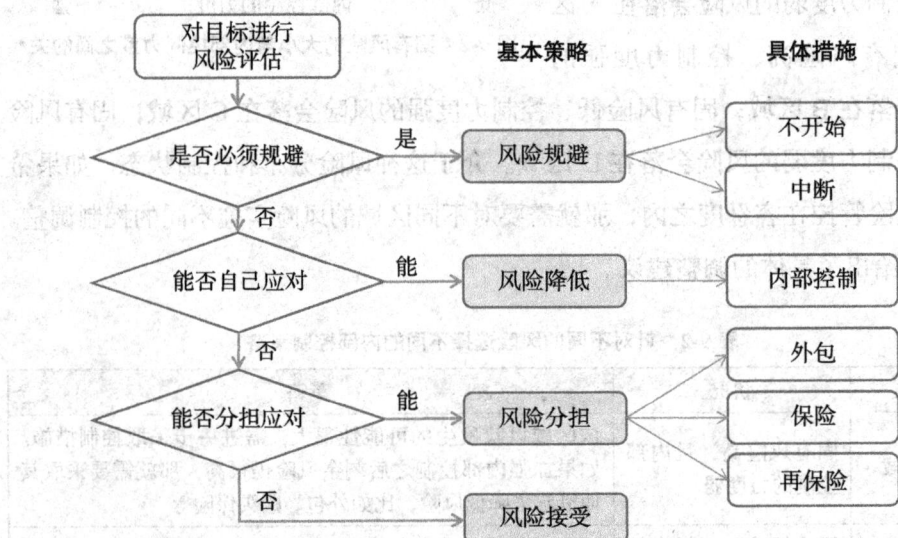

图 9-3　风险应对策略的基本顺序

图 9-3 的基本思路是：当企业准备确定某个目标时，应该先对其进行风险评估，然后基于评估结果和风险偏好去选择风险应对策略。选择风险应对策略的一般顺序如下所述。

（1）评估这个目标对应的风险是绝对不能接受的风险吗？如果是，那就只能选择规避；否则可以继续到第二步。

（2）既然选择了有风险的目标，那当然得从企业内部资源开始考虑应对，比如通过内部控制来降低风险发生的可能性或降低风险后果的影响程度等。

（3）如果内部资源无法使目标风险降低到企业的风险容忍度之内，那就考虑寻求外部资源的帮助，选择风险分担策略，比如外包、购买保险、再保险等。

（4）如果上述策略都不适合或达不到预期，而企业还要继续为实现该目标而努力，那就只能自己承担相应的风险了，即风险接受。风险接受包括主动接受（自愿）和被动接受（不得已）：主动接受是对已识别和评估的小风险而言的；被动接受包括两种情形，一种是识别了、评估了，但没有办法解决的风险，另一种是未能识别的风险。在企业实际经营中，尽量避免被动接受风险。

九、影响风险应对策略选择的主要因素

是否应对风险？如何应对风险？这些决策不仅与风险的影响程度相关，而且与承担风险的成本与收益、实施应对措施的成本与收益、合规要求等因素密切相关。如果选择风险接受策略带来的收益高于风险带来的可能损失，那就没必要投入成本去管控该风险；如果必须要满足某项监管要求，那么分析应对风险的成本和收益就不那么重要了。

通过风险评估，我们可以了解固有风险和剩余风险的大小。剩余风险是企业面临的净风险（包括尚未被识别的风险），我们需要将其与企业的风险容忍度做比较，看是否需要进一步应对。

为了方便理解，我们可以把剩余风险分成三个区域，如图 9-4 所示。

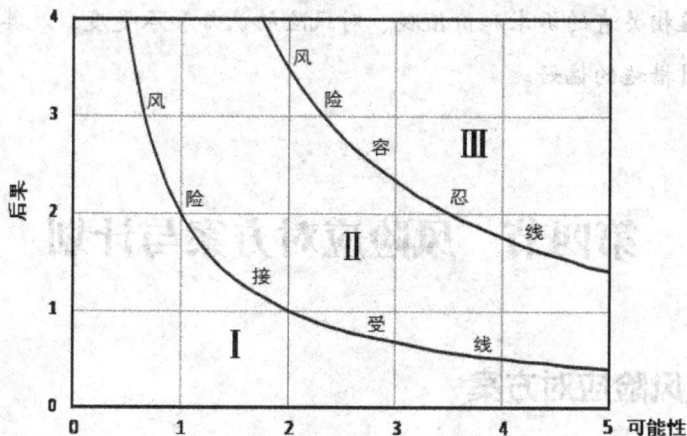

图 9-4 剩余风险三个区域

图 9-4 被"风险容忍线"和"风险接受线"划分为三个区域，风险容忍线

以上的右上端是Ⅲ号区域，风险接受线以下的左下方是Ⅰ号区域，中间是Ⅱ号区域，其中：

（1）Ⅲ号区域是不可接受区域，如果某事项的风险落入该区域，那么无论相关活动可以带来什么收益，其风险等级都是无法承受的，企业必须不惜代价进行风险应对；

（2）Ⅱ号区域介于风险容忍线和风险接受线之间，对该区域内风险的应对，特别需要考虑实施应对措施的成本与收益，并权衡机遇与潜在后果，选择最佳的风险应对策略；

（3）Ⅰ号区域是可接受区域，该区域中的风险等级不高，甚至微不足道，不需要采取额外的风险应对措施。我们要特别关注左上角的风险，虽然总风险值小，但并不是其危害性小，而是因为其发生的概率太低；它们一旦发生，将带来巨大灾难，所以需要持续监督。

综上所述，企业在选择适当的风险应对策略时需要考虑：

✓ 法律、法规、社会责任和环境保护等方面的要求；

✓ 企业的风险容忍度；

✓ 风险应对措施的实施成本与收益（有些风险可能需要企业考虑采用看起来不太经济的风险应对策略）；

✓ 利益相关者的诉求和价值观、对风险的认知和承受度，及其对某些风险应对措施的偏好。

第四节 风险应对方案与计划

一、制定风险应对方案

前面的内容介绍了风险应对的过程和策略，企业应根据风险管理策略，针对各类风险或每一项重大风险制定风险应对方案。方案一般应包括：

（1）风险应对的具体目标（期望风险值）；

（2）风险应对所需的组织领导；

（3）风险应对所涉及的管理及业务流程；

（4）风险应对所需的条件、手段等资源；

（5）风险事件发生前、中、后所采取的具体应对措施以及风险管理工具（如关键风险指标管理、损失事件管理等）。

二、制定风险应对计划

风险应对方案需要经过正式审批，然后按照方案制定相应的执行计划。风险应对计划中应当包括以下信息：

✓ 风险管理责任人及实施风险应对措施的人员安排；

✓ 风险应对措施涉及的具体业务和管理活动；

✓ 风险应对的预期收益；

✓ 风险应对绩效指标及其考核方法；

✓ 选择多种可能的风险应对措施时，实施风险应对措施的优先次序；

✓ 对进度的报告、监督、检查的要求；

✓ 对风险状态的报告、监督、检查的要求；

✓ 与适当的利益相关者的沟通安排；

✓ 资源需求，包括应急机制的资源需求；

✓ 执行时间表；

✓ 对计划变更管理的要求等。

风险应对计划获批后，企业便进入计划执行阶段。企业应当按照各有关部门和业务单位的职责分工，认真组织实施风险管理解决方案，确保各项风险应对措施落实到位。

三、实施过程中的计划调整

风险应对计划并不是一成不变的，因为可能会发生以下情况。

（1）风险应对措施在实施过程中可能会失灵或无效。因此，要把监督作为风险应对实施计划的有机组成部分，以保证应对措施持续有效。

（2）风险应对措施在实施过程中可能引起次生风险，对次生风险企业也需要评估、应对、监督和检查。所以，企业在原有的风险应对计划中要加入这些次生风险的内容，而不应将其作为另外的新风险来独立对待。

（3）当风险应对措施在实施过程中影响到企业内其他领域的风险或影响到其他利益相关者时，要评估这些影响，并与利益相关者沟通，必要时调整风险应对计划或风险应对措施。

四、项目风险应对计划举例

在实践中，风险应对计划多种多样，有的针对单个重要风险，有的针对某个建设项目或研发项目，有的针对一次并购等。表 9-3 是某项目风险应对计划示例，该项目有多个风险，需要不同的人分别应对各个风险。

表 9-3 某项目风险应对计划一览表

项目名称			项目经理		项目周期	2020/2/7—2020/6/18	
风险编号	风险名称	风险等级	风险期望值	风险策略	应对措施	风险应对负责人	
001							
002							
003							
……							

第五节 通过内部控制来应对企业日常风险

内部控制是风险应对的一种手段，在企业内部，针对不同的风险，会有不同的内部控制方法，例如，预算控制、分工控制、授权控制、审批控制、绩效考评控制等，本节介绍几种常见的内部控制方法，供大家在实践中选用。

一、组织机构控制

组织机构控制是对企业组织机构设置、职责分工的合理性和有效性进行的控制。职责分工主要解决不相容岗位分离问题。所谓不相容岗位是指那些由一个人担任，既可能发生错误和弊端，又可以掩盖其错误和弊端的职务，比如大家所熟知的出纳和会计由同一人担任。

企业不相容岗位主要体现在以下五种职务之间：授权批准职务、业务经办职务、财产保管职务、会计记录职务和审核监督职务，这五种职务之间应实行严格分离。具体分离安排如下：

（1）授权批准职务与业务经办职务分离；

（2）业务经办职务与审核监督职务分离；

（3）业务经办职务与会计记录职务分离；

（4）财产保管职务与会计记录职务分离；

（5）业务经办职务与财产保管职务分离。

上述不相容岗位分离的原则对上市公司尤其重要。对上市公司而言，要坚决杜绝高层管理人员交叉任职，比如董事长和总经理同为一人，董事会和总经理班子成员重叠。这种交叉任职的后果之一是董事会与总经理班子之间权责不清，制衡力度锐减；后果之二是关键人大权独揽，一人具有几乎无所不管的控制权。比如某上市公司董事长，除了董事长职务外，还同时兼任总经理和财务负责人职务，这种职务设置要坚决杜绝。

二、授权审批控制

授权按其形式可分为一般授权和特殊授权。一般授权是指对办理常规业务时权力、条件和责任的规定，一般授权时效性较长；而特殊授权是对办理例外业务时权力、条件和责任的规定，一般其时效性较短。

不论采用哪一种授权批准方式，企业必须建立完备的授权审批体系，该体系至少应包括以下几个方面：

（1）授权批准的范围，应覆盖企业所有的经营活动；

（2）授权批准的层次，应根据经济活动的重要性和金额大小，确定不同的授权批准层次，从而保证各管理层有权亦有责；

（3）授权批准的责任，应当明确被授权者在履行权力时应对哪些方面负责，应避免责任不清；

（4）授权批准的程序，应规定每一类经济活动的审批程序，以便按程序办理审批，避免越级审批、违规审批。

企业内部的各级管理层必须在授权范围内行使相应职权，经办人员也必须在授权范围内办理经济业务。

三、会计系统控制

会计系统控制要求企业必须依据《会计法》和国家统一的会计制度等法规，制定适合本单位的会计制度、会计凭证、会计账簿和财务会计报告的处理程序，实行会计人员岗位责任制，建立严密的会计控制系统，充分发挥会计的监督职能，确保企业财务会计报告真实、准确、完整。

会计系统控制主要包括以下几个方面。

（1）建立健全内部会计管理规范和监督制度，充分体现权责明确、相互制约以及及时进行内部审计的要求。

（2）统一会计政策。尽管国家制定了统一的会计制度，但其中某些会计政策是可选的，因此，从企业内部管理要求出发，必须统一执行所确定的会计政策，以便统一核算、汇总分析和考核。企业会计政策可以以专门文件的形式予以颁布。

（3）统一会计科目。在实行国家统一"一级会计科目"的基础上，企业应根据经营管理需要，统一设定明细科目，特别是集团性公司更有必要统一下级公司的会计明细科目，以便统一口径，统一核算。

（4）明确会计凭证、会计账簿和财务会计报告的处理程序与方法，遵循会计制度规定的各条核算原则，使会计真正实现为国家宏观经济调控和管理提供信息、为企业内部经营管理提供信息、为企业外部各利益相关方了解其财务状况和经营成果提供信息的目标。

四、全面预算控制

全面预算是企业财务管理的重要组成部分，是为达到企业既定目标而编制的经营、资本、财务等年度收支总体计划。全面预算控制应抓好以下环节：

（1）预算体系的建立，包括预算项目、标准和程序等；

（2）预算的编制和审定；

（3）预算指标的下达及相关责任人或部门的落实；

（4）预算执行的授权；

（5）预算执行过程的监控；

（6）预算差异的分析与调整；

（7）预算绩效的考核。

全面预算是集体性工作，需要企业内各部门人员的相互合作。所以，有条件的企业应设立预算委员会，由预算委员会来组织领导企业的全面预算工作，确保预算的编制与执行。

五、财产保全控制

财产保全控制也是内部控制的一种常见手段，包括很多具体方法。

（1）限制直接接触。严格限制无关人员对实物资产的直接接触，只有经过授权批准的人员才能够接触。限制直接接触的物品一般包括现金、其他易变现资产与存货。

（2）定期盘点，建立资产定期盘点制度，并保证盘点时资产的安全性。通常可采用先盘点实物，再核对账册来防止盘盈资产流失的可能性；对盘点中出现的差异应进行调查，对盘亏资产应分析原因、查明责任、完善相关制度。随着信息技术的进步，企业可以利用智能设备和系统，对资产进行实时盘点。

（3）保护相关记录。企业应该对各种文件资料（尤其是资产、财务、会计等资料）妥善保管，避免记录受损、被盗、被毁。对某些重要资料应留有备份，以便在遭受意外损失或毁坏时能重新恢复，这在当前计算机处理条件下尤为重要。

（4）财产保险。通过为资产投保（如火灾险、盗窃险、责任险等）增加实物受损后的补偿机会，从而保护实物的安全。

（5）财产记录监控。企业要建立资产个体档案，对资产增减变动应及时全面地予以记录。加强财产所有权证的管理，保证账实的一致性。

六、人力资源控制

人力资源是企业的第一资源，人力资源的数量和质量状况，人力资源所具有的忠诚度、向心力和创造力，是企业发展的推动力。因此，如何充分调动企业人力资源的积极性、主动性、创造性，发挥人力资源的潜能，已成为企业管理的核心任务之一。人力资源控制一般包括：

（1）建立严格的招聘程序，保证应聘人员符合招聘要求；

（2）制定员工工作规范，用以引导和考核员工行为；

（3）定期对员工进行培训，帮助其提高业务素质，更好地完成规定的任务；

（4）加强和考核奖惩力度，定期对员工业绩进行考核，奖惩分明；

（5）对重要岗位员工（如销售、采购、出纳）应建立职业信用保险机制，如签订信用承诺书或办理商业信用保险等；

（6）定期或不定期地对重要岗位员工进行工作岗位轮换，通过轮换，及时发现存在的错误和舞弊情况；同时也可以挖掘员工的潜在能力；

（7）提高工资与福利待遇，加强员工之间的沟通，增强凝聚力。

七、内部报告控制

为满足企业内部管理的时效性和针对性，企业应当建立内部管理报告体系，全面反映经济活动，及时提供业务活动中的重要信息。内部报告方式通常包括例行报告、实时报告、专题报告、综合报告等。内部报告要根据管理层次和管理需要来设计报告的频率以及报告内容的详简。通常，高层管理者报告时间间隔长，内容从重、从简；一般管理者报告时间间隔短，内容从全、从详。

常见的内部报告有：

（1）资金分析报告，包括资金日报、借还款进度表、贷款担保抵押表、银行账户及印鉴管理表等；

（2）经营分析报告；

（3）费用分析报告；

（4）资产分析报告；

（5）投资分析报告；

（6）财务分析报告等。

这些报告都是企业管理和内部控制的重要抓手，值得企业重视。

八、信息系统控制

随着电子信息技术的发展，企业利用计算机从事经营管理活动越来越普遍，除办公自动化（OA）系统外，人力资源管理系统、财务管理系统、供应商管理系统、客户关系管理系统、企业资源计划（ERP）系统等也日益普及。

信息系统不仅可以实现 7×24 小时生产、销售和服务，更重要的是，它能规范企业的研发、采购、生产、销售、客服等业务活动，使业务活动客观、透明、可重复，从而提高业务的处理效率，减少和消除人为操作失误。

那么，信息系统就不会出错吗？就不需要管理吗？当然不是。为了保证信息系统实现上述功能，我们也需要对计算机信息系统开发与维护、访问与变更、数据输入与输出、文件储存与保管、网络安全等加强控制，以保证信息系统安全、有效运行。

第六节　风险应对实战案例

在第六章第五节我们对新型冠状病毒疫情下的员工复工健康安全风险进行了识别，假设经过风险评估，企业给它的风险结果是高风险，那么接下来该如何应对呢？

第一步，选择应对策略

面对这个高风险，企业是选择规避，还是接受？是选择转移、分担，还是选择控制？

经过企业领导班子的研究，在北京市还处在突发公共卫生事件一级响应状态的大环境下，尽管不能正常营业会给企业造成不小的损失，但员工的健康安全和社会的稳定高于企业的利益，所以，企业决定规避员工复工健康安全风险，同时采用风险补偿策略，尽可能减少一些损失。

第二步，制定风险应对方案

根据第一步确定的策略，制定以下基本应对方案：

针对"风险规避"策略，公司管理人员通过电话或微信通知员工不得擅自回公司，需在家办公、学习，不得随意外出，认真遵守社区防疫管理规定。

针对"风险补偿"策略，一是安排健康的、能自驾的中青年管理人员轮流到公司值班，负责公司的水电、环境等安全，同时要做好自身防护；二是利用互联网实施网络办公和网络培训，积极为开业、复产做准备。

第三步，制定风险应对计划

风险编号	202001001	计划编制时间	2020 年 2 月 29 日
风险名称	复工健康安全风险	计划编制人	李四
风险描述	北京市仍处在重大突发公共卫生事件一级响应状态……		
后果严重性	高	发生可能性	高
风险级别	高		
风险期望值			
风险策略	应对措施	风险责任人	有效期
风险规避	疫情期间，员工不得擅自回公司，不得随意外出，严格遵守所在社区的防疫管控规定	各部门负责人	至北京市发布新通知
风险补偿	委派健康的且能自驾的中青年管理人员轮流到公司值班，接听公司电话，守护公司水电、环境安全	总经理	至公司新通知
	利用互联网办公，每天早上 8:30 准时微信打卡上班，下午 5:00 打卡下班，下班前提交当天工作日报 各部门根据公司年度工作目标和部门工作任务，自行安排每天的工作，可通过网络召开会议或培训 各部门每周要召开一次例会，并向常务副总经理提交周例会报告	常务副总经理和各部门负责人	至公司新通知

第十章
流程体系建设

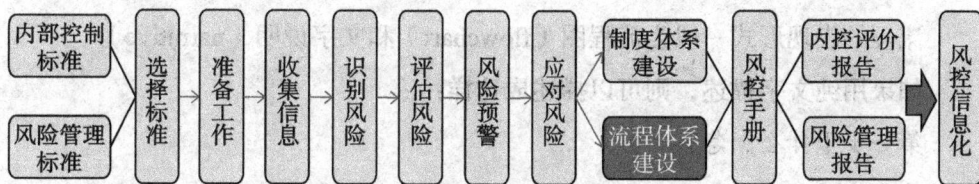

对风控工作而言，流程体系和制度体系是两大基础体系，前者以提高工作效率为目的，后者以提高效益、防范经营风险为目标。所以，无论是内部控制建设，还是风险管理建设，抑或是合规管理建设、质量管理建设，都会以流程和制度为抓手。这一章就专门讲流程体系建设、流程梳理及优化相关的内容。

本章主要内容包括：

第一节　流程概述

第二节　流程建设

第三节　流程管理

第四节　流程与内部控制的关系

第五节　流程示例

第一节 流程概述

一、流程是什么

流程理念在 20 世纪 80 年代末 90 年代初开始在西方企业流行，国际标准化组织在 ISO 9000 中对流程的定义是：一组将输入转化为输出的相互关联或相互作用的活动。简单地说，流程是一组有关系的活动。这一组活动有一个或多个输入，也可能有一个或多个输出结果。流程最重要的特征是，流程活动的结果是增值的。

流程的表现形式一般为流程图（flowchart）和文字说明（narrative）。

如果用纯文字描述，则可以描述成这样：

第一步干什么、怎么干？

第二步干什么、怎么干？

第三步干什么、怎么干？

……

用流程图来描述更形象、直观，如图 10-1 所示。

图 10-1 流程图

流程的各活动之间不仅有严格的先后顺序，而且对活动的内容、方式、责任等也都有明确的安排和界定，这种规范业务活动顺序的过程和方式，被称为"流程化"。

在实践中，"流程化"常常意味着"标准化"。大家所熟知的麦当劳、肯德基等西式快餐为何能快速发展？原因之一就在于其标准化。它们有一套严格的流程和制度，细化到每一个工作过程和环节，甚至是每隔多长时间扫一次地、清理一次厕所都有明确规定。流程对企业运营的意义和价值是不言而喻的。

二、流程图

为了方便阅读和操作，流程一般用流程图来呈现。流程图有横式（方向从左到右）和竖式（方向从上到下）之分，各有千秋。习惯上，竖式流程图比较流行。

竖式流程图的流向从上到下，每一步代表一个工作环节，如图 10-2 所示。在实践中，这种流程图被称为"冰棍式"流程图。

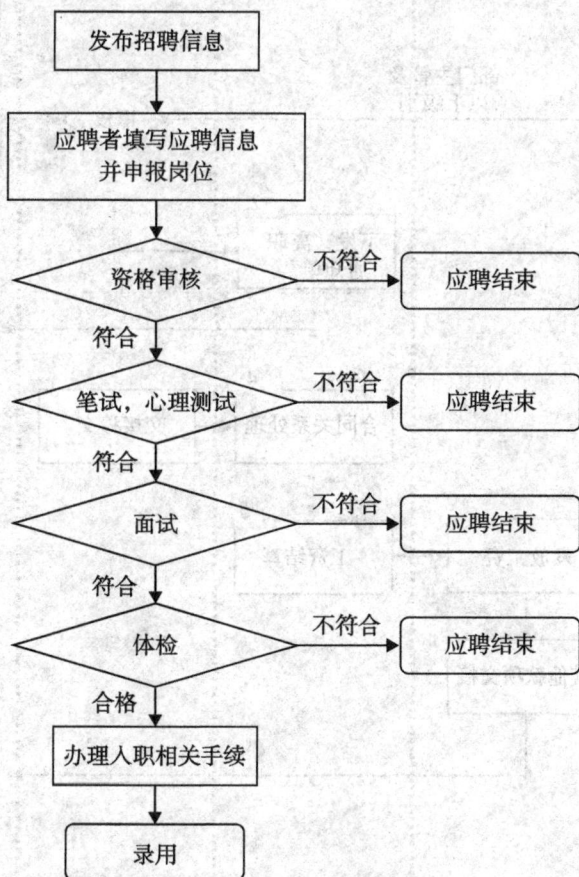

图 10-2 "冰棍式"流程图示例

图 10-2 只展示每一步该做什么、下一步该做什么，但不展示由谁去做。为

了表达各业务活动环节由谁负责，我们通常采用矩阵形式来描述流程，矩阵的纵向描述工作流，横向描述责任部门或岗位，让人一目了然，知道下一步该做什么，由谁负责。这种流程图被称为"泳道式"流程图，如图10-3所示。

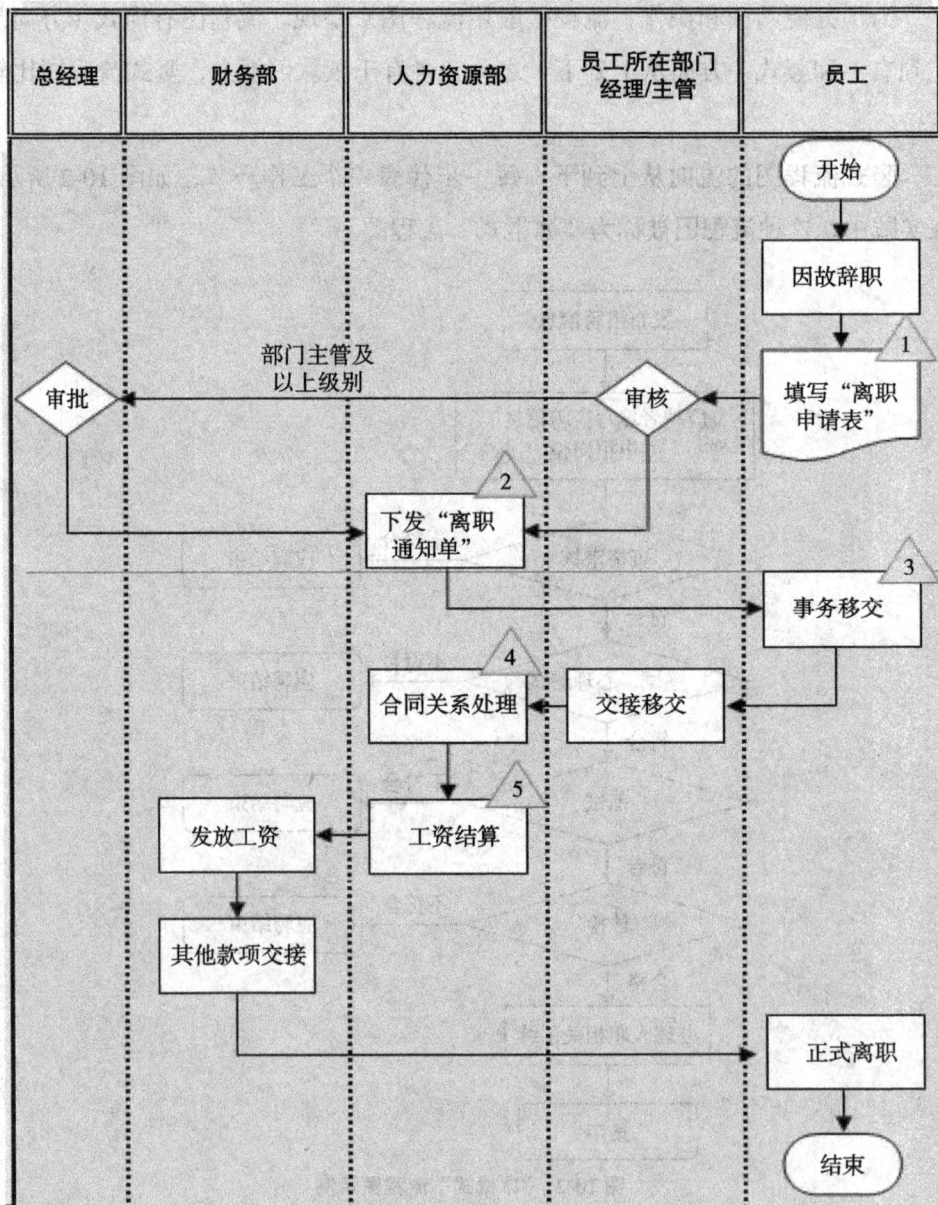

图10-3 "泳道式"流程图示例

三、企业为什么一定要流程化

企业的流程按其功能可以分为业务流程与管理流程两大类别：

（1）业务流程（Business Process）是指面向客户直接产生价值增值的流程，是企业内部一系列创造价值活动的组合。

（2）管理流程（Management Process）是指控制风险、降低成本、提高产品或服务质量、提高工作效率、提高对市场的反应速度，最终提高客户满意度和企业经营效益的流程。

企业一旦建立了这些流程和相应的执行标准，管理者就可以将一些大量重复出现的具体工作授权给下属，由下属按照标准去执行，避免缺位、越位、错位现象。这样一来，高层管理者就能从日常繁杂的工作中解脱出来，有时间去研究经营管理过程中更重要的问题。

下面简单介绍一些流程化的具体好处：

（1）流程化可以帮助企业建立一致的工作语言和工作顺序，统一员工认识问题、解决问题的思维结构；

（2）流程化是一种规范化、标准化运作，可以减少人为错误，提高产品或服务质量的稳定性；

（3）流程化可以帮助企业理顺和优化业务活动顺序，减少无效的活动环节，提高办事效率；

（4）流程化可以帮助企业发现控制盲点，厘清部门和岗位的绩效目标，打破部门或岗位之间的壁垒，消除"扯皮"现象；

（5）流程化可以优化组织架构，打破单位或部门界限，消除机构重叠，减少管理层级，建立快速高效的反应机制，提高管理效率、降低管理成本；

（6）流程化可以实现企业知识和经验的传承，流程是企业业务经验和管理经验传承的重要载体。

流程化对于企业的意义，不仅在于它对企业关键业务活动的直观描述，更在于它对企业业务运营的指导意义。这种意义体现在对企业资源的优化、对企业组织结构的优化，以及对企业管理制度的一系列改变。

第二节 流程建设

本节介绍咨询机构辅助企业建设流程的主要步骤。企业如果想自建，可以参考此程序操作。

流程建设一般可分为 12 步，如图 10-4 所示。

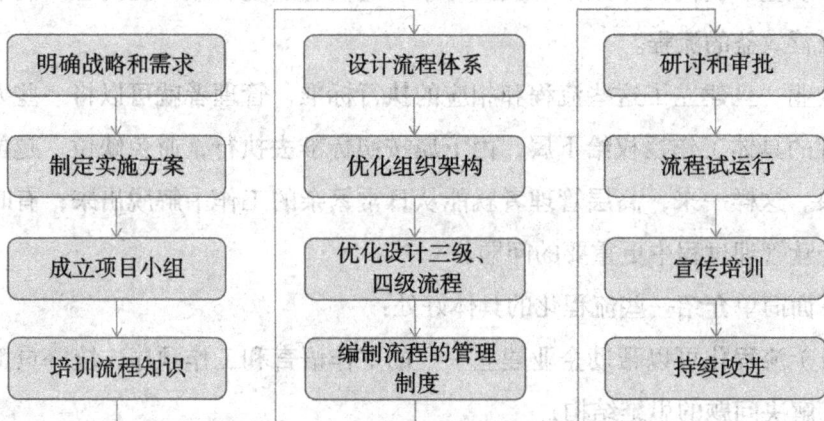

图 10-4 流程建设的步骤

一、制定建设方案

（一）明确企业战略构想和关键成功要素

建立流程前，咨询机构需对企业所处行业进行研究，并与企业高层进行深入探讨，明确企业的战略构想和关键成功要素，初步勾画出企业的战略目标框架和核心绩效目标及其指标体系。

（二）制定项目实施方案建议书

咨询机构深入企业现场，通过现场访谈、问卷调查等方式，对企业的组织架构、业务模式、流程现状等进行调研和诊断分析，确定存在的主要问题，明确难点和重点，制定流程建设和优化项目的实施方案建议书。

项目实施方案建议书需包括：

- ✓ 项目组织和分工，项目团队建设建议；
- ✓ 项目阶段划分和进度安排建议；
- ✓ 项目进度和质量控制措施建议等。

（三）成立流程建设联合项目小组

咨询机构应建议企业成立由企业高层、中层及业务骨干、外加咨询团队共同组成的联合项目小组。联合项目小组对项目工作进行分工，并确定项目实施计划。

（四）培训流程知识

咨询机构对联合项目小组成员及公司中层以上管理人员进行流程理念和基础知识培训，统一思想和意识；对联合项目小组成员进行流程专业知识培训和训练，确保联合项目小组成员熟练掌握流程梳理、流程设计、流程图绘制、流程说明文件编制等专业知识和技能。

二、设计流程体系

（一）流程体系框架设计

联合项目小组根据计划开展工作。其要先对现有流程进行梳理，确定公司流程体系框架，然后确定公司的流程清单，汇总流程总目录。例如，经过梳理，得到某集团公司的一级流程目录如表 10-1 所示。

表 10-1 某集团公司一级流程目录及定义

序号	业务流程编号	业务流程名称	业务流程定义
1	SP01	公司治理	指与公司经营理念、治理结构相关的业务流程
2	SP02	管理结构	指与支持公司正常运转的基础管理平台和实现基本管控要求相关的业务流程

序号	业务流程编号	业务流程名称	业务流程定义
3	SP03	发展规划	指公司管理层根据国家、市场、竞争环境、股东、员工要求等目标而制定的与中长期业务发展规划和中长期业务规划滚动调整相关的业务流程
4	SP04	经营计划	指与公司全部资源投入产出相关的年度计划编制、调整、执行、控制、分析与考核类的业务流程
5	SP05	运营监控	指与公司对经营管理效率和效果进行监督与控制相关的业务流程，是实现战略发展目标的有力保障
6	SP06	公司报告	指公司面向政府监管机构、股东、社会公众等利益相关方的信息披露与沟通业务流程
7	SP07	法律事务	指与公司为适应外部法律环境要求，确保按照法律法规规范运行相关的业务流程
8	SP08	安全环保	指与公司在健康、安全、环保等方面进行制度制定、实施和监督相关的业务流程
9	SP09	质量节能	指与公司在有关质量、标准化、计量、节能节水等方面制度建设、运行实施和监控分析相关的业务流程
10	SP10	风险管理	指与公司按照全面风险管理要求，通过风险控制措施的履行，最终产生符合风险管理要求的企业行为结果相关的业务流程
11	SP11	……	

（二）组织架构优化设计

联合项目小组根据前面工作的成果，梳理和优化公司绩效目标的指标体系，然后提出公司组织架构优化调整方案（一般对应一级流程）和岗位设置优化调整方案（一般对应二级流程），并报公司决策层审批通过。其中：

✓ 组织架构优化调整方案包括组织机构图、部门职能描述、部门业务关系流程框架图；

✓ 岗位设置优化调整方案包括岗位结构图、岗位职能描述、岗位业务关系流程框架图。

如果仅仅是对三四级流程进行梳理和优化，这一步可以省略。

（三）优化设计三级、四级流程

联合项目小组成员与业务人员沟通，对三级流程（即描述各项业务工作如何在部门或岗位之间流转的流程）和四级流程（即描述某项具体业务活动该如何操作的流程）进行分析和优化设计。这里所说的四级流程是对三级流程中重点业务活动的支持和细化。

该部分工作是流程梳理的重点，需要画流程图。三级、四级流程优化设计的基本步骤如下所述。

（1）设计流程绩效指标体系，确定三级流程的绩效产出指标是什么。

（2）评估流程绩效现状，然后设定流程绩效目标，并确定优化设计后的三级流程的绩效目标。这是流程优化设计的核心内容，也是流程优化设计工作的目标。因为三级流程承上启下，是对战略和绩效目标分解的关键步骤。

（3）分析流程绩效关键成功因素和流程框架。

（4）完成流程的详细设计，画出流程图。

（5）编写流程说明，描述流程各项活动运行的 5W2H1C（即目的、职责、方法、时机、运行环境要求、活动步骤、指标达到多少、关键控制点）。

完成这些工作步骤后，联合项目小组要输出流程图及其相关的流程说明文件。其中，以三级流程为主题编制的流程文件包括：

✓ 流程绩效指标说明；

✓ 流程图（见图 10-5）；

✓ 流程描述（见表 10-2）；

✓ 流程控制点和控制措施描述；

✓ 三级流程所有支持性的四级流程作业文件；

✓ 流程运行所有相关表单、样表及填写说明等。

业务风险	不相容责任部门/责任人的职责分工与审批权限划分			阶段
	财务总监	财务部经理	财务部主管	
"财务报告编制方案"前期准备工作不充分，可能导致方案编制不合理	审批	开始 → 拟订财务报告编制方法、会计调整政策、披露政策、时间要求等 ① 制定年度"财务报告编制方案" ②	提供资料	D1
"财务报告编制方案"未经适当审核或越权审批，可能产生重大差错，从而导致损失	审批 → 签发	将"财务报告编制方案"发放至相关部门 ③ → 结束		D2

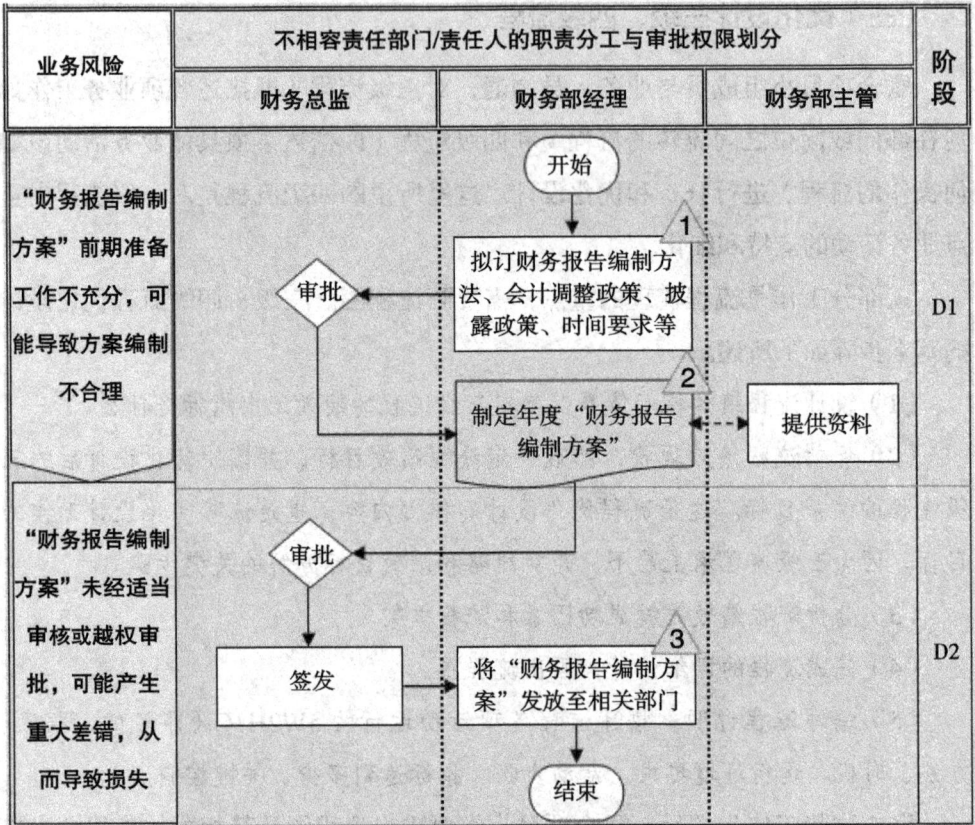

图 10-5 年度财务报告方案编制流程图示例

表 10-2 年度财务报告编制方案流程描述示例

年度财务报告编制方案流程		
控制事项		详细描述及说明
阶段控制	D1	（1）财务部经理拟订年度财务报告编制方法、年度财务报告会计调整政策、披露政策及时间要求等 （2）财务部经理制定"年度财务报告编制方案"
	D2	（3）"年度财务报告编制方案"应当经企业总会计师核准后签发至各参与编制部门
相关规范	应建规范	"财务报告编制管理规范"
	参照规范	《企业内部控制应用指引》

（续表）

年度财务报告编制方案流程	
控制事项	详细描述及说明
文件资料	"财务报告编制方案"
责任部门 及责任人	财务部 财务总监、财务部经理、财务部主管

（四）编制流程的管理制度

流程设计完成后，联合项目小组应编制相应的制度作保障。若没有相应的组织、制度和奖惩措施的支持，流程可能无法自动运行或持续保持期望的成果。所以，流程设计人员在建立完流程后要建立确保流程得到贯彻和落实的相关制度，如流程中各活动环节的职责分工、流程的审核和改善、流程执行的激励制度等。关于制度的描述，详见本书第十一章。

三、运行流程

（一）研讨和审批

这个环节分三步走：

（1）联合项目小组首先在组内对流程的设计成果进行研讨，重点探讨流程的充分性、适宜性和有效性；

（2）联合项目小组组内研讨完成后，需向相关部门和资深人员广泛征求意见，待征求意见完成后，修改和完善设计成果，形成终稿；

（3）把终稿提交给公司决策层审批。

（二）宣传培训

项目成果获得公司决策层审批认可后，联合项目小组应积极开展流程导入培训，确保在全员理解的基础上再全面推行。

需要注意的是，企业一线员工的文化素质可能不高，如果用制度和文件宣贯，效果往往不会太好，因此，联合项目小组要把文件制度中规定的"流程描述"用"流程图"的形式展现出来，再结合工作实际情况进行讲解、宣贯。这样做，效果将会好很多。

（三）流程试运行

经过宣贯、培训及培训测试后，企业便可以启动新流程的试运行工作。

试运行期间，联合项目小组应对流程试运行的执行力度、执行效果、适宜性等进行记录和评价，然后，根据评价结果，以及各部门、各岗位的反馈建议，进行必要的再培训和辅导。对需要调整或优化的流程，相关人员应做好记录，适时进行调整。

（四）持续改进

随着竞争环境的变化、企业战略目标的调整，企业的流程也会变化，所以联合项目小组必须对流程进行持续的优化和调整，以确保流程对公司业务和战略的支持，以及对企业内外部环境的适宜性。

流程的管理和变动不仅仅是业务分析人员或管理人员的职责，企业每一位员工都应参与其中。管理人员和决策层更重要的职责是制定业务流程的规则和约束，在这个规则和约束范围内，下级单位和一线员工可以根据变化的商业环境对业务流程迅速做出调整，这样不必等到领导了解情况后再做出决策，从而失去机会。

四、流程建设的注意事项

上面简单介绍了流程建设的过程，下面再谈谈流程建设的注意事项。

（一）流程必须分层级

流程是有层级的，这种层级体现在由宏观到微观、由整体到部分、由抽象到具体的逻辑关系。有的企业把流程分成三级，有的分成四级，也有分五级、六级的，因企而异。

一般来说，企业应先建立主要业务活动的总体运行流程，有的企业称之为"主流程"，该流程是公司级的，责任落实到各部门；然后对主流程中的各个模块进行细化，把责任落实到相关部门或岗位；最后，再按岗位编制具体的业务操作程序。图 10-6 是一个针对大中型企业的标准流程分级模型，供大家在实践中参考使用。

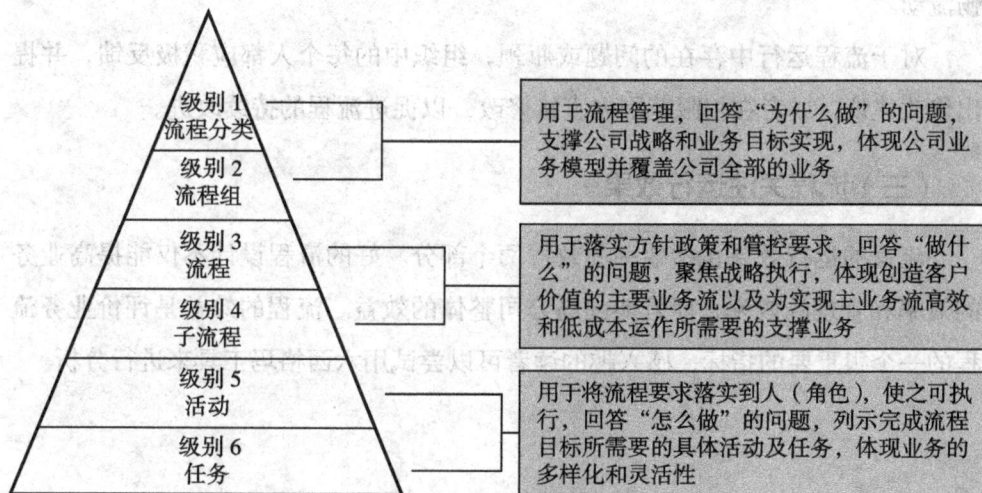

级别 1 流程分类 / 级别 2 流程组 —— 用于流程管理，回答"为什么做"的问题，支撑公司战略和业务目标实现，体现公司业务模型并覆盖公司全部的业务

级别 3 流程 / 级别 4 子流程 —— 用于落实方针政策和管控要求，回答"做什么"的问题，聚焦战略执行，体现创造客户价值的主要业务流以及为实现主业务流高效和低成本运作所需要的支撑业务

级别 5 活动 / 级别 6 任务 —— 用于将流程要求落实到人（角色），使之可执行，回答"怎么做"的问题，列示完成流程目标所需要的具体活动及任务，体现业务的多样化和灵活性

图 10-6 标准流程分级模型

图 10-6 的一二级分别是"流程分类"和"流程组"，主要回答"为什么做"，体现的是公司的业务模型，对应公司级的主流程；三四级分别是我们常说的"流程"和"子流程"，回答"做什么"，对应部门级流程；五六级分别是具体活动和任务，回答"怎么做"，对应岗位级操作程序。

图 10-6 是对大中型企业而言的；对于小企业，三级流程（公司级、部门级、岗位级）就足够了。

业务流程之间的层级关系在一定程度上也反映了企业部门之间的层级关系。不同层级的部门对业务流程有不同的分级管理权限。流程分级后，决策层、管理者、使用者都可以清晰地查看到自己和下属（或下属部门）的业务流程。

（二）流程应以人为本

组织中最重要的部分是"人员的工作方式"以及他们每日操作的"工作流

程"。人是业务流程的驱动者和反馈者。

业务流程通常以图形、文字说明、相应的制度、规范、标准等形式展现。组织中的每一个人都会在业务流程中充当一个角色，都会有自己的职责，每个人都应能够查看与自己相关的业务流程。他们需要充分理解这些业务流程的目的和具体操作，知道自己在各个业务流程中所担当的角色，推动业务流程的顺畅流动。

对于流程运行中存在的问题或瓶颈，组织中的每个人都应积极反馈，并提出修改建议，或者在权限范围内直接修改，以促进流程的持续改进。

（三）流程关注运行效果

流程的运行效果包括效率和效益两个部分。好的流程设计不仅能提高业务的效率和管理的效率，而且能提高公司整体的效益。流程的效益是评价业务流程的一个很重要的指标，感兴趣的读者可以尝试用六西格玛工具来进行分析。

第三节　流程管理

流程管理的对象是流程，但其含义却有两层，一层是对单个流程的管理，另一层是对不同流程之间的协同管理。

单个流程通常关注的是业务活动各环节之间的相互衔接、相互匹配，以及不同活动在不同岗位角色之间进行的转手、交接。实践中，很多企业都只关注对单个流程的管理，包括对流程制定、修订、废止等方面的管理，而忽视流程之间的协同管理。

其实，流程之间的协同管理同样重要，更会影响企业整体的运营效率，比如流程之间的调用，流程之间的并行统筹等，都需要企业在更高层面去管理。

一个组织一旦建立了这些流程和相应的执行标准，管理者就可以将一些大量重复出现的具体工作授权下属，由下属按照标准去执行，避免缺位、越位、错位现象。这样一来，高层管理者就能从日常繁杂的工作中解脱出来，有时间去研究经营管理过程中的重大问题。

除此之外，流程管理还包括对流程运行的监督、评价，以及对流程理念和文化的培养等内容。受篇幅所限，这里只介绍几个需要重点关注的方面。

一、明确流程管理机构

在流程管理的组织体系建设中，明确流程管理机构是很重要的一环。

为了全面系统地管理流程，企业应该设立或指定一个统一的流程管理机构。无论是专门的流程管理机构，还是被赋予流程管理权责的部门，其主要任务不是设计企业的业务流程，而是管理流程，实现流程与企业现有管理体系的整合。具体来说，其主要职责可以包含以下五个方面：

- ✓ 一是完善流程管理架构；
- ✓ 二是规范流程描述；
- ✓ 三是规范流程及制度的发布机制；
- ✓ 四是规范流程执行情况的监控和考核；
- ✓ 五是规范管理流程的变更或优化。

如果企业不单独设立流程管理机构，那么哪些部门能承担流程管理职责呢？从一般情况来看，企业可以将流程管理职责赋予企管部、风控部、综合部或 IT 部，因为这几个部门本身就是进行全局管理的机构。

（1）企管部的主要职能一般是制定各种规章制度及考核体系，帮助企业实现规范化管理，其在体系整合方面具有先天优势。

（2）风控部成立的主要目的就是对企业风险进行全面管理，对企业各种管理体系进行风险控制，因此，也可以承担流程管理的责任。

（3）随着信息系统在企业的普及应用，信息系统与企业管理不断融合，IT部越来越从纯技术向业务和管理发展。不少企业都对 IT 部进行了重新定位，赋予其流程管理职责，并将其更名为"流程及信息管理部"。

（4）对于中小公司，可以安排综合部或行政管理部管理企业的流程和制度。

二、流程梳理

流程梳理是流程建设和流程管理的基础工作，在流程建设阶段，我们已提及。事实上，无论是内部控制、风险管理，还是流程优化、流程再造，都离不开流程梳理。所以，这里再重点介绍一下流程梳理。

（一）流程梳理原则

（1）重要性与紧迫性相结合。稍具规模的公司，其大大小小的流程数量都在两位数以上。相关人员在梳理流程时，因时间有限，要重点关注那些对公司业务发展有重大影响的关键流程，或迫切需要解决的流程。

（2）价值增值原则。流程中每一个环节上的活动要尽可能实现最大化增值，相关人员在梳理流程时，要尽可能减少无效的或不增值的活动。

（3）控制与效率相结合。相关人员在梳理流程时，要评价"流程的设计"是否兼顾控制与效率。如果没有，则要在保证有效控制的前提下，尽可能提高运作效率。

（4）优化与创新相结合。相关人员在对公司现有业务流程梳理的基础上，应结合实际情况对流程进行优化；如果必要，还应对目前的流程进行全新设计。

（二）规范流程描述

面对同一个流程，因描述主体不同，描述时间点不同，如果没有一套规范的描述语言，流程描述的结果自然会出现较大的差异。这样，各部门在讨论同一个流程问题时，由于描述偏差及理解偏差，就会发生歧义。即便有时大家针对某个流程问题达成了共识，这个共识也是建立在"自我理解"的基础上达成的，在落实的时候依然会发生争执。

为避免这些问题的出现，流程管理部门的第一要务就是要规范流程描述语言，并监督其落实情况。以海尔集团为例，海尔集团的流程及信息部在开展流程管理工作之前，就制定了一套统一的流程描述规范，将"各说各话"变成了标准的"普通话"，从而减少了沟通歧义发生的概率，使内部沟通效率和质量得以大幅提升。

三、流程信息化

流程信息化是流程管理的重要内容，甚至可以说是归属。利用信息技术固化流程，比言传身教一千遍要强很多。

流程信息化的路径是业务流程化、流程岗位化、岗位职责化、职责表单化，最终实现表单信息化。没有规范化的流程，就不可能实现信息化；同时，没有信息化，流程将很难稳定地重复。

利用流程管理信息系统可以实现以下三方面的基本功能：一是汇聚企业所有在用、在建、待建、待修改、待发布的流程；二是依靠系统的工作流推动流程流动，提示员工什么时候该做什么；三是可以生成流程手册及岗位职责，指导员工该怎么做。其中第二个方面是重点，是各个 ERP 系统厂家努力实现的主要目标。

流程管理信息系统建立之后，借助系统的功能设置、权限设置及工作流程设置，不仅可以提高流程的设计效率、变更效率和查询效率，还可以提高员工的工作效率及工作质量。华为、西门子等公司在信息系统的帮助下，其业务流程效率大幅提升，公司绩效也稳健改善。

---

risk-doctor 提示：

不是所有的业务都能够实现标准化，也不是所有的流程都适合信息化。

流程化主要针对那些重复性强、劳动量大、占用人力资源多的业务活动；而信息化则要考虑成本，如果一个业务活动信息化的成本远大于非信息化的成本，那就没必要信息化了。

第四节 流程与内部控制的关系

一、流程是内部控制体系建设的基础

在《企业内部控制基本规范》中，内部控制被定义为，由企业董事会、监事会、经理层和全体员工实施的、旨在实现控制目标的过程。但什么是"过程"，则没有定义。COSO在《内部控制——整合框架》中把"过程"描述为：政策、流程、系统和表单。这才让内部控制建设有了抓手。

企业建设内部控制，一般按照这样的步骤和流程进行：梳理业务流程→明确业务环节→分析业务风险→确定风险点→选择应对策略→建立健全控制制度。由此可以看出，流程是内部控制的基础和载体。

二、流程是内部控制制度的载体

如何将内部控制制度实实在在、完完全全地运用于实践中，来实现它的最大价值呢？业务流程是解决这一问题比较好的办法。有人把企业的规章制度、职位说明书等内部控制制度比作珍珠，那流程就像丝线一样，通过流程能把这些"珍珠"有机地串联起来，形成一串珍珠项链，实现价值创造，为企业运营效率效果的提升、财务报告的可靠性及相关法令的遵循性提供合理的保障。

三、流程优化对组织架构优化有促进作用

现在，不少企业的组织架构仍是金字塔式的层级结构，这种组织架构的中间层常常机构分层过度、分工过细，导致组织内部的信息传递迟缓，对市场的变化反应不及时；更可怕的是，部门之间的分割管理容易形成本位主义，各个部门往往仅关心局部利益，而忽视整体利益，难以实现整个组织的全局最优化。

运用流程管理，在单位层面，通过决策层、执行层、监督层的分立，合理

的垂直授权与横向的分权制衡，使决策的科学性和有效性大大增加；在具体业务流程层面，运用流程管理，有利于通过明晰的岗位职责划分，增强员工在流程管理中的责任感与相互合作意识，培养集体主义精神。

前些年，不少商业银行为了削减管理层级、打破部门壁垒，开展了轰轰烈烈的"流程银行"再造活动，这种改造活动既增强了总行的管控力量，也提高了业务运营效率，可以算是内部控制的最佳实践。

第五节　流程示例

对流程的描述可以用流程图，也可以用文字进行描述。本节分别列举案例进行说明。

一、用文字描述流程

【案例】某企业的合同审批流程如下所述。

本公司合同审批流程分为五步：部门负责人审核→财务部审核→法务部审核→分管副总经理审核→总经理审批。

各步骤审批内容如下：

第一步，业务部门负责人审核内容如下：

✓ 是否符合公司发展计划及领导的部署；

✓ 相关业务条款和内容是否合乎公司的规定；

✓ 是否按照法律程序进行谈判等。

第二步，业务部门负责人审核同意后，交给财务部审核，审核内容包括：

✓ 合同项目的财务可行性；

✓ 价格条款和付款方式是否符合财务制度；

✓ 项目合同是否符合本年度财务计划；

✓ 合同项目经费的来源，是否在预算范围内；

✓ 合同中开票税率、金额以及开票信息是否齐全等。

第三步，财务部审核同意后，交给法务部审核，审核内容包括：

✓ 合同主体的审查，依照合同承办部门提供的相关材料审查对方当事人是否具备合同主体资格，是否超越营业执照或其他证照规定的经营范围，以及对方承办人员代理权限情况；

✓ 合同内容的审查，审查合同内容是否合法，条款是否完备和齐全，权利义务是否明确，违约责任是否清楚，争议处理条款是否具备；

✓ 合同文字的法律审查，包括审查合同用语是否规范、文字是否存在歧义等。

第四步，法务部审核通过后，交给分管副总经理审核，审核内容如下：

✓ 审核该项目是否在自己的分管范围内以及项目的必要性、合理性；

✓ 审核该合同的审批流程是否符合相关规定；

✓ 审核合同内容是否按照法务部意见进行修改。

第五步，分管副总经理审核同意后，交给总经理审批，审批内容如下：

✓ 审核该项目的必要性、合理性；

✓ 参考以上各部门意见，决定合同是否签署。

以上是某公司的合同审批流程，看完之后，你是否会质疑，合同怎么没盖章呢？

答案：没盖章就对了！因为这是合同审批流程，而不是合同盖章程序。

要想盖章，相关人员需要拿着总经理的批文，带上合同正本、对方资信调查资料，填写完备的合同评审表等，到综合部盖章。

这个流程描述再次说明了流程"开始"和"结束"的重要性。

二、用逻辑图描述流程

【案例】某公司的研发创新流程如下所述。

该公司很重视"研发创新"，将它与战略规划、投资决策、人力资源等一起放在一级流程，如图 10-7 所示。

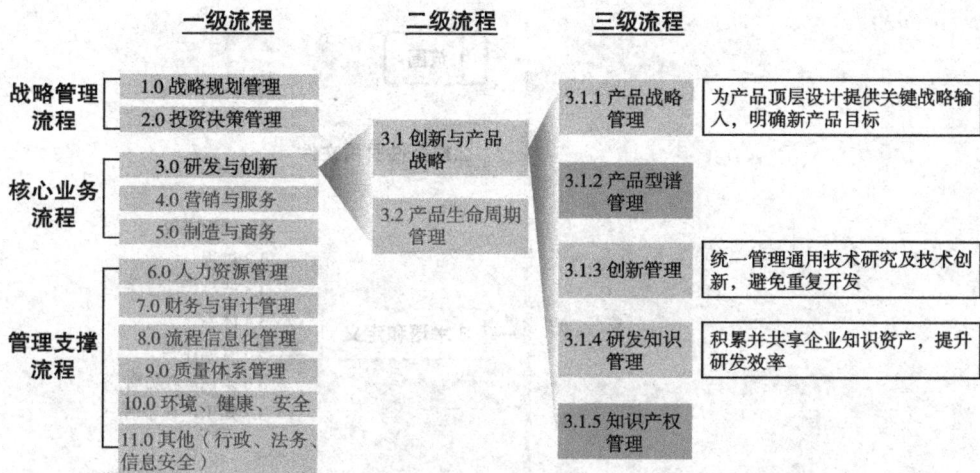

图 10-7 研发创新流程示例

图 10-7 中一级流程"研发与创新"包括两个二级流程:"创新与产品战略"和"产品生命周期管理"。其中,"创新与产品战略"又被分解为五个三级流程:

- ✓ 产品战略管理;
- ✓ 产品型谱管理;
- ✓ 创新管理;
- ✓ 研发知识管理;
- ✓ 知识产权管理。

实践中,为了具有操作性,流程分解到三级显然还不够,需要继续细分。比如对"知识产权管理",还可以继续细分第四级、第五级、第六级。细分的思路可以从国标 GB/T 29490—2013《企业知识产权管理规范》中获得,如图 10-8 所示,也可以根据企业实际情况自行逐级分解。值得注意的是,流程细分到四级、五级时,就需要用"泳道式"流程图(如图 10-3 或图 10-9 所示)来呈现,以便各部门、各岗位明白自己的工作内容和责任。

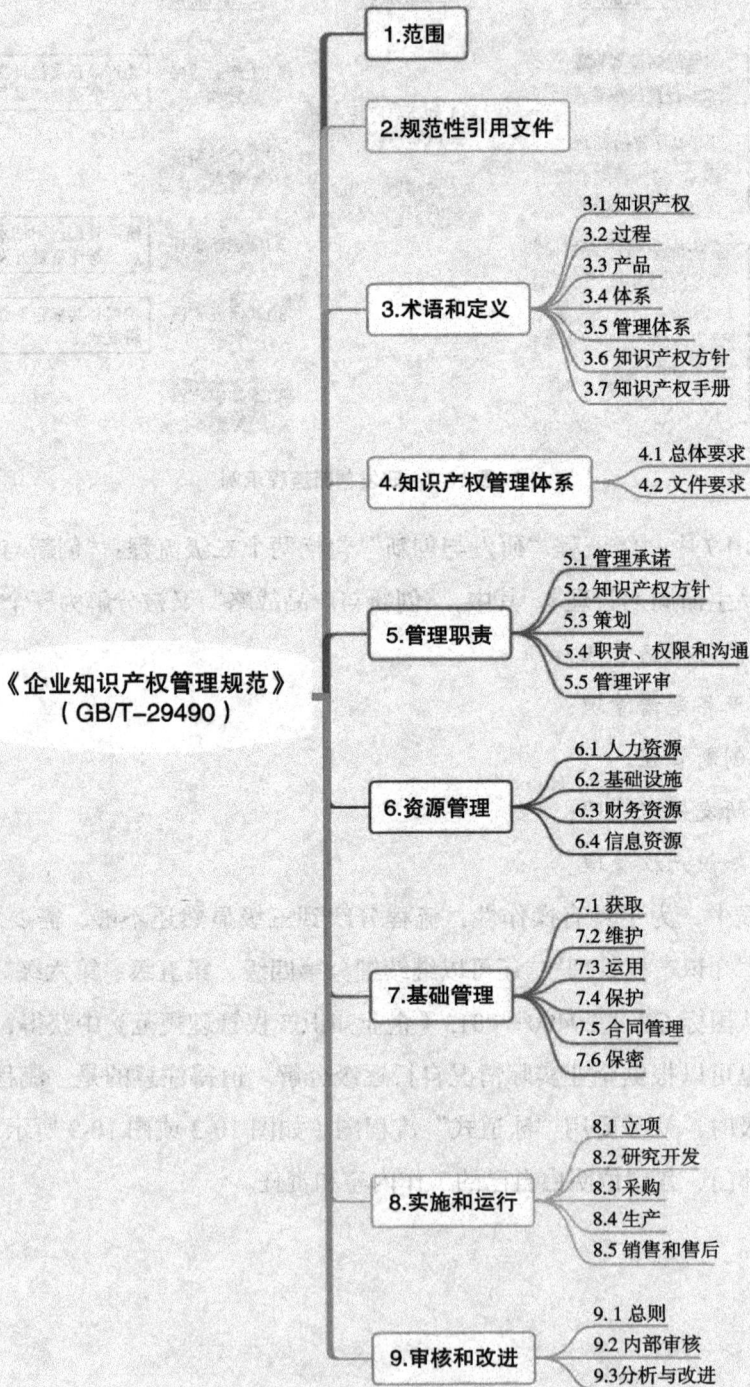

图 10-8 《企业知识产权管理规范》的主要内容

三、泳道式流程图

图 10-9 展示了某企业财务处理的流程。该图仅供读者参考其格式，其内容可忽略。

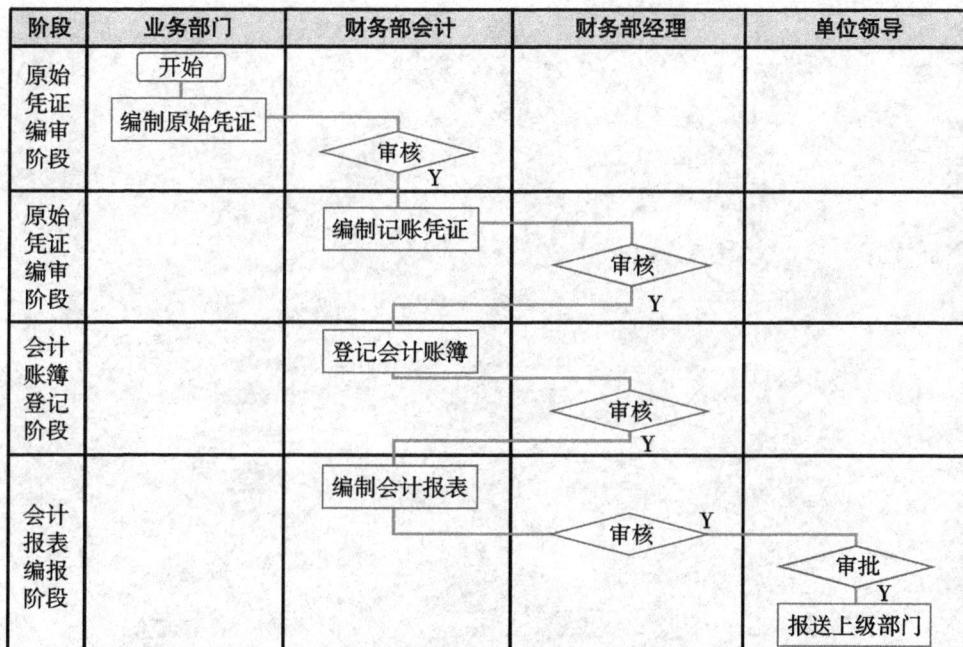

图 10-9　某企业财务处理流程图

第十一章
制度体系建设

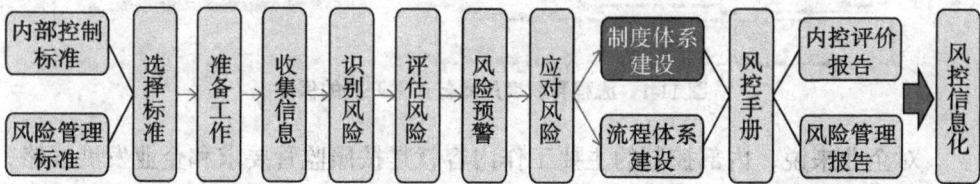

在风控体系建设中，流传着这样一句口号"管理制度化、制度流程化、流程信息化"，似乎得先有制度，才能有流程。risk-doctor认为，对于新业务，企业一般应先尝试做，摸索业务流程，然后再制定制度加以规范。内部控制中的制度梳理是在企业已经有流程、有制度的基础上进行的，梳理的目的是优化和系统化。这一节就介绍制度体系建设和优化的相关内容。

本章主要内容包括：

第一节　内部控制的主要工作内容

第二节　制度体系建设概述

第三节　制度体系的层级

第四节　制度的制定和优化

第五节　对制度的管理

第一节　内部控制的主要工作内容

企业在开展内部控制工作时，绕不开的就是流程和制度。对咨询机构来说，这二者是看得见摸得着的"交付物"；对企业来讲，建内控体系的目的，除了满足合规要求外，就是希望能把"控制"嵌入业务流程，让"控制"在业务实践中发挥作用。无论"人控"还是"机控"，没有制度作保障，都是难以为继的。图11-1显示：企业要想正常开展一项业务，没有流程作基础、制度作保障是不行的。

图 11-1　流程和制度是业务正常开展的保障

对企业来说，内部控制的主要工作内容就是按照监管要求和企业发展战略，梳理和完善各项业务流程，规范和落实企业各类制度，按照不相容岗位分离原则，设立各种合适的审批权限和岗位职责，从而保证企业运营效率和效益的提升、资产安全和财务报告的真实性与准确性。如果现行的流程和制度阻碍了运营的效率和效益，或者不再合规，那就要及时优化更新。

通俗地讲，内部控制工作的内容主要是梳理和完善业务流程，规范和落实企业制度，按照不相容岗位分离原则，设立不同的审批权限，降低企业内部由于制度和权限不明晰产生的风险。这些工作内容主要包括三个方面：明确权限、梳理流程、完善制度，如表11-1所示。

表 11-1　内部控制的主要工作内容

明确权限	梳理流程	完善制度
按照"权限指引"对业务重要环节的控制描述，对业务活动的发起、授权、审批、实施、监督、考核等职责做出清晰的规定，实现不相容岗位的分离	检查业务活动是否按流程规范执行；对照内外部环境变化，审查是否需要增减一些流程环节；对需要减少的冗余审批环节予以删除，以提高管理效率	参照内控监管要求和企业发展需求，检查现有制度是否与业务匹配，如果匹配，就检查现有制度是否得到有效的执行；如果不匹配，就对制度体系进行补充和完善，或者予以废除

一、明确权限

对于一项业务来说，"明确权限"意味着业务申请、审批、执行、监督过程的岗位职责分离。内部控制通过权限指引与各重要环节的流程描述，对业务活动的发起、授权、审批、实施、监督、考核等职责做出清晰的规定，从而达到不相容岗位职责分离的目的。

内部控制"明确权限"的原则是：企业各项工作的落实需要由不同的个体或部门来完成，即单一个体或部门不能独立负责某一流程的全部环节，从而避免舞弊行为发生的风险。整个业务活动从申请、审批、执行、监督、考核，到后期完善，需要相关业务部门各司其职、分工合作、相互监督，从而确保流程和制度得到有效执行。例如，经营业绩指标的完成和考核需要由不同的部门或部门中不同的员工负责，否则，业绩考核就无法保证真实性。因为如果不分离，就有可能发生舞弊行为，比如修改已完成的业绩，或者修改考核指标等。

二、梳理流程

在企业里，所有的决策和业务都是通过具体的实施活动去落实的。梳理流程是对业务流程进行优化的活动之一。通过对现有业务流程的梳理，企业能够检验流程"流畅度"的效率和效益，检验现有控制是否得到有效执行，是否需要增加或减少相关控制环节。内部控制不仅做"加法"，在梳理流程时，企业要删掉那些多余的或过于繁杂的审批程序和审批环节，从而提高工作效率。详细内容可参见第十章的内容。

三、完善制度

对于企业来说，制度是企业为了维护正常的运行秩序，要求大家共同遵守的能够保证各项工作正常开展，依照法律、法令、政策而制定的具有法规性与约束力的控制标准、程序和职责的规定。

通俗地说，制度包括企业的方针、政策、规定、程序等内容，它是企业实施具体业务和管理行为的依据，是企业经营过程得以顺利进行的保证。合理的制度可以简化业务操作流程和管理难度，提高管理效率。

所以，对制度的建设，不仅是内部控制的要求，更是企业规范管理、提高效率和效益的需求。

四、内部控制体系

我们平常说的"内部控制体系"是一个很笼统的概念。按照COSO《内部控制——整合框架》的描述，内部控制体系包含五要素，即控制环境、风险评估、控制活动、信息与沟通、监督，由这五要素构成内部控制体系。这些要素理解起来场景感似乎没那么强，所以，在实践中，不少企业采用分解法描述"内部控制体系"，比如把内控体系分解成内控组织体系、内控制度体系、内控流程体系、内控评价体系、内控文化体系，然后再对这五个子体系进行细分。

（1）内控组织体系：是内控整体建设的支撑，包括健全内控决策组织、内控管理组织、内控监督组织和内控优化组织四部分。

（2）内控制度体系：是内控体系顺畅运行的保障，本章详细介绍其内容。

（3）内控流程体系：是内控体系的主体，是实现控制的载体。所有流程的关键控制点都应包括不相容岗位分离、授权审批、会计系统控制、财产保护、预算控制、运营分析、绩效评价七个方面。

（4）内控评价体系：主要包括内控设计有效性评价、内控措施执行监督及执行效果评价，还包括日常跟踪评价与自我评价、内部独立评价、外部独立评价等内容。

（5）内控文化体系：主要包括风险控制理念、风险偏好、内控文化、内控环境等内容。

第二节 制度体系建设概述

一、制度体系是什么

制度是企业生产经营管理活动应遵守的基本准则。一项完整的可操作的制度应包含制定制度的目的、适用范围、术语解释、职责、操作流程、约束条例、相关表单等基本内容。

制度体系是企业员工在企业生产经营活动中共同遵守的规定和准则的总称，是企业赖以生存的体制基础，是企业员工行为规范的指南，是企业经营活动的体制保障。成功企业的背后往往有一套健全的管理制度在规范性地运行。

制度体系建设是企业经营管理的保障，它以一定的标准和规范来调整企业内部的生产要素，调动员工的积极性和创造性，提高企业的经济效益。当企业发展到一定规模后，能否进行有效的管理，对企业的发展至关重要。加强制度体系建设可以为企业提高竞争力提供保障。

二、制度的特点

制度具有如下特点：

（1）权威性。制度制定发布后，在其适用范围内具有强制约束力，一旦形成，不得随意篡改和违反。

（2）排他性。某种管理原则或管理方法一旦形成制度，与之相抵触的其他做法均不能被允许。

（3）普遍适用性。各种制度都有自己特定的适用范围，在这个范围内，所有同类事情，均需按此制度办理。

（4）相对稳定性。管理制度一旦制定，在一段时间内不能轻易变更，否则无法保证其权威性。当然，这种稳定性是相对的，当企业内外部环境发生变化，使制度与实际情况不符时，就需要及时修订。

三、制度建设与内部控制的关系

对于企业来说，制度建设是各项管理工作的基础。制度既规定企业各组织成员该做什么、什么事该由谁来做、该取得什么样的效果，又规定了工作该如何开展、按照什么样的程序进行，还包含了业务活动流程及流程各环节的执行说明与要求。

对于内部控制来说，制度体系是基础，是内部控制的依据。内部控制措施是制度的内容，为制度服务。由于制度是为业务和管理服务的，所以，内部控制同样为业务和管理服务。

在实际制度制定和执行过程中，要避免制度描述不清、规定不明、缺乏实际标准、对相关操作程序没有说明等情形，否则，制度将很难落地发挥"控制"作用。

【例】在招标管理制度中规定"招标负责人要保证招标过程记录的真实性"。

这个描述很抽象，需要执行人自己去想办法实现或证实"记录的真实性"，这样就可能出现操作的多样性和不一致性，将很难保证"记录的真实性"。

如果将该规定改为"所有参加开标的招标方和投标方人员必须在开标记录上签名"，就成为可操作性很强的控制规定。

【例】很多企业在费用报销制度里都会有一条"凭票报销"的规定，猛一看，我们可能会觉得这项规定很严谨，没什么风险，实则不然。在实际报销中，业务人员可能会遇到"真业务、假发票"的情况，也可能会遇到"假业务、真发票"的情况，所以，单单一句"凭票报销"是不够的，需要增加其他控制手段。

通过以上两个案例我们可以看到：制度需要严谨、可操作，需要与业务活动紧密配合，只有与流程、风险管理、内部控制、质量管理等有机融合在一起，制度的内容才能得到有效贯彻，流程的执行才能得到有效保障，风险才能得到有效控制。

四、为什么要建制度体系

为了应对内外部环境的变化，企业不断引入和构建各类管理体系，使得企业内部的制度日益庞杂。而支撑这一庞杂体系的手段往往是打印的"制度手册"

或电子化的"管理文件"。由于企业不断地撰写或更新一套套的管理文件，导致维护这些文件的成本越来越高，不同文件之间的冲突和矛盾也越来越多，这将严重影响企业的运营效率和效果。

建立良好的制度体系能够保障和提高企业各项业务开展的质量和效率，减少因"制度缺失"或"制度冲突"所造成的不必要损耗，减少决策和执行中"走弯路"和"犯错误"的可能性。有效的制度管理能够加强企业整体的竞争力，实现可持续发展的目标。

下面介绍建立制度体系的三个理由。

（1）制度化建设有利于标准化管理。

企业要保证各项业务的正常运行，需要通过制度实现标准化和规范化。制度可以规范员工的行为，可以规范企业管理，实现制度面前人人平等。企业如果建立了全面、完善的规章制度，员工的工作方向就会得到明确，积极性也可以得到广泛调动，企业的各项工作就能够顺利开展，工作效率就会大大提升，企业的总体效益就会不断提高，企业的战略发展目标就能顺利实现。

（2）企业制度化建设是合规的要求。

企业在发展过程中接受政府有关部门法律法规的指导和管理，受到现行政策的约束和支持。没有制度，就不能做到"令行禁止"，就不能保护企业的正常运行和发展。

企业的规章制度不仅是规范化管理的基础，也是预防和解决劳动争议与合作纠纷的重要依据，是企业正常运营的保护手段。

（3）规章制度是企业可持续发展的基础。

完备且有效的管理规章制度是建立现代化企业的前提和必要条件，企业的规章制度对于规范企业和员工的行为、树立企业的形象、促进企业的长远发展发挥重要的作用。合理的制度可以得到员工、合作者和社会的广泛信任，更易赢得商业机会和发展机会。

综上所述，制度体系化建设可以使企业在局部和整体之间相互协调、相互促进、相互补充、相互强化，使"无序"变成"有序"，进而产生强大的组织力；制度体系化建设有利于企业完善管理制度，提升企业运营效率和效果。

第三节 制度体系的层级

在企业的制度管理中经常出现的问题是制度缺乏"分层"管理，企业未将制度按层级划分，会导致制度的细致程度和适用性较差，制度之间的匹配性也不佳。

制度的体系化建设包括对制度的分级分类。对制度进行梳理、分级分类，不仅有利于制度制定者的增删改查，也方便制度使用者使用。通过制度的体系化建设，有利于制度制定者系统全面地跟踪企业的制度建设和运行，做到纲举目张，增减自如。

一、公司制度体系

在企业经营过程中，为保证企业总体战略目标的实现，需要将战略目标逐层细化到企业管理和运营的每个环节，需要对制度进行细化和分解，明确制度对各层级人员和各项业务的要求，发挥制度对整体战略的支撑作用，从而实现企业的战略目标和价值创造。

对集团型公司来说，公司总部层面编制的指导性制度和下属基层单位编制的具体实施制度，在侧重面和主要关注点上都会有所不同。公司总部层面的制度更多强调基本原则，是最基本的、具有原则性和普适性的管理规定，通常在具体执行细节方面不需要规定得过细，过细的操作规定可能会束缚下属单位开展实际业务工作，不利于其因地制宜地做出细化调整。因此，在实际的制度管理过程中企业需要根据实际情况对制度进行分层级管理。

在央企中，管理制度的层级管理一般划分为基本制度、管理办法，以及具体的实施细则等，如图 11-2 所示。

三级制度体系说明及示例如表 11-2 所示。

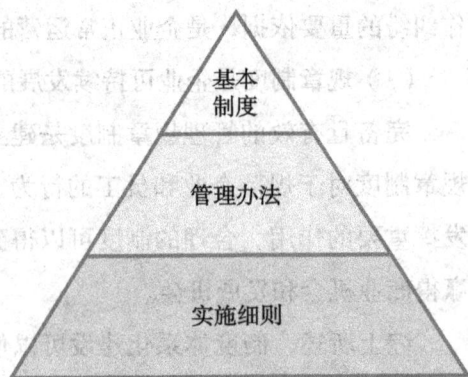

图 11-2 三级制度体系模型

表 11-2　三级制度体系说明及示例

层级	层级名称	层级说明	举例
第一层级	基本制度	对应指导性制度,如公司章程或某项业务的全局性制度等	✓ 企业章程 ✓ 董事会议事规则 ✓ 预算管理制度等
第二层级	管理办法	对应某一业务活动的规定和管理办法,包括对开展工作的方式、方法和行为标准做出规定	✓ 员工招聘制度 ✓ 全面风险管理办法 ✓ 投诉管理规定等
第三层级	实施细则	对应实施细则或操作手册。这是对实际操作层面的具体指导,是对所要采取措施和行为的详细解释	✓ 报销凭证填写细则 ✓ 招聘面试实施细则 ✓ OA 系统操作手册等

二、公司制度体系举例

中国海洋石油集团公司(简称中海油)的制度体系化建设可追溯到 2007 年,中海油把制度文件分为三级,形成金字塔形结构:顶部第一层级是基本制度,中部第二层级是管理办法,底部第三层级是操作细则。各层级的描述如下:

第一层级是基本制度级文件,它们是制定管理办法级、操作细则级文件的基础和依据;

第二层级是管理办法级文件,它们是对基本制度的细化和展开;

第三层级是操作细则级文件,它们是依据管理办法编制的指导具体操作的文件。

中海油对制度体系的管理思路:

(1)明确制度体系,分级分层建设;

(2)制定内控制度体系管理办法和文件编写细则;

(3)按国家标准 GB/T1.1《标准化工作导则 第一部分:标准的结构和编写规则》编写制度;

(4)设计基本制度、管理办法和操作细则的格式模板。

(5)……

三、风控制度体系

风控制度体系是企业整体制度的一个组成部分，是对风控工作开展的总体要求和指导。在完善风控组织体系和各项风控制度的基础上，企业要建立完整的风控制度体系。

风控制度体系一般包括风险管理办法、风险管理手册、风险管理报告、内部控制管理办法、内部控制手册、内部控制评价报告六部分内容，它们处于制度体系的第二层级，有的企业也在其中涵盖了一部分第三层级的操作细则。下面简单介绍一下这六部分的具体内容。

（一）风险管理办法

风险管理办法根据《中央企业全面风险管理指引》及企业制度进行编制，主要内容包括：

- ✓ 风险管理框架；
- ✓ 风险管理组织机构与职责；
- ✓ 风险偏好与风险容忍度管理；
- ✓ 风险评估工作流程管理；
- ✓ 风险评估内容管理；
- ✓ 风险应对策略管理；
- ✓ 风险应对过程管理；
- ✓ 风险监督与评审管理；
- ✓ 风险管理人才管理；
- ✓ 风险管理文化建设管理等。

（二）风险管理手册

风险管理手册根据《中央企业全面风险管理指引》及企业制度进行编制，主要内容包括：

- ✓ 风险目录设计；

　　✓ 风险识别过程与方法；

　　✓ 风险评估过程与方法；

　　✓ 风险应对流程与方法；

　　✓ 风险管理流程与方法；

　　✓ 风险管理培训等。

（三）风险管理报告

　　风险管理报告根据国资委要求和企业风险管理运行情况进行编制，主要内容包括：

　　✓ 上年度风险管理工作回顾（包括已发生的风险事件描述、重大风险应对情况）；

　　✓ 本年度风险评估结果；

　　✓ 重大风险应对策略及应对计划等。

（四）内部控制管理办法

　　内部控制管理办法根据《企业内部控制基本规范》及其配套指引等监管要求，以及企业内部控制工作要求、流程进行编制，主要内容包括：

　　✓ 组织机构与职责；

　　✓ 内部控制体系框架；

　　✓ 日常运营管理等。

（五）内部控制手册

　　内部控制手册根据《企业内部控制基本规范》及其配套指引等监管要求，以及企业制度进行编制，主要内容包括：

　　✓ 内部控制矩阵（风险描述、控制活动描述等）；

　　✓ 流程图；

　　✓ 权限指引；

　　✓ 不相容岗位分离指引；

✓ 制度索引等。

（六）内部控制评价报告

内部控制评价报告根据《企业内部控制基本规范》及其配套指引，以及国资委或银保监会或证监会的要求编制，主要内容包括：

✓ 内部控制工作总体情况；

✓ 评价范围；

✓ 评价具体职责分工；

✓ 评价考核标准（含具体评价指标体系）；

✓ 评价工作流程；

✓ 评价方法；

✓ 内部控制缺陷认定；

✓ 内部控制有效性结论等。

上述风控制度不是杂乱无章的，它们之间的关系如图 11-3 所示。这些手册是开展风控工作的标志性文件，企业可以以它们为抓手，对各种制度进行梳理，提出修改意见，通过风控矩阵和权限划分等方面的规定，实现相关规定和制度要求的不相容岗位职责分离。

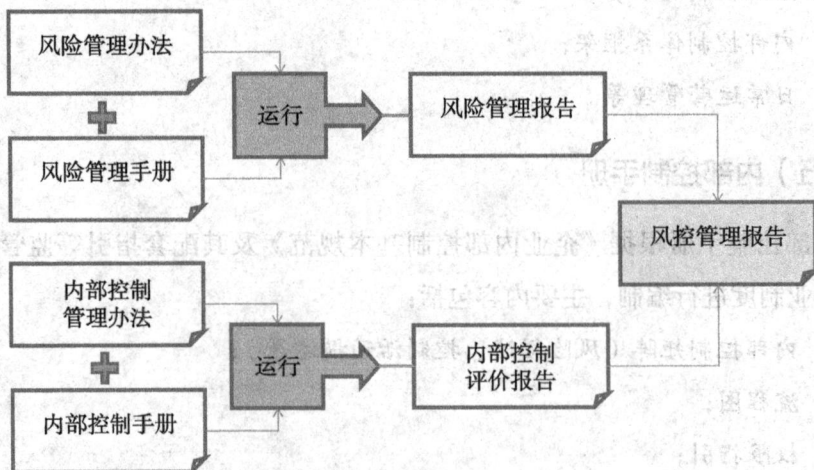

图 11-3 风控制度体系运行示意图

上述风控制度是对六个代表性"输出物"而言的，在实践中，很多大中型企业分得更细，比如，在内部控制管理方面，其会制定"内部控制管理办法""内部控制责任追究办法""内部控制岗位职责说明书""内部控制缺陷限期整改责任书""违规计分管理办法""内部控制自我评估工作考核细则"和"内部控制执行情况考核办法"等。

---

risk-doctor 提示：

组织机构和制度体系并不是一成不变的，企业在发展过程中，内外部环境不断发生变化，风控工作的目标和着重点也会在此过程中发生变化，风控制度也需要不断改进和完善，以适应这些变化。所以，在规划风控整体方案时，企业要考虑建立一个不断完善、不断发展的长效机制，来保障风控工作与时俱进。

第四节　制度的制定和优化

一、如何制定规章制度

制度的制定，首先要遵循法律法规和监管要求，不能与现行的法律法规产生冲突；其次要符合公司的实际情况和发展需求，不能太理想化，也不能太苛刻，业务制度是要靠人来执行的。

规章制度切忌不结合实际，如果制定者对具体内容不清楚，那一定要查阅相关资料，或者请教规章制度适用人群或专业人士。虚心听取他们的意见，可以事半功倍。

如果不清楚该怎么制定制度，那可以按照 5W1H 方法去做（5W1H：What、Why、Who、When、Where、How to do）。

5W1H 对应的问题点是：

✓ What：要做什么事？

✓ Why：为什么要做此事？

✓ Who：谁（部门、岗位等）去做？

✓ When：什么时候（包括具体条件、时间、频次等）做？

✓ Where：在哪里（什么场景、什么环节等）做？

✓ How to do：具体怎么做（方法和步骤，达到什么程度等）？

回答完以上问题，再加上奖惩措施，一项制度也就编制得差不多了。为了便于查找、检索、修订，制度内容编写完成后，还要附加文件名称、编制部门、解释部门，以及文件版本、文件编号等信息。

相关人员在制定制度时要字斟句酌，确保每句话都是明确的、没有歧义的。

下面列举一种制度格式，供大家参考。在实践中，不同企业，对制度格式的要求有所不同。

制度格式示例

单位名称	Spring 有限公司	制度编号 / 版次	HR × ×－× × / V2.7
制度名称	× ×**制度**	正文 / 附件页数	× × 页 / × × 页
		生效日期	2020 年 3 月 15 日
编制	× × 部	编制日期	2020 年 2 月 7 日
审核	× ×	审核日期	2020 年 2 月 29 日
批准	× ×	批准日期	2020 年 3 月 10 日

1. 目的

1.1 ……

1.2 ……

2. 适用范围

2.1 ……

2.2 ……

（续）

---

3. 参考文件或制度

4. 定义

5. 制度内容

5.1 ……

    5.1.1 ……

    5.1.2 ……

5.2 ……

    5.2.1 ……

    5.2.2 ……

6. 附则及相关制度

6.1 本制度经 ×× 通过，自 ×× 日起执行，原制度废止。与本制度内容相抵触的其他规定，参照本制度执行。

6.2 本制度最终解释权归 ×× 部门所有。

6.3 相关制度或文件：××

二、制度体系梳理和优化的流程

制度的优化始于对制度的梳理。制度发布以后，在制度执行和制度评价过程中，相关人员如果发现制度中规定的内容已经不能满足监管要求，或者不适合企业现状，那就需要对相关内容进行调整更新，或增或减，或替换或废止。制度体系梳理和优化的具体操作过程如图 11-4 所示。

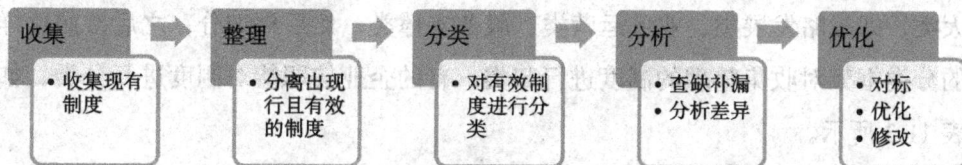

收集	整理	分类	分析	优化
• 收集现有制度	• 分离出现行且有效的制度	• 对有效制度进行分类	• 查缺补漏 • 分析差异	• 对标 • 优化 • 修改

图 11-4 制度体系梳理和优化的流程

三、收集和整理制度

对现有制度进行收集和整理，是制度体系梳理的第一个步骤。其中，"收集"环节主要是清查和汇总现有制度，把企业现有的制度都收集起来，并完成对"现有"制度数量和名称的统计。其关注的是制度的数量（不遗漏），而不是制度的有效性；"整理"则是要把那些现行的、有效的制度分离出来，并确认有效的制度。

在制度整理的过程中，需要"确认"这个环节。一个企业有很多制度，要想确认企业现行制度的有效性，必须要与制度所涉及的责任部门和使用部门进行沟通，请其帮助确认制度的有效性。确认完有效的制度后，可以按部门或业务条线统计"现行"（现在运行的、有效的）制度的数量和名称。

四、对制度进行分类

这一阶段要在制度整理的基础上对"现行"制度进行分类。主要是按既定的制度层级进行归类，看哪些制度属于"基本制度"，哪些属于"管理办法"，哪些属于"实施细则"，然后逐一归类。

企业要建立的制度很多，如果没有合理的制度分类，那将很难找出缺失或冗余的制度。上一节已按层级对制度进行了三级分类，那个三级分类主要是对央企和地方国企而言的。其实，制度分类的方式没有一定之规，只要能满足企业自身的实际需要即可。但这种"满足"的前提条件是制度分类要符合企业的组织架构和战略目标。

实践中，不同企业对制度有不同的分类方法，有的企业把管理制度分为三大类，即战略发展类、业务运营类、服务支撑类，然后再细分，之后按照这样的分类框架对收集整理的制度进行归类。有的企业按职能对制度进行分类，如表 11-3 所示。

表 11-3　按职能对制度进行分类

制度类别	制度名称	次级制度名称
战略管理	✔ 战略发展规划管理制度 ✔ 投资计划管理制度 ✔ 投资项目管理制度 ✔ 重组并购管理制度 ✔ 技改管理制度等	✔ 从略
人力资源管理	✔ 领导人员管理制度 ✔ 专业人才管理制度 ✔ 组织管理制度 ✔ 劳动管理制度 ✔ 薪酬管理制度 ✔ 培训管理制度 ✔ 绩效考核管理制度 ✔ 离退休管理制度等	✔ 从略
内部审计管理	✔ 审计标准和程序 ✔ 审计底稿管理制度 ✔ 审计业务管理制度 ✔ 审计综合管理制度 ✔ 内部控制评价制度 ✔ 风险管理评审制度等	✔ 从略

五、对制度的分析和优化

在对制度进行分析阶段，相关人员应该将相关制度与新的政策法规进行比较，特别要与企业的业务实际情况和管理需求相比较，也可以与对标企业的制度体系及分类进行比较，分析差异，对存在冲突或过时的制度条款，要与相关部门积极沟通，协商优化方案。

完成现有制度的分析之后，相关人员要根据分析和协商的结果，提出优化建议，对现有制度及时进行修订，查缺补漏，或者强化（删除）某项控制环节，完成对现有制度的优化。

第五节　对制度的管理

一、制度的全生命周期管理

企业的实际业务运行是动态的，而制度和标准是相对静态的，为了使制度与业务保持一致，需要不断对制度进行调整和完善。这就涉及对制度的全生命周期管理。

所谓制度的全生命周期管理，是指制度从制定到优化完善的一个不断持续改进的动态过程，具体包括对制度制定、执行、监督、评价、优化各环节的管理，如图 11-5 所示。

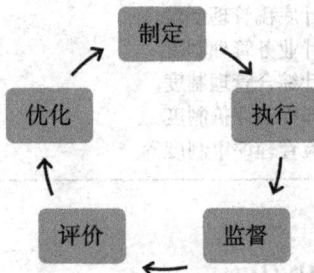

图 11-5　制度的全生命周期管理

在图 11-5 中，第一个环节是制度制定，在这个阶段，对制度的管理主要体现在立项、起草、预审、会签、审核和签发等环节。

在制度完成制定和签发后，进入第二个环节即制度执行环节。在这个环节，首先要对制度进行充分宣贯，把制度的内容、要求、范围和标准等信息传递给目标人群，避免执行人不了解制度内容的现象发生。

第三个环节是对制度执行的监督。在制度执行过程中，需要进行持续监督、检查，并对制度的执行情况进行定期考核，确保制度得到有效执行。

第四个环节是对制度执行的评价。根据监督、检查和考核的结果，对制度制定的合理性、与实际情况的符合性，以及制度执行的有效性等进行综合评价，并对问题提出整改建议。

第五个环节是动态优化。根据评价结果和提出的整改建议，审查整个制度是否存在亟待解决的问题，决定该制度是继续执行，还是要进行一些调整。如果制度不适应企业现有的发展状况和趋势，或不适合企业内外部环境的变化，那么该制度可能会被立即修订或废止。

在企业开展风控工作过程中，通过对制度体系的梳理和优化，可以查漏补缺，避免制度的不完善、重复或缺失。制度梳理是风控工作开展的基础和依据。

二、制度管理的主要风险

制度用来管理业务流程和人员行为，但是在管理过程中也会面临一些风险，需要风控人员心中有数。这些风险主要体现在以下五个方面。

（1）制度计划不合理，可能导致制度缺失、冗余；或者相关人员为了赶时髦，制定一些公司根本用不上的制度或执行难度非常大的制度。

（2）制度内容与实际业务脱节，可能导致制度与实际工作不符，对业务的指导性不足，缺乏可操作性，甚至降低企业运营效率。

（3）制度的规范性与特殊事项的例外性冲突。能够形成规范的制度，说明具有普遍性与固有性，但企业在激烈的市场竞争中，遇到新事物、新机会、新风险是常有的事，如果凡事都被固有的制度所束缚，企业可能就不能灵活地应对新市场、新技术和新业务等带来的风险。新的事项、特殊事项、例外事项将会冲击规范的制度，也会给企业带来风险。为此，企业在制定和实施制度过程中要权衡其规范性和例外性，尽量避免过分强调规范性而对企业约束过多，但也要避免过分关注例外性而把制度束之高阁。

（4）制度内容未能及时根据业务发展的需求而进行修订或废止，可能导致制度过时、制度不适应新的政策和环境，造成制度与实际工作脱节，甚至阻碍企业业务正常运行。

（5）内部控制制度与企业现有管理制度冲突。企业在开展全面内部控制之前，可能已存在预算管理、质量管理、成本管理、绩效考核等诸多方面的管理制度，这些制度体系本身也都包含有内部控制的思想，而企业根据上市监管（或行政监管）要求设计的内部控制体系，往往是为了满足上市监管要求（或行政监管要求），所以，在实践中常会出现内部控制体系与其他相关制度的不衔接、不匹配、不融合，甚至出现相互掣肘、互相排斥、相互矛盾的情形，消耗了企业的成本和精力。

三、制度管理风险的应对措施

对公司制度的管理，不能单靠某一个部门，需要相关部门的共同努力。为了预防上述制度管理中的风险，企业可以在以下环节采取适当的管控措施。

（1）在制度制定环节，相关部门应根据所负职责、管理实际和发展需要，在初步论证的基础上，制定制度计划，经部门负责人审核后，提交制度主管部门。在审核、汇总各部门制度计划后，制度主管部门编制公司下一年度的制度计划，经部门负责人、分管领导审核后报企业负责人审批，并上报公司备案。对需要紧急修订的制度，要走特别的审批程序。

（2）在制度起草环节，经批准的年度制度计划转入制度立项，规章制度草案由制度所涉及的职能部门负责起草；制度草案涉及两个以上部门的，需进行会签，由各职能部门根据需要，提供国家相关政策、法律制度以及其他资料。公司规章制度起草完毕后，制度主办部门应将其送至相关部门审核，特别是法律部门。

制度分公司级制度和部门级制度。对公司级制度，须报送公司负责人审批后才能签发，并以公司文件的形式颁布。

（3）在制度执行环节，制度一经发布实施，须进行宣贯并严格执行，制度主办部门应按计划对制度的执行情况进行监督检查。

对集团型公司而言，相关部门或下属企业应根据工作需要，对公司总部颁发的规章制度进行汇编或细化，以保证与集团公司规章制度的一致性和可操作性。

（4）制度的修订环节由主办部门按照制度的修订程序办理。对于制度的废止，主办部门须提出申请，经部门负责人审核、分管领导审批后废止。废止的制度也需上报公司备案。

第十二章
编制风控手册

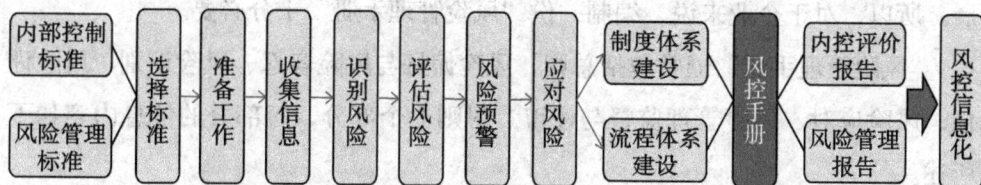

本章主要通过案例来介绍"风控手册"的编制工作，"风控手册"通常分为"风险管理手册"和"内部控制手册"，有的企业在"内部控制手册"之外，单独编制"内部控制评价手册"，作为评价内部控制设计和执行情况的标准。单列"内部控制评价手册"对国企和上市公司而言，尤为重要。

本章主要内容包括：

第一节　风险管理手册

第二节　内部控制手册

第三节　企业风控手册

第四节　宣贯落实风控手册

第一节　风险管理手册

实践中，不少企业都没有单独编制"风险管理手册"，本书之所以把它单独列出来，就是为了凸显风险管理的重要性。国外有些企业把内部控制整合入风险管理之中，只编写一本"风险管理手册"，而不再单独编制"内部控制手册"；国内很多企业则相反，把风险管理整合入内部控制中，只编制一本"内部控制手册"。对企业实际经营来讲，风险管理的重要性绝对不亚于内部控制。

企业通过建立一套系统的风险识别、风险评估、风险应对方法，指导企业科学地开展风险管理工作，管理企业的各种不确定性，保护企业稳健经营和发展。所以，对于企业来说，编制一份"风险管理手册"十分必要。

"风险管理手册"通常包括总则、风险偏好与风险容忍、风险识别、风险评估、风险应对、风险管理监督与评审、附则七个部分，每部分的信息内容如下所述。

风险管理手册的基本要素

一、总则

　　1. 前言

　　2. 编制原则

　　3. 使用范围

　　4. 术语定义

　　5. 风控组织体系和职责分工

　　6. 手册结构

　　7. 修订条件及程序等

二、风险偏好与风险容忍

　　1. 风险管理战略

　　2. 风险偏好

（续）

3. 风险容忍

4. 风险准则等

三、风险识别

1. 风险信息收集

2. 风险初步识别

3. 风险事件确认等

四、风险评估

1. 风险评估维度

2. 风险评估标准

3. 风险评估培训

4. 风险评估及技术支持

5. 风险评估结果汇总

6. 重大风险确定

7. 风险坐标图等

五、风险应对

1. 风险管理策略

2. 风险管理解决方案

3. 风险管理计划

4. 风险应对实施

5. 剩余风险再评估等

六、风险管理监督与评审

1. 风险管理过程监督

2. 风险管理评审与考核

3. 风险管理报告等

（续）

七、附则 　1. 风险管理文化 　2. 风险管理沟通机制 　3. 风险框架 　4. 风险事件库等

企业在编制"风险管理手册"时，可以参照上述内容，也可结合实际情况，做适当调整。

需要注意的是，"风险管理手册"和"风险管理报告"不是一回事。关于"风险管理报告"的内容，见本书第十四章。

第二节　内部控制手册

从前面章节的描述可以看出，构建内控体系的过程就是企业经营管理活动不断规范、不断提炼和不断升华的过程。

内部控制手册是企业内控体系建设中的一个标志性文件，是企业内部控制建设的一个里程碑。它把企业原来零碎的、杂乱的流程和规章制度系统化和规范化，所以，它既是企业管理的一个参照物，也是企业管理的一个基准点，对企业规范化管理来说，它不是结束，而是一个"正式的"开始。

一、内部控制手册的基本要素

内部控制手册通常都是依据美国 COSO 报告提出的《内部控制——整体框架》，或者财政部等五部委联合发布的《企业内部控制基本规范》及其配套的应用指引编制的，一般都包括六个部分：总则、业务流程、控制矩阵、权限指引、检查评价、附则。

企业内部控制手册的基本要素

一、总则

主要描述企业内部控制的基本要求。

二、业务流程

主要描述各业务分类的控制程序和措施。

三、控制矩阵

主要描述业务风险控制矩阵，涉及控制目标、风险、相关会计科目及其措施等内容。

上市公司可以针对财务报告内部控制编制单独的"财务报告计划矩阵"。

四、权限指引

这一部分要明确不同管理层次、级别的权限规定，编制权限指引表。

（1）明确审批事项。梳理流程基础信息，提炼业务流程的审批事项及具体内容。

（2）确定审批方式。针对审批事项，确定相应的审批方式、适用范围和权限职责等内容。

五、检查评价

这一部分主要包括内控监督、内控自我评价，以及内控考核办法。

六、附则

可以列举各个关键环节和部门的具体管理办法。

内部控制手册中通常有明确的权限指引、对授权进行的规范描述和系统管理。针对各业务流程关键环节，根据不同层次、不同级别的职责范围和管理要求，合理分配权限和责任，从而达到有效控制、提高运营效率、最大限度地规避风险的目的。

内部控制手册形式多样，有的企业建多个分册，也有的企业用一部手册囊括所有。在美国和日本，不少企业都把内部控制分成"公司层面、业务层面、IT 层面"三个部分来管理，所以这些企业的内部控制手册往往有三册：企业层面控制手册、业务层面控制手册和 IT 控制手册。表 12-1 展示了企业层面内部控制手册的主要内容。

表 12-1　企业层面内部控制手册的主要内容（按内控五要素展开）

内控要素	内控体系建设内容	主要规范和管理文件
控制环境	描述控制环境概念，并从诚信与道德观、员工的胜任能力、管理理念和经营风格、组织结构、权力和责任分配、人力资源政策与措施、董事会与审计委员会、反舞弊八个方面对内控关注要点、措施进行阐述	（1）职业道德规范 （2）岗位职责描述 （3）权限指引 （4）审计委员会自评表 （5）反舞弊自评表 （6）反舞弊数据库等
风险评估	以财务报告为切入点对公司经营管理业务进行全面梳理，确定内部控制涉及的主要业务，并绘制流程图。制定公司风险评估规范，对公司层面和业务层面风险进行全面识别和评估，建立公司风险数据库，汇编风险评估的相关方法、规范及管理制度	（1）流程描述规范 （2）业务流程目录 （3）风险评估规范 （4）重要会计科目与披露事项确认规范 （5）财务报表认定规范 （6）重要业务单位确认规范 （7）业务层面风险数据库 （8）公司层面风险及对策指引表 （9）风险管理规范等
控制活动	描述控制活动的概念、分类；对控制活动的实施进行概括；按照"完善制度，控制风险"的要求，对所有重要风险进行控制差异分析；编制风险控制文档；梳理完善文件制度；建立风险控制规范，确定关键控制，统一管理程序文件和记录表单；完成控制设计，建立比较完整的风险控制文档化体系；汇编关键控制管理文件	（1）风险控制文档编制规范 （2）关键控制管理文件 （3）地区公司关键控制描述规范 （4）关键控制实施证据 （5）财务会计报告流程 （6）财务分析管理规范等
信息与沟通	描述信息与沟通的概念及要素，从信息、沟通、信息系统总体控制、信息系统应用控制及信息披露等五个方面对内控关注要点及相应措施进行阐述。完善和规范信息沟通渠道、沟通方式以及管理规范；制定公司统一的信息系统总体控制管理制度，实行设备集中管理，明确信息系统控制管理职责；运用应用系统进行全面识别，明确控制类型，完成信息系统控制设计	（1）总部各部门信息流汇总表 （2）应用系统划分规范及工作指引 （3）应用系统用户管理工作规范 （4）设备集中统计表等

（续表）

内控要素	内控体系建设内容	主要规范和管理文件
监督	描述监督的概念及要素，制定内控体系日常监督和持续改进规范，建立内控体系测试和评价标准，汇编相关管理制度及规范	（1）管理层测试规范 （2）缺陷认定规范 （3）地区公司测试评价规范 （4）内部控制体系管理规范等

二、内部控制手册的基本格式

上面介绍了内部控制手册的基本要素，下面展示内部控制手册的基本格式。

内部控制手册的基本格式

一、总则

　1.内部控制定义、目标和原则

　2.内部控制手册编写依据

　3.内部控制手册适用范围

　4.内部控制手册结构

　5.内部控制组织架构

　6.内部控制职责分工

　7.内部控制手册解释权

　8.内部控制有效期及更新

二、公司层面控制

　（一）内部环境

　　1.组织架构

　　2.权责分配

　　3.发展战略

　　4.人力资源

　　5.社会责任

（续）

6. 企业文化

7. 内部审计

8. 反舞弊

9. 反洗钱等

（二）风险评估

1. 风险识别

2. 风险评估

（三）风险应对

描述各种控制措施

（四）信息与沟通

1. 信息系统整体控制

2. 信息收集机制

3. 信息沟通机制

4. 信息变更机制

5. 内部报告

6. 外部沟通与报告

7. 保密管理等

（五）内部监督

1. 惩罚体系

2. 党风廉政建设

3. 效能监察

4. 内部控制监督与改进

5. 风险管理监督与改进等

（六）案件检查

（七）信访维稳

（续）

三、业务层面控制

（注明：内部控制手册中业务层面控制的体现形式一般包括内部控制矩阵、控制范围、不相容岗位分离等）

　　1. 资金管理

　　2. 投资管理

　　3. 物资与采购管理

　　4. 生产管理

　　5. 存货管理

　　6. 市场与销售

　　7. 科技创新

　　8. 工程项目

　　9. 资产管理

　　10. 财务管理

　　11. 人力资源

　　12. 信息化

　　13. 综合管理

　　14. 法律管理

四、权限指引

（注明：权限指引是针对各业务的关键环节和经营活动，按照权责匹配的原则，明确公司各层级的集体决策和个人审批权限。权限指引通常以"权限指引表"的形式呈现）

五、内部控制相关制度

　　1. 内部控制管理基本办法

　　2. 内部控制报告制度

　　3. 内部控制缺陷认定管理办法

　　4. 内部控制评价管理办法

（续）

> 　5.内部控制绩效管理办法
>
> 　6.内部控制评价报告披露管理办法
>
> 六、附则
>
> 　（一）内部控制办公室联系人和联系方式
>
> 　（二）业务层面各主要责任部门内控联系人
>
> 　（三）不相容岗位分离汇总表
>
> 　（四）各业务内部控制流程图
>
> 　（五）公司规章制度名称一览表

三、内部控制手册实例（目录）

上文列示了内部控制手册的基本要素和基本格式，在实践中，不同企业的内部控制手册在结构和格式上会略有不同，但基本都会涵盖内部控制的五要素，也都会涵盖企业的主要业务活动。下面我们来看看 Spring 公司在 2020 年初发布的内部控制手册。受篇幅所限，这里仅列示目录。

Spring 有限公司内部控制手册

（2020 年）

目　录

（续）

四、风控矩阵

内部控制手册具体的展现形式包括文字描述、控制矩阵、流程图、权限指引图等。其中，总则部分主要通过文字描述的形式，明确内部控制的定义、目标、原则，对内部控制手册的依据、适用范围、结构以及手册的解释权、生效及更新做出描述。公司层面控制也是通过文字描述的形式对每项控制的定义、控制目标、主要风险、控制要求、主责部门等方面进行规定，而具体的业务层面控制则更多是通过流程和风控矩阵的形式来展示的。

（一）风控矩阵概述

风险控制矩阵（risk control matrix，RCM）简称"风控矩阵"，有的企业也称之为"控制矩阵"或"内部控制矩阵",它是企业为了有效控制风险而设计的一种管控模型。

最简单的风控矩阵就是矩阵的纵向是各种风险,横向是对各种风险和控制的描述信息。为了明确这些控制与风险之间的关系,人们不断地增加一些描述,比如风险所在的位置(具体流程节点、岗位等)、风险的大小等。如果风控人员不清楚风控矩阵该具体(或简化)到什么程度,可以参照前面提到的"5W1H"方法,明确"控制什么、谁控制、在哪儿控制、何时控制、怎么控制",以此来编制风控矩阵。

风控矩阵建立了风险、控制与业务流程之间的关联关系,通过对业务流程各环节的梳理,识别每个业务流程环节或子流程环节中的风险,然后设计合理有效的控制措施予以应对。实践中的风控矩阵一般通过描述控制点,明确主要风险、控制频率、主责部门/岗位、关键控制文档、涉及信息系统、制度等信息,来指导企业对关键控制点的风险进行管控。

由此可见,风控矩阵既是对风险和控制活动的记录与总结,也是对公司制度要求和岗位工作内容要求的固化。编制风控矩阵的过程是检验控制措施设计是否有效的过程,以此确认各环节和各岗位面临的风险是否可以得到有效控制。

(二)风控矩阵的编写过程

前面的内容提到编制风控矩阵可以使用 5W1H 方法,那具体的编制过程是什么样的呢?风控人员可以按照以下步骤进行。

(1)梳理业务流程的具体环节。通过梳理流程基础信息,确定业务流程的起点和终点(这一点非常重要,很容易被忽视),明确业务流程的环节和次序。

(2)明确标准岗位。对该流程所涉及的层级、部门和岗位进行角色定位。

(3)匹配风险与控制点。将业务流程中的控制点和相关风险相关联,可以参照在风险识别环节建立的风险信息库。

(4)确定关键控制点。实践中,可以用比较法、排除法去确定各业务流程的关键控制点。

(5)明确控制信息。把控制点和关键控制点与该流程涉及的信息系统和相关制度相关联，确定控制目标、控制类型、控制措施和控制频率等信息。

（三）风控矩阵示例

风控矩阵大同小异，但至少得标出风险、流程、控制点、控制措施。风控矩阵的列数越多，往往代表企业的精细化管理水平越高，示例如表 12-2 所示。

除了表 12-2 中所示的信息外，有的企业把"风险发生的可能性、影响程度、风险大小"等也放在风控矩阵中，以便风控人员对关键控制点的风险有更完整的认识，这是可行的。

对于很多风控咨询机构来讲，表 12-2 可能已经算是比较完美的了，但从企业实践经验来看，不少企业对风控矩阵这一内控建设成果的满意度并不高。究其原因，是这些企业原本的流程管理基础就比较薄弱，没有规范的流程文件，甚至没有固定的业务流程。因此，如果仅仅提供一份风控矩阵，那它们可能根本不知道该怎么用。

五、集团型企业的内部控制手册

内部控制手册是企业开展内部控制工作的依据，编制适合企业实际情况的内部控制手册，不仅能够指导企业有效开展内部控制工作，更能帮助企业有效地控制风险。

对于集团型企业，其内部可能涉及不同的业务板块，这种情况下，全集团用一部内部控制手册显然是不妥的。根据集团管控模式的不同，推荐三种不同的内部控制手册编写模式，如表 12-3 所示。

risk-doctor 提示：

内部控制体系建设应以法人为单位，不同的法人具有不同的内部控制体系和内部控制手册。

表 12-2　风控矩阵示例

风险编号	风险名称	风险描述	业务流程	子流程	子流程编号	控制点编号	控制点描述	责任单位	控制频率	控制类型	控制文档	权限指引	涉及信息系统	涉及制度名称	涉及制度编号	涉及单位	……
R001																	
R002																	
R003																	
……																	

表 12-3　集团型企业内部控制手册类型

手册类型	类型说明	优点	缺点	适用管控类型
整合一体化	集团总部与所属各级企业采用同一套内部控制手册	手册适用于企业各层面，能够直接指导业务操作层面工作，有利于实现从上而下的统一和标准化	不能很好地兼顾集团内小业务板块或辅助业务板块的内控	运营管控型
协同一体化	总部层面制定总则性的、标准化的内部控制手册，对基本性、一般性要求做出规定，作为统一的准则；下属各级单位可以参照执行，本企业、本行业、本地特点在总框架下进行细化和本地化	统筹兼顾，既能符合集团的一致性要求，又能体现不同业务板块、不同类型企业的差异	各级企业需要根据本单位实际情况，细化、本地化自己的内部控制手册	战略管控型
各自独立化	总部与下属各级单位各自制定自己的内部控制手册	下属企业能够根据自身情况有针对性地制定适合自身的内部控制手册，体现自身的业务特点，行业特点	不同企业间的内部控制手册相互间的一致性比较低，集团总部的内部控制手册需要独立编写	财务管控型

第三节　企业风控手册

随着风险管理和内部控制实践的深入，风险管理和内部控制的融合已经成为一种发展趋势，企业需要以风险为导向开展内部控制工作，对各项重要经营活动及其重要业务流程开展风险识别、风险评估，然后对已识别的风险环节，从计划、申请、审批、执行、监督、考核等各环节，通过内部控制手段进行控制，并确保风险得到有效管控。

风控手册就是把风险管理和内部控制两项工作整合在一起的手册，包含了先前的风险管理手册、内部控制手册两份手册的内容。在适当的时候，企业也可以把合规手册整合进来。

本节用两份模板来展示风控手册，一份是为满足当前风控监管要求而作，另一份是基于企业自身风控绩效管理而作，供企业风控工作负责人参考使用。

一、满足监管的模板

本模板以某国企的风控手册为例进行展示，具体目录内容如下所述。

中国××集团公司风控手册目录

前言

1. 范围

2. 规范性引用文件

3. 术语和定义

　3.1 企业风险

　3.2 全面风险管理

　3.3 内部控制

　3.4 内部控制系统

（续）

3.5 内部控制评价

4. 风控职责

4.1 董事会在风控方面的职责

4.2 风控委员会的职责

4.3 公司经理层在风控方面的职责

4.4 审计委员会在风控方面的职责

4.5 风控工作主管部门的职责

4.6 各业务部门在风控方面的职责

4.7 审计部在风控方面的职责

4.8 各二级单位在风控方面的职责

5. 风控体系建设

5.1 风控目标

5.2 风控原则

5.3 风控体系架构

5.4 内部控制工作流程

5.5 全面风险管理工作流程

5.6 风控信息化

5.7 风控文化建设

5.8 风控监督检查与绩效考核

5.9 风控报告

6. 风险管理主要工作内容

6.1 风险的分类目录

6.2 风险数据信息收集

6.3 风险的识别

6.4 风险评估

6.5 风险应对策略

6.6 风险数据库的建立和管理

（续）

（续）

附录 B.8 控制文档模板

附录 B.9 公司内控体系年度缺陷总结（样表）

附录 B.10 公司内控体系年度改进计划（样表）

附录 B.11 缺陷与建议表单（模板）

附录 B.12 内部控制评估评分表

附录 B.13 公司内控体系状况调查表（示例）

附录 B.14 内部控制自我评估报告（模板）

附录 B.15 年度全面风险管理报告模板

附录 B.16 内部控制缺陷认定标准

附录 B.17 考核评价内容与评分标准

附录 B.18 公司总部层面内部控制有效性测试表

附录 B.19 业务流程层面内部控制有效性测试表

附录 B.20 内部控制有效性测试样本选取标准

附录 B.21 内部控制缺陷认定汇总表

附录 B.22 公司总部一级流程编号代码规则（示例）

附录 B.23 业务流程图、流程描述示例模板

附录 B.24 风险控制矩阵（示例）

附录 B.25 风险数据库

附录 B.26 控制文档

附录 B.27 业务流程体系符号及含义

附录 B.28 业务流程体系编码具体规则

附录 B.29 业务流程缺陷跟踪报告示例

附录 B.30 企业风险分类汇总表

附录 B.31 企业风险标准化分类数据库

附录 B.32 风险信息收集汇总表

附录 B.33 风险损失事件汇总表

附录 B.34 公司层面风险识别表

（续）

附录 B.35 风险数据库评审意见

附录 B.36 重大风险管控落实表

附录 B.37 重大风险损失事件汇总表

附录 B.38 风险管理常用技术方法简介

附录 B.39 企业风险评估调查问卷

附录 B.40 风险评估标准

附录 B.41 风险调查问卷统计分析方法

附录 B.42 风控工作年度考核指标及评分表

二、升级版风控手册

本模板是设想版本，时间是五年后，以非上市民营企业为例进行策划。升级版的理论依据来自 2017 版 COSO 企业风险管理框架和 2013 版 COSO 内部控制框架，并参考 ISO 31000：2018 的要求。相信在未来几年内，这些新的风险管理和内部控制理论会走进中国监管机构和大中型企业。

Spring 公司风控手册

2025 年（设想版）

1. **总则**

2. **风控治理和文化**

2.1 企业使命、愿景和价值观

2.2 董、监、高在风控工作中的职责

2.3 组织架构

2.4 人力资源

2.5 企业文化

3. **发展战略与经营目标**

3.1 业务环境分析

（续）

3.2 风险偏好

3.3 发展战略

3.4 业务目标

4. 实施风险管理

4.1 风险识别

4.2 风险评估

4.3 风险排序

4.4 风险应对

5. 风控评审与改进

5.1 评审重大风险情况

5.2 风控绩效考核

5.3 整改优化

6. 信息与沟通

6.1 风险管理和内部控制报告

6.2 风控信息化

6.3 内部沟通机制

6.4 外部沟通机制

6.5 反舞弊机制

7. 附则

第四节　宣贯落实风控手册

　　企业风控效果的好坏，风险水平的高低，取决于各种风控策略和风控措施的有效落地，而不是看风控手册有多漂亮、多严谨。要想让风控手册发挥作用，企业应该在风控手册发布后，认真做好以下几项工作。

一、强化风控培训宣传

风控项目组或风控主管部门应该遵照企业董事会和审计委员会"开展全面培训，增强全员内控意识"的要求，结合公司各部门、各单位不同层次的培训需求，分层分批对高管人员、风控工作专业骨干进行风控专业培训，对全员进行风控手册宣贯，同时分享各单位风控工作动态，宣传风控知识和典型经验，进行理论和实践研讨，使各级管理人员和一线员工理解和掌握内部控制理念、方法和相关要求，营造良好的风控氛围，为风控体系的有效执行奠定基础。

在实践中，风控主管部门要厘清针对不同层次人员的宣贯内容，比如针对决策层，主要通过介绍风控案例，说明建立、完善风控体系的迫切性和重要性，明确决策层在风控体系建设中的关键地位和主导作用；针对管理层（包括业务、技术和生产部门的负责人以及风控专职人员），他们是建设和完善风控体系的骨干力量，起着承上启下的作用，要对他们进行全面的风控知识和技能培训，可采取讲解与研讨相结合的方法；对于一线员工，主要培训与其岗位风控活动有关的内容，包括在风控活动中应承担的任务，完成任务应赋予的权限，以及造成过失应承担的责任等。

二、落实风控工作职责

为了把风控体系落到实处，企业要建立各部门、各下属单位的"风控工作执行要点"，明确每个部门的风控职责；在执行层面，各单位要编制"员工岗位风控执行卡"，明确每个岗位的风控职责。

三、建立风控考核机制

企业应该将风险管理及内部控制执行情况作为一项重要指标，纳入对部门或下属公司高管人员的绩效考核。为落实考核工作，制定"风控执行考核办法"，明确考核标准，成立风控执行考核小组。分、子公司要对风控考核指标层层分解，落实到部门、岗位和个人，为风险管理和内部控制的有效执行提供保障。

第十三章
内控评价报告

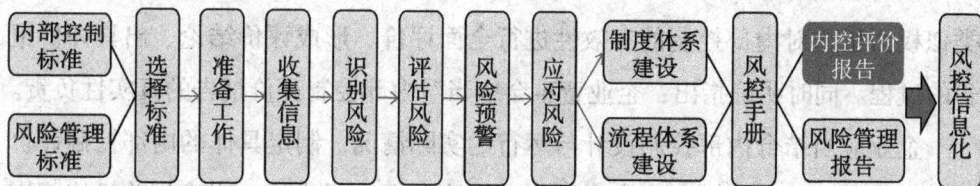

内部控制
标准

风险管理
标准

→ 选择标准 → 准备工作 → 收集信息 → 识别风险 → 评估风险 → 风险预警 → 应对风险 → 制度体系建设 / 流程体系建设 → 风控手册 → 内控评价报告 / 风险管理报告 → 风控信息化

企业内部控制评价报告对上市公司来说是一个硬指标，每年必须随年报一起披露。本章主要介绍内部控制评价的程序、方法、底稿及评价报告的编制。

本章主要内容包括：

第一节　内部控制评价概述

第二节　内部控制评价程序

第三节　内部控制评价方法

第四节　内部控制评价工作底稿

第五节　内部控制评价报告实例

第一节　内部控制评价概述

一、什么是内部控制评价

内部控制工作和其他管理提升工作一样，需要通过评价和考核来推动。为了促进企业全面评价内部控制的设计与运行情况，揭示和防范风险，企业应根据有关法律法规和《企业内部控制基本规范》《企业内部控制评价指引》开展内控评价工作。

在《企业内部控制评价指引》中，内部控制评价被定义为，企业董事会或类似权力机构对内部控制的有效性进行全面评价、形成评价结论、出具评价报告的过程。同时明确指出：企业董事会应当对内部控制评价报告的真实性负责。

企业应当结合内部控制设计与运行的实际情况，制定具体的内部控制评价办法，规定评价的原则、内容、程序、方法和报告形式等，明确相关机构或岗位的职责权限，落实责任制，按照规定的办法、程序和要求，有序开展内部控制评价工作；然后围绕内部环境、风险评估、控制活动、信息与沟通、内部监督等要素，确定内部控制评价的具体内容，对内部控制设计与运行情况进行全面评价。

除了进行全面的内部控制评价外，企业还可以对某项业务或某个分支机构进行内部控制评价，或者对内部控制的某一要素进行评价，比如"内控环境"或"信息与沟通"等要素。

与风险评估一样，内部控制评价也不是一个一劳永逸的过程，而是一个迭代的过程。企业内外部环境是不断变化的，面临的风险也会不断变化，内部控制措施也要随着组织发展和环境变化而不断完善，所以，对内部控制有效性的评价也要持续开展。

"以查促建""以评促建"的工作模式，在实践中获得较为广泛的认可。对于大中型集团企业，把内部控制向三级、四级子公司推行的时候，可以采用这种方式。但这种做法一定要提前公布要求、标准和考核办法，督促下属企业依赖自身力量结合自身情况开展内部控制工作，然后通过排查、抽查的形式按照事先颁发的标准进行检查和评价。

二、内部控制评价模式

企业可以采取自我评价或聘请外部机构评价的模式开展内部控制评价工作，也可以采用二者相结合的模式进行内部控制评价。

（一）自我评价

自我评价是由企业自己对照"内部控制评价标准"进行自我检查，找出与规定控制标准存在的差异，并实施整改工作，一般由集团风控部门或审计部门负责组织实施。有时，风控部门或审计部门因时间和人力资源不足，会下发相关评价规则和评价标准，让其他业务和职能部门以及下属企业实施自评价，然后再进行汇总、抽检。

（二）聘请外部机构实施评价

这种评价的独立性和客观性相对高一些，一般由企业委托的外部咨询机构或会计师事务所对企业内部控制工作的开展情况进行评价。但是，为企业提供内部控制审计服务的会计师事务所，不得同时为同一企业提供内部控制评价服务。

（三）混合评价模式

这种模式是企业外包一部分内部控制评价工作给外部机构，然后一起完成内部控制评价工作。

三种评价模式的利弊与第四章讲的风控体系建设模式类似，详细内容见本书第四章第二节。需要注意的是，无论采取哪种模式，内部控制评价的责任都是企业董事会的，所以，相关部门或机构在开展内部控制评价工作之前，必须要获得董事会的授权。

三、内部控制评价组织职能体系

企业开展内部控制评价工作要有相应的组织体系作为保障。不同企业有不同的内部控制评价组织体系，这取决于企业董事会是授权第二道防线来实施内部控制评价，还是授权第三道防线来实施内部控制评价。

如果董事会授权第二道防线来实施内部控制评价，那么，其内部控制评价的组织体系通常如下所述。

（1）董事会对内部控制评价承担最终的责任。内部控制评价执行机构需要得到企业董事会和管理层的委托、授权、支持，并根据企业实际情况，决定内部控制评价的组织形式。

（2）风险管理委员会（或者是风控委员会、内部控制委员会）负责组织实施内部控制评价。

（3）风控部（或者风险管理办公室、内控部，有的企业是财务部等）是内部控制评价的执行机构，根据董事会的授权承担内部控制评价的具体组织和实施任务。

（4）其他各职能部门和业务部门负责组织本部门的内部控制自查、测试和评价工作。同时各级单位也应逐级履行内部控制评价责任，建立日常监督机制。

如果董事会授权第三道防线来实施内部控制评价，那么，审计委员会将替代风险管理委员会职责，审计部将替代风险管理部的相关职责，其他类似。这种情形下，审计部仍然需要第二道防线给予大力协助。

第二节 内部控制评价程序

一、内部控制评价程序概述

企业应当按照"内部控制评价办法"规定的程序，有序开展内部控制评价工作。

内部控制评价程序一般包括制定评价工作方案→组成评价工作组→实施现场测试→认定控制缺陷→汇总评价结果→得出内部控制评价结论→编报评价报告等环节。如果需要下属单位进行自评，则需要下发内控评价通知、评价标准及相关工作部署等信息。

在准备阶段，企业应制定评价工作方案、成立评价工作组、编制评价工作计划等。

在内部控制评价实施阶段，除了"文审"（文件审查），更重要的是实施现场测试，通过抽样法、访谈法、重新执行等方法，检查企业内部控制的有效性，如果存在问题或缺陷，则需认定这些控制缺陷，并与相关方沟通确认缺陷的种类。对于重大缺陷，须由董事会进行最终认定。

在评价工作后期，评价小组应汇总评价结果、编报评价报告，报告内容需与相关方充分沟通，最后提交董事会审批。对评价中发现的缺陷，相关部门要及时整改。

二、成立内部控制评价工作组

内部控制评价由公司董事会负责，所以，在公司层面要成立内部控制评价工作组，指导、审核和批准内部控制评价工作。内部控制评价工作组是内控评价工作的具体实施团队，一般是临时机构，评价工作结束后即解散。

评价工作组的设立一般由内控评价牵头部门负责，除了牵头部门内部的相关人员外，还需选拔一些业务部门的骨干。

内部控制评价工作组是内控评价工作的主体，成员的专业能力、沟通能力、职业操守等都很重要，所以在选拔成员时，应满足如下条件。

（1）具有独立客观性。为保证评价结果的客观性，执行测试的人员和参与评价的人员要保持独立性，最低要求是控制活动涉及的业务不在测试人员和评价人员的职责范围内。

（2）具备专业胜任能力。为保证测试人员能够按照测试程序的要求正确执行内部控制测试，测试人员应具备一定的专业胜任能力，比如，了解所测试的控制活动的执行过程，了解控制活动的测试要求等。有时会根据业务的特殊性，配置特别的评价人员，如 IT 业务、采购业务、研发业务等。

内部控制评价工作涉及企业日常经营管理的方方面面，因而需要各相关部门的通力合作。

三、制定评价工作方案和计划

在开展内部控制评价工作前，企业要确定内部控制评价工作方案。内部控制评价工作方案要明确内部控制评价原则、程序、方法等，要确定内部控制评价的范围，制定内部控制评价进度和时间安排，如表 13-1 所示。

表 13-1　内部控制评价工作方案

内部控制评价工作方案	
	底稿编号：××
编制人：	编制日期：
复核人：	复核日期：
审批人：	审批日期：
一、评价对象	
二、评价目标	
三、评价原则和依据	
四、评价范围	
五、评价内容	
六、评价方法	
七、评价报告	
八、人员及分工	
九、具体计划	
十、其他	

下面重点介绍一下评价目标和评价范围。

（一）明确内部控制评价的目标

企业内部控制体系建设的目标是合理保证企业经营业务合法合规、资产安全、财务报告及相关信息真实完整，为提高企业风险管理水平提供信息服务和决策支持；提高企业经营效率和效果；促进企业实现发展战略。

企业开展内部控制评价工作的主要目的就是考核、评价这些内部控制目标是否得以实现。企业开展内部控制评价是以评价、监督为手段，去识别和揭示企业的内部控制缺陷，得出内部控制设计和执行有效性认定，从而推动企业内部控制体系的不断完善，实现内部控制目标。

（二）确定内部控制评价的范围

企业应按照内部控制工作的总体安排，确定年度内部控制评价的范围，包括组织范围和业务范围；根据企业特点及管理层关注的问题，确定内部控制评价的重点和现场检查的范围。

在具体实施时，可以按照财政部等五部委联合发布的《企业内部控制基本规范》及配套指引的要求，对公司层面和业务层面控制的设计和执行情况进行全面评价。

公司层面主要包括内部环境、风险评估、信息与沟通、内部监督，其中内部环境又包括组织架构、权责分配、发展战略、人力资源、社会责任、企业文化、反舞弊、内部审计等；风险评估包括风险识别、风险评估、风险应对、风险管理监督与改进等；信息与沟通包括信息收集机制、信息沟通机制、内部报告、保密管理、信息技术整体控制等；内部监督包括内部控制、惩防体系、党风廉政建设、效能监察、案件检查、信访维稳等。

业务层面包括资金管理、投资管理、物资与采购、生产管理、存货管理、市场与销售、科技创新、工程项目、资产管理、财务管理、人力资源、信息系统管理、外包管理、法律事务等。

内部控制涉及企业经营的方方面面，而内部控制评价实地检查受到时间和资源的限制，所覆盖业务范围比较有限，不可能涵盖企业经营的所有方面。所以在资料审查和背景调研中相关人员一定要结合企业的实际情况，综合风险评估结果和行业特点，重点关注审计、纪检监察、法律诉讼发现的问题，最终划定重点检查领域。

> risk-doctor 提示：
>
> 在内控评价范围的确定上，既要考虑全面性，又要考虑重要性。由于企业自身资源能力有限，很难全面覆盖所有领域，这就要求企业能够将内部控制评价工作重心放在企业的关键业务流程和管理流程上，重点对风险较大的管控环节和流程进行评价。

四、准备评价用的资料清单

企业开展内部控制评价，通常是先通过资料审查，寻找潜在的内部控制缺陷，然后确定现场工作的业务范围和需要访谈的问题，通过现场检查和访谈，进一步确定重点检查范围。所以，在开始内部控制评价工作前，内部控制评价工作组需要先列出所需资料清单，以便对企业基本情况有所了解，且有助于准备访谈提纲及需要访谈、查验的问题。

内控评价所需的主要材料清单包括：

✓ 企业组织架构图；

✓ 部门职能和岗位说明书；

✓ 企业职能部门设置情况；

✓ 制度汇编；

✓ 年度工作报告和工作计划；

✓ 信息系统资料；

✓ 主要项目情况；

✓ 财务报表等。

以上是前期需要收集的资料清单。通过对收集信息的阅读，有助于评价工作组成员在现场工作开始前对企业整体情况有个初步了解，做到有的放矢，以节省时间，把更多精力放在企业面临的主要风险方面。

五、实施评价

（一）对相关制度进行评价

对制度的评价包括对单个制度的评价以及对整个制度体系的评价。一个完整的可操作的制度应包含制定本制度的目的、适用范围、术语解释、部门职责、约束条例、操作流程、相关表单等基本内容。对一个企业的制度体系评价可以从以下方面入手：

（1）制度体系层级，制度的类别和系统性，制度管理台账；

（2）制度文件的标准化，包括命名规则、制度文号、要素要求、版本控制要求、有效期等；

（3）制度对分支机构的覆盖情况；

（4）成员单位的制度与集团制度的一致性；

（5）制度对业务的覆盖情况；

（6）制度内容的可执行性；

（7）制度之间的一致性；

（8）制度内容的合规性等。

对制度进行评价时，切忌"只看树木，不见森林"的情况。如果企业有人或有事（业务）在制度覆盖之外，那将是很可怕的事。

另外，还要注意，制度不是一成不变的，其将随业务的变化而变化，随监管的变化而变化，随企业管理需求的变化而变化。所以，对制度与内外部环境的联动审查，也是制度评价的一部分。

（二）对业务流程进行评价

对业务流程的评价是内控评价的重点。内控措施是否有效，关键看业务流程是否受控、是否在控，是否能高效率、高效益地运转。对业务流程的评价可以分"良好、有效、无效"三级，如表 13-2 所示。

表 13-2 业务流程评价

级别	内控具体表现	公司整体表现
良好	公司各项业务流程清晰高效，配套制度完善，执行有效，适应业务发展需要 所有业务领域和操作环节都能够有效地发现、管理和控制各种风险 各种流程的规章制度和业务操作规程得到认真贯彻和有效实施	这类公司实现了稳健经营，适应性强，业绩和效率都良好
有效	公司业务已流程化、规范化，配套制度较为完善，虽然在执行上存在一定缺陷，但不会对公司的稳健运营造成严重影响 虽然内部控制制度不够全面、完善，但重要业务流程领域的内部控制执行得当，业务操作流程符合各项规章制度和业务操作规程	这类公司经营稳定，可以承受一定的经营环境变动
无效	公司业务尚未完全流程化，虽建立了制度体系，但制度的执行有效性差，有章不循、违章操作现象严重 多项业务流程制度的设计有严重缺陷 多个重要业务领域或操作环节缺乏相应的内部控制或控制存在严重缺陷	这类公司经营状况很差，各类案件时有发生，公司经营失败的可能性很大或即将发生

（三）对岗位职责分离进行评价

不相容岗位职责分离是指企业各业务部门及各业务操作人员之间责任和权限的相互分离机制。其基本要求是，业务活动的核准、记录、经办及财物的保管应当尽可能做到相互独立，分别由专人负责。如果不能做到完全分离，也必须通过其他适当的控制程序来弥补，这一点对中小企业尤其关键。

什么是不相容岗位？什么岗位职责必须分离？下面列举几个常见的业务活动的不相容岗位，来帮助大家理解。

1. 资金管理业务流程中的不相容岗位

（1）资金支付的申请与审批；

（2）资金的保管与盘点清查；

（3）出纳工作与稽核、会计档案保管，收入、支出、费用、债权债务账目的登记工作；

（4）网银付款的发起、复核和大额资金支付的二次复核；

（5）支票的空白发票管理与印章管理等；

（6）财务专用章与法人名章的管理。

2.合同管理流程中的不相容岗位

（1）合同拟定与审核；

（2）合同审核与合同专用章保管、使用；

（3）合同台账的建立与审核；

（4）合同审核与合同履行；

（5）合同款项支付的审核与款项支付；

（6）合同履行与合同履行情况评估。

3.采购业务流程中的不相容岗位

（1）请购与审批；

（2）询价与确定供应商；

（3）采购授权审批与具体执行；

（4）采购合同的订立与审核；

（5）采购与验收；

（6）付款申请审批与执行；

（7）采购审批与存货记录、会计处理。

4.销售业务流程中的不相容岗位

（1）销售谈判与合同的审批；

（2）合同的签订与信用审批；

（3）销售订单的录入与发货；

（4）销售发票的开具与收款；

（5）销售发票的开具与发票专用章的管理；

（6）销售收款与收款的账务处理；

（7）销售退回的验收处置与账务处理；

（8）收款及收款凭证的录入；

（9）坏账计提与审批；

（10）坏账核销与审批；

（11）应收账款调整的授权与维护应收账款信息文档。

在实际评价过程中，评价人员既要通过审阅制度和岗位职责说明书的方式，了解职责分离设计的有效性，也要通过询问、观察等方式，测试职责分离执行的有效性。比如，上面资金活动中提到的"财务专用章与法人名章的管理"，意思是财务章和法人名章要分开保管；在现场评价时，评价人员就可以实地查验，查看财务专用章和法人名章是否分别由不同的人保管。

（四）对内部控制设计有效性进行评价

内部控制设计有效性评价是指，为了确定实现控制目标所必需的内部控制要素是否存在并且设计恰当而实施的评价程序。如果设计无效，那就不用再对执行有效性进行评价了。

设计有效性评价通常采用穿行测试方法进行判断。在进行设计有效性评价时，应参照以下关键点执行：

（1）检查"内部控制手册"中控制点的设计是否有效，能否满足监管和本单位的控制目标；

（2）检查"内部控制手册"中控制点的设计是否合理，是否符合正常的业务习惯，是否符合成本效益原则；

（3）对照《企业内部控制基本规范》及《企业内部控制应用指引》的要求，检查实际业务的控制点是否设计完整；

（4）如果评价中发现缺少为实现控制目标所必需的控制措施，或现存控制设计不适合，则视为设计无效，并将该设计缺陷记录在评价底稿中。

（五）对内部控制运行有效性进行评价

运行有效性评价是在内部控制设计有效的基础上展开的，其目的是确认已经建立的制度和控制措施是否得到了有效执行。

运行有效性评价的方法包括询问、观察、抽样检查、穿行测试等。在实际评价过程中，可根据控制活动发生的频率以及测试的难易程度等因素来选择适当的评价方法。无论用哪种方法测试，都要看内控措施是否得到执行，是否执行到位，是否达到预期效果，否则就不能称为"有效"。

内部控制运行的有效性与业务活动和业务目标息息相关。如果评价人员不熟悉相关业务，就不可能在内部控制运行有效性方面发表有价值的意见或建议。

下面以物资采购业务的内部控制有效性评价为例进行说明。

要做物资采购业务内部控制有效性评价，前提是评价人员要知道要采购哪些物资，同时要熟悉采购的基本流程和基本制度，以及该业务活动的关键控制点在哪些环节。这就要求评价人员至少要能够回答和验证以下基本问题：

✓ 为什么采购？

✓ 如何采购？

✓ 如何花钱？

✓ 如何在采购过程中降低成本？

✓ 如何付款？

✓ 如何避免多头采购？

✓ 如何避免盲目采购？

✓ 如何避免采购人员收取回扣？

✓ 如何避免采购验收不严等问题。

回答这些问题的途径除了审查"对供应商的评价考核"外，还要审查采购申请、采购审批、招投标、验收和付款等过程的合理性，以及执行的效果。如果上述问题都比较好地解决了，那么内控运行也就可以被视为有效了。

六、内部控制缺陷认定

（一）内部控制缺陷的类型

财政部等五部委联合发布的《企业内部控制评价指引》指出，内部控制缺陷分为两类，即设计缺陷和执行缺陷。其中，设计缺陷是指企业缺少为实现控制目标所必需的控制，或现存控制设计不适当，即使正常运行也难以实现控制目标。执行缺陷是指"设计完好"的内部控制由于执行不当（包括不恰当的人执行、未按设计的方式执行、执行的时间或频率不当、执行者没有获得必要授权或缺乏胜任能力难以有效地实施控制）而形成的内部控制缺陷。

实践中，有的企业先把内部控制缺陷分成财务缺陷和非财务缺陷两类，然后再分别从设计和运行两个维度去评价。

（二）内部控制缺陷的级别

不管是财务缺陷还是非财务缺陷，是设计缺陷还是执行缺陷，在评价其严重程度时，一般被分为三级：重大缺陷、重要缺陷和一般缺陷。其中，重大缺陷，是指一个或多个控制缺陷的组合，可能导致企业严重偏离控制目标；重要缺陷是指一个或多个控制缺陷的组合，其严重程度或经济后果低于重大缺陷，但也有可能导致企业偏离控制目标；而一般缺陷则是指除重大缺陷、重要缺陷之外的其他缺陷。

重大缺陷、重要缺陷和一般缺陷的具体认定标准，由企业根据上述要求自行确定。评价人员根据已确定的缺陷认定标准去评价企业内部控制的有效性，如果发现重大缺陷，则应上报董事会，由董事会予以最终认定。

在企业实际运营中，可能被认定为重大缺陷的情形包括：

（1）三重一大的审批权限和审批程序不规范，可能导致企业决策错误或违规行为，比如董事、监事和高级管理人员舞弊；

（2）安全生产管控措施不到位、责任不落实，可能发生安全事故，导致人身伤亡或者财产损失；

（3）招投标程序或者定价机制不规范，可能导致物资采购质次价高或发生商业贿赂等舞弊行为，致使企业利益受损；

（4）产品生产和检验程序存在漏洞，产品质量不合格，损害消费者利益，可能导致企业形象受损及经济赔偿；

（5）内部信息管理不严格，信息系统运行维护和安全措施落实不到位，可能导致泄露商业秘密等。

对上市公司而言，出现更正已经公布的财务报表情况，或者财务报表存在重大错报，而内部控制在运行过程中未能发现该错报情况，都将被视为重大缺陷。

risk-doctor 提示：

多个一般缺陷共同作用，有可能形成一个重要缺陷；而多个重要缺陷共同作用，有可能形成一个重大缺陷。只要有一个重大缺陷出现，企业的内部控制就被视为失效。

另外，企业内部控制缺陷的认定标准虽然由企业自主决定，但在不同评价期间应保持一致，避免管理层通过随意调整缺陷认定标准、回避重大缺陷披露，误导报告使用者。

（三）内部控制缺陷的认定程序

内部控制缺陷认定是一个过程，这一过程通常包括建立标准、缺陷识别、严重程度评估、最终认定四个环节。

1. 建立内部控制缺陷认定标准

企业内部控制缺陷具体认定标准的设定基于外部监管要求和企业风险偏好。风险的偏好和容忍度与企业的战略目标和具体经营目标密切相关，相关目标是内部控制缺陷的识别和评估的核心依据之一。无论是我国的内部控制规范还是美国的内部控制框架，都将控制系统运行结果偏离控制目标的程度作为评估缺陷严重程度的标准，偏离控制目标的程度越大表明缺陷越严重。

2. 识别内部控制缺陷

识别内部控制缺陷的主要工作是将剩余风险与对应岗位或层级的风险容忍度相对比。其中，风险容忍度与内部控制的预期目标相对应，剩余风险则与内部控制的实际效果相关联。评价人员在评价剩余风险时，可以从两个方面判断：是否因内部控制缺失而导致？是否因内部控制有效性不足而导致？

3. 评估缺陷严重程度

根据缺陷的严重程度将其划分为三个级别：重大缺陷、重要缺陷和一般缺陷。

4.缺陷的最终认定

缺陷的最终认定并不是评价工作组的成员决定的。评价工作组成员发现缺陷后，应与相关人员沟通，以最终认定缺陷的等级，比如与部门经理一起认定重要缺陷。

切记：重大缺陷的认定，由董事会最终确定。

（四）上市公司财务报告内部控制缺陷认定步骤

上市公司比较关注财务报告的内部控制缺陷，下面简单介绍一下财务报告内部控制缺陷的认定步骤。

财务报告内部控制是针对财务报告目标而设计和实施的内部控制。财务报告内部控制的目标是保证财务报告的真实性和可靠性，所以，财务报告的内部控制缺陷是指不能合理保证财务报告可靠性的内部控制设计或运行问题，以及不能有效及时防止或者发现并矫正财务报告错报的内部控制问题。

财务报告内部控制缺陷的认定，一般可以按照下列步骤展开：

（1）确定受缺陷影响的会计科目和披露事项；

（2）判断错报发生的可能性；

（3）计算潜在影响金额；

（4）检查是否存在补偿性控制活动；

（5）确定补偿性控制活动后的潜在错报金额；

（6）根据错报发生的可能性和潜在影响金额，判断缺陷类型；

（7）考虑其他相关的定性因素；

（8）最终确认缺陷类型。

内控控制缺陷可能导致财务报表错报的发生，不同程度的缺陷引发错报的可能性和错报的潜在程度有所不同。当内部控制缺陷导致财务报表重大错报的可能性比较微小，或者该内部控制缺陷导致错报的严重程度并不重要时，评价人员可视之为一般缺陷；当可能性较大，且有一定严重程度时，评价人员可视之为重要缺陷；当可能性很大，且有严重影响时，评价人员可视之为重大缺陷。

七、内部控制措施评价结果

经过文审和现场检查，评价人员对内部控制的设计有效性和执行有效性都有了结论，这个结论该如何表述呢？一般可对内控措施的结果分五种情形进行描述：达标、未达标、样本量不足、未发生交易和不适用。

（一）达标

一个标准控制活动可能对应多个实际执行的控制活动。对于每个标准控制活动，只有对所有实际执行的控制活动抽取的样本达到规定的样本量，且每个样本的所有测试属性全部满足要求后，才认为此标准控制活动得到了有效执行。

（二）未达标

对于某个实际执行的控制活动，一旦某一个样本的某一项测试属性的结果是未达标，则整个标准控制活动即被认为未得到有效执行。

（三）样本量不足

在测试过程中可能会遇到由于控制活动执行的频率较低或者执行的时间较短，从而导致在测试中抽不到规定的样本量，但已抽取到的样本经过测试全部为达标。这时，测试执行人要在测试中将这种情况记录为"样本量不足"，并在评价工作底稿备注栏中说明"样本量不足"的原因。

（四）未发生交易

对于那些适用但在全年均未发生的控制活动，最终的测试结果为"未发生交易"。例如，研发外包，如果某企业全年未发生研发外包业务，则针对外包的控制活动的评价结果为"未发生交易"。

（五）不适用

对于集团型企业，某些控制对一些单位可能不适用（比如某下属单位无此项业务），这时，测试人员应在测试结果中标记为"不适用"。

八、整改与持续改进

评价人员对发现的内部控制缺陷，经小组内部确认后，与相关业务部门讨论核实，结合相关合规性要求和行业最佳实践，查找这些缺陷形成的根本原因，集体讨论并提出内部控制的整改建议。然后，结合成本效益原则制定切实可行的整改方案。

被检查单位应当根据整改方案，确定内部控制整改的时间和责任人，积极采取有效措施进行整改，从而把风险控制在可承受范围之内。

评价小组要对内部控制缺陷整改情况进行跟踪、审查，在整改期（通常为半年到一年）结束后对内部控制缺陷整改情况进行验收。

通过内部控制评价发现缺陷、整改缺陷，然后再检查、整改，不断完善、更新，实现内部控制体系的持续改进。

九、内部控制成熟度评价

内部控制评价标准取决于内控体系建设的标准。如果企业在美国上市，那么，内部控制评价的基础依据就是《萨班斯法案》提供的指导方针、相关法规以及COSO《内部控制——整合框架》；如果是境内上市公司或者是非上市国有企业，那么内部控制评价的标准就是财政部等五部委联合发布的《企业内部控制基本规范》及其配套指引，以及国资委发布的《中央企业全面风险管理指引》中对内部控制评价的规定。

各企业在实际开展内部控制评价工作时要结合企业自身的内部控制管理办法和内控评价办法，对公司层面控制和业务层面控制的设计与执行情况进行全面评价，评价这些内部控制设计的有效性和执行的有效性。

很多企业围绕内部控制五要素设计出一些指标来评价内部控制效果，下面基于PDCA模型设计一个内部控制成熟度评价模型，如表13-3所示，供内控评价人员在实践中选用。

表 13-3　内部控制成熟度评价模型

一级指标	二级指标	参考分值	指标含义	实际得分
内控体系建设	内控组织体系建设情况	5	（1）明确内部控制管理组织机构、人员设置及职责分工 （2）建立内部控制管理沟通机制，明确各项信息的汇报层级，保证信息沟通渠道畅通 ……	
	内控制度建设情况	10	（1）建立健全内部控制管理制度，保障风险管理体系、内部控制体系正常运行 （2）内部控制管理制度具有可操作性 ……	
	风险准则和内控标准等建设情况	15	（1）按照监管要求和企业实际情况确定风险评估准则，设定内控缺陷认定标准 （2）依据相关法律法规、规章制度，针对评估确定的风险，制定符合公司内部控制标准基本要求的内部控制标准 （3）内部控制标准应与企业管理制度、业务流程结合，明确管理职责，使每个员工明白自己应该如何执行和操作，将风险控制落实到执行层面 （4）制定重大风险管理解决方案，明确风险管理责任 ……	
内控体系运行	内控计划执行情况	10	（1）按照企业要求制定年度内部控制工作计划，按时上报审批、备案 （2）通过相关会议、专题培训等形式对内部控制管理制度、内部控制标准、内部控制知识等进行培训宣贯，并保留培训记录 ……	
	制度执行与风险评估情况	10	（1）按照企业要求定期及不定期开展风险评估，特别是对重要业务领域风险进行定性定量分析，确定风险等级以及风险管理的重点，并将风险评估结果提交集团及专业公司备案 （2）定期检查制度落实情况，保留检查记录，并对落实不到位情况进行督促整改 ……	
	风险应对执行情况	25	（1）严格执行各项内部控制措施，比如授权管理、不相容岗位分离、轮岗、定期休假等 （2）定期组织开展风险信息收集和风险识别工作，全面、系统地识别和确认内外部风险，形成风险清单，并及时进行风险评估 （3）严格执行重大或重要风险管理解决方案，认真落实风险控制措施，并进行宣贯，确保剩余风险落在风险容忍度之内 （4）定期及不定期开展风险管理解决方案的执行情况检查，并保留检查记录 ……	

（续表）

一级指标	二级指标	参考分值	指标含义	实际得分
内控体系评价	评价计划情况	5	制定与企业年度内部控制评价工作协调配合进行的年度内部控制自我评价工作计划	
	评价实施情况	5	按照企业要求和内部控制工作计划开展年度自我评价工作，对内部控制体系的适用性、充分性和有效性做出评价，并编制内部控制自我评价报告	
	整改情况	5	内部控制自我评价过程中发现的控制缺陷的整改完成情况。	
持续改进		10	根据企业内部、外部环境变化，及时修订内部控制体系，包括内控组织体系、内控制度、内控标准、内控措施等	
	满分	100		

第三节　内部控制评价方法

在实践中，常用的内部控制评价方法有个别访谈法、问卷调查法、标杆法、穿行测试法、抽样法、实地查验法、重新执行法、专题讨论会法、压力测试法等。有些方法看起来很亲切，其名称与风险识别和风险评估方法的名称一致，但因应用场景和应用目的不同，这些方法的具体呈现形式也不尽相同。下面逐一简单介绍。

一、个别访谈法

评价人员根据内控评价需要，对被评价单位员工（含管理人员）进行单独访谈，以获取业务和内部控制有关的信息。

二、问卷调查法

由评价小组设置问卷调查表，格式与风险识别的问卷调查类似，然后分别对被评价单位不同层次的员工进行问卷调查，根据调查结果对相关内部控制的有效性做出初步判断。

三、标杆法

评价人员先确定一个与被评价单位有相同或相似经营活动的企业，梳理其最佳实践（如最佳业务流程和最佳控制措施等），然后把被评价单位的内部控制与最佳实践相比较，来判断被评价单位内部控制的设计有效性。

四、穿行测试法

这是一种很有效的测试方法，多用于审计测试。评价人员通过抽取某业务的全过程执行文件（包括各种表单和记录），来了解整个业务流程的执行情况，借此发现其中的逻辑问题和缺陷。

五、抽样法

这是最常用、最经典的一种测试方法。评价人员针对具体的内部控制业务流程，按照业务发生频率及固有风险的高低，从抽样总体中抽取一定比例的业务样本，然后对业务样本的完整性、符合性进行判断，进而对业务流程控制运行的有效性做出评价。

六、实地查验法

评价人员对被评价单位的财产进行盘点、清查，或者对存货出入库等控制环节进行现场查验，以了解相关内部控制的有效性。

七、重新执行法

评价人员通过对某一控制活动的全过程进行重新执行来评估控制的设计有效性以及执行情况。

八、专题讨论会法

评价人员通过召集与业务流程相关的管理人员就业务流程的特定问题（比如缺陷认定、整改建议等）进行讨论，以获得有价值的意见和建议。这种方法是头脑风暴法的一种应用，可用来评价内部控制的设计有效性和执行有效性。

除上述方法外，杜邦分析法、经济增加值（EVA）等定量方法也经常被用于内部控制评价当中。评价人员可以根据自己的实际情况，选择其中的一种和多种来完成自己的评价工作。

第四节　内部控制评价工作底稿

一、编制内部控制评价工作底稿的依据

内部控制评价工作底稿是评价工作的基础，编制内部控制评价工作底稿的依据通常由两个部分组成，一是内部控制评价手册，二是内部控制测试矩阵。其中，内部控制评价手册包括总则、内部控制评价的内容、内部控制评价方法、内部控制评价程序等内容，是编制内部控制测试底稿的参考或指南。

在实践中，针对具体业务，企业还需要参考《企业内部控制基本规范》及其配套的应用指引，以及行业监管的新规定。

二、内部控制评价工作底稿样例

内部控制评价工作底稿各式各样，在实践中，只要能满足企业自己的管理要求即可。下面举几个底稿样例，见表 13-4~ 表 13-6，供评价人员参考。

表 13-4 内部控制设计有效性评价底稿样例

内部控制设计有效性评价底稿	
	底稿编号：××
编制人：	编制日期：
复核人：	复核日期：
流程名称：	流程编号：
评价时间范围：	评价人：
评价内容	**评价结果**
控制目标变化描述	
影响业务流程的关键因素分析	
现有控制点描述	
内控失效风险描述	
……	
设计缺陷描述	
改进建议：	

表 13-5 内部控制执行有效性评价底稿样例一

业务信息	风险描述		控制描述		内部控制测试					
流程名称	风险编号	风险描述	控制编号	控制点描述	控制方式	控制频率	执行日期	测试底稿索引	测试发现	测试结论

测试人：	测试时间：	复核人：	复核时间：

表 13-6　内部控制执行有效性评价底稿样例二

内部控制执行有效性评价底稿				
			底稿编号：××	
测试人：		测试日期：		
编制人：		编制日期：		
复核人：		复核日期：		
流程名称：		流程编号：		
控制编号：				
控制标准				
测试程序				
测试描述				
控制方式				
控制频率				
全年发生交易数				
样本量				
样本序号	样本信息	是否满足测试要求	情况说明	未达标样本编号
测试结论				
测试发现				
特殊情况说明				
改进建议				

三、内部控制的工作底稿

　　介绍完内部控制评价工作底稿，还要特别介绍一下"内部控制的工作底稿"。内部控制的工作底稿是内部控制实施的证据，证明内部控制措施在实际工作中得到了切实执行，确保内部控制实施过程中的信息和数据真实、准确、完整、有效等。

保留内部控制的工作底稿就是为了保证内部控制的可追溯性。内部控制的可追溯性要求企业在业务申请、审批、执行、监督等过程中对文档资料以应用系统、纸质材料、邮件等形式记录存档，将过程中各项活动涉及的表单和票据按要求填制、审核、归档和保管。一方面可以确认业务开展遵从了内部控制的规则和要求，按照内部控制既定程序执行；另一方面也是按照内部控制评价的要求，将业务决策、整个执行过程以文档的形式记录和保留下来，做到所有的业务活动有迹可循、有据可查。

内部控制可追溯性是内部控制评价得以执行的基础，内部控制工作底稿等材料是内部控制评价的重要对象。通过收集内部控制文档资料，进行比对，能够识别业务流程中的内部控制缺陷和舞弊环节，发现证据链中资料的缺失和"造假"部分。例如，业务人员出差申请要在系统中明确写明出差地点、日期等信息，出差返回后报销时需提供住宿、行程原始发票，包括住宿发票、车票等完整的证据，财务人员要对相关证据进行比对，确保出差申请、提供票据与出差地点、时间等相互一致。

完备的内部控制工作底稿有助于提升内部控制评价的效率。

第五节 内部控制评价报告示例

Spring 有限公司

2019 年度内部控制评价报告

Spring 有限公司全体股东：

根据《企业内部控制基本规范》及其配套指引的规定和其他内部控制监管要求（以下简称"企业内部控制规范体系"），结合本公司（以下简称

305

"公司"）内部控制制度和评价办法，在内部控制日常监督和专项监督的基础上，我们对公司 2019 年 12 月 31 日（内部控制评价报告基准日）的内部控制有效性进行了评价。

一、重要声明

按照企业内部控制规范体系的规定，公司健全和完善了法人治理结构、合规风控制度和内控管理体系，形成了股东大会、董事会、监事会和经营管理层相互分离、相互制衡的公司治理结构，使各管理层在各自的职责、权限范围内，各司其职，各负其责，确保了公司的稳健经营和规范运作。公司董事会下设合规与风险管理委员会、审计委员会、发展战略委员会、提名委员会、薪酬与考核委员会五个专门委员会，其中审计委员会、提名委员会和薪酬与考核委员会三个专门委员会主任委员由独立董事担任，以便于更好地发挥独立董事的作用。公司经营和管理规范有序，能够严格按照上市公司及证券公司的相关治理和监管要求，制定并完善了公司"章程""股东大会议事规则""董事会议事规则""董事会专门委员会工作细则""独立董事工作制度""监事会议事规则""总裁工作细则""董事会秘书工作细则"等各项规章制度。

公司相关制度明确了公司股东大会、董事会、监事会和经营管理层在公司治理规范运作、重大资产运用、合同签订、关联交易以及融资等重大经营决策事项方面的分权制衡关系和决策程序，有效防范和控制了决策风险，为进一步规范公司关联交易决策事宜，实现公司内部关联交易管理的完善与优化，提高公司规范运作水平，保护广大投资者的合法权益，公司修订完善了"关联交易管理制度"，通过上述制度的健全完善及充分落实和执行，公司治理结构不断规范，治理水平不断提高，从而确保公司稳健经营、规范运作。

公司内部控制的目标是合理保证经营管理合法合规、资产安全、财务

（续）

报告及相关信息真实完整，提高经营效率和效果，促进实现发展战略。由于内部控制存在的固有局限性，故仅能为实现上述目标提供合理保证。此外，由于情况的变化可能导致内部控制变得不恰当，或对控制政策和程序遵循的程度降低，根据内部控制评价结果推测未来内部控制的有效性具有一定的风险。

二、内部控制评价结论

根据公司财务报告内部控制重大缺陷的认定情况，于内部控制评价报告基准日，公司不存在财务报告内部控制重大缺陷。董事会认为，公司已按照企业内部控制规范体系和相关规定的要求在所有重大方面保持了有效的财务报告内部控制。

根据公司非财务报告内部控制重大缺陷认定情况，于内部控制评价报告基准日，公司不存在非财务报告内部控制重大缺陷。

自内部控制评价报告基准日至内部控制评价报告发出日之间，未发生影响内部控制有效性评价结论的因素。

三、内部控制评价工作情况

根据《企业内部控制基本规范》及其配套指引和公司内部控制制度要求，公司按照风险导向原则确定纳入评价范围的主要单位、业务事项及高风险领域。

（一）内部控制评价的范围

纳入评价范围的主要单位包括 Spring 有限公司各部门、A 有限责任公司、B 有限公司、C 有限公司，所有子公司均涵盖下属公司。纳入评价范围单位的资产总额占公司合并财务报表资产总额的 100%，营业收入合计占公司合并财务报表营业收入总额的 100%。

（二）纳入评价范围的业务和事项

纳入评价范围的主要业务和事项包括公司治理、内部环境、风险评估、控制活动、信息与沟通、内部监督，以及控制活动所涉及的不相容岗位分离控制、授权审批控制、会计系统控制、财产保护控制、预算控制、运营分析控制、绩效考核控制；重点关注的高风险领域主要包括现行各主要业务及基础职能管理，即经纪与财富管理业务、自营业务、研究咨询业务、资产管理业务、投资银行业务、债券融资业务、直投业务、期货业务、资产托管业务、网络金融业务、销售交易业务、创新业务以及财务与会计、运营支持、战略发展、人力资源、客户关系、信息技术、合规及法律事务、风险管理等领域，以及对公司经营管理产生重大影响的流动性风险、市场风险、信用风险、操作风险、声誉风险、信息技术风险、合规风险、法律风险和廉洁风险。

上述纳入评价范围的单位、业务和事项以及高风险领域涵盖了公司经营管理的主要方面，不存在重大遗漏。

（三）公司内部控制建设

为加强和规范公司合规风险控制，提高公司内部控制风险防范能力，促进公司可持续发展，公司经营管理层高度重视董事会、内部控制各职能部门的意见和建议，持续进行内部控制自评，对于发现的问题及时采取措施纠正，最大限度避免偏离内部控制管理目标，保障相关业务稳健发展，促进公司内部控制管理水平提高和达成公司合规管理目标及战略发展目标。

1. 法人治理结构

作为在我国内地和香港两地上市的公众公司，公司严格按照上市地的法律、法规及规范性文件的要求，规范运作，不断致力于维护和提升公司良好的市场形象。公司严格依照《公司法》《证券法》《证券公司监督管理条例》《证券公司治理准则》《上市公司治理准则》《香港联合交易所有限公司证券上市规则》附录十四《企业管治守则》及《企业管治报告》等相关法律法规以及公司《章程》的规定，按照建立现代企业制度的目标，健全和完善公司法人治理结构、合规风控制度和内控管理体系，形成了股东大会、

（续）

董事会、监事会和经营管理层相互分离、相互制衡的公司治理结构，使各管理层在各自的职责、权限范围内，各司其职，各负其责，确保了公司的稳健经营和规范运作。

2. 关联交易控制

公司严格按照上海证券交易所《股票上市规则》、香港联合交易所有限公司《证券上市规则》及公司《关联交易管理制度》，对关联交易进行严格控制。公司独立董事对日常关联交易发表独立意见，关联交易的批准程序符合法律法规、规范性文件的规定以及公司《章程》《关联交易管理制度》等要求。

3. 信息与沟通

公司主要制度、流程、通知和公告等事项均通过办公系统在公司范围内发布，各部门、各子公司和分支机构均可通过办公系统获取相关信息，大大提高了信息传递效率。公司定期召开总裁例会，研究经营管理事项，部署经营管理工作，相关部门负责人可通过参加总裁例会了解公司经营管理决策，并在具体工作中贯彻落实。

4. 内部控制执行

公司建立了一整套持续完善、行之有效的管理制度体系，有效保障了公司各项业务稳健运行。风险管理部牵头印发"2018年内控自评持续优化工作方案"，明确了内控自评工作重点，推动各单位持续做好风险识别、评估、监控和缓释。为保障公司各项制度与当前业务开展和管理架构相适应，公司组织各部门全面梳理制度，召集讨论、协调沟通，明确相关制度修订计划，完善公司整体制度体系，确保制度流程符合全面性、审慎性、有效性、适时性等原则，避免出现制度流程上的空白或漏洞。

（1）风险识别。公司各部门、分支机构、子公司及时发现和提示相关风险意识，提出审查和咨询意见，助力其防范和化解风险，确保公司经营发展的合法合规。

（续）

（2）风险评估。公司建立了内部控制的自我评估机制，建立了事前风险识别与评估、事中风险应对与控制、事后风险处理与反馈的风险管理机制，以客户权益为中心、以维护社会稳定为基准，全面评估重大风险事件和投诉纠纷的法律风险；对新业务方案、新业务模式开展评估论证，全面评估内在风险，为公司创新业务发展积极提供合规支持。

（3）风险监控。公司建立了多层级风险指标体系及分级监控机制。各部门、分支机构、子公司建立并持续优化相关管理制度、信息系统、内部流程等各项监测机制，强化事前预防、事中控制，不断提高风险预警能力和监测能力。公司建立了对关键风险指标的逐日盯市机制，通过系统化手段动态监控关键风险指标情况，判断风险指标的变化，对超过风险指标限额的情况，及时预警、报告和处置。

（4）风险应对。公司切实推动各类风险事件及客户投诉纠纷的处置和化解。针对监管机构在日常监控、现场检查中指出的问题和采取的行政处罚措施、行政监管措施、自律措施等，积极组织、跟踪、督促相关单位进行有效整改；针对重大客户投诉纠纷事件，保持密切关注、主动沟通协商，积极向监管部门汇报，争取监管部门的理解和支持，避免事件升级，维护公司合法权益。同时，加强公司的风险覆盖和穿透管理。从公司层面制定了差异化的子公司风险管理细则，强化对子公司管理。

（5）风险报告。公司建立了多层级的风险报告体系，及时、全面和真实地反映公司各单位的风险状况，保障风险信息在上下层级、各单位之间进行有效传递。公司建立了日报、月报、年报等定期风险报告机制。各部门、分支机构、子公司在日常经营中及时向各专业风险管理部门报告业务及风险重大事项。公司各单位的风险状况能够得到及时、全面和真实地反映，为经营管理层的战略决策提供了依据。

（四）内部控制评价的依据及内部控制缺陷认定标准

公司依据企业内部控制规范体系及中国证监会发布的《证券公司内部

（续）

控制指引》《公开发行证券的公司信息披露编报规则第21号——年度内部
控制评价报告的一般规定》和上海证券交易所发布的《上海证券交易所上
市公司内部控制指引》等相关法律、法规和监管规则的要求，组织开展内
部控制评价工作。公司董事会根据企业内部控制规范体系对重大缺陷、重
要缺陷和一般缺陷的认定要求，结合公司规模、行业特征、风险偏好和风
险承受度等因素，区分财务报告内部控制和非财务报告内部控制，研究确
定了适用于本公司的内部控制缺陷具体认定标准，并与以前年度保持一致。
公司确定的内部控制缺陷认定标准如下：

重大缺陷是指一个或多个控制缺陷的组合，可能导致企业严重偏离控
制目标；重要缺陷是指一个或多个控制缺陷的组合，其严重程度和经济后
果低于重大缺陷，但仍有可能导致企业偏离控制目标；一般缺陷是指除重
大缺陷、重要缺陷之外的其他缺陷。

（1）财务报告和非财务报告内部控制缺陷认定的定量标准如下：

评级	一般缺陷	重要缺陷	重大缺陷
财务损失 （占上年税前利润的百分比）	0%~1%（不含）	1%~5%（不含）	大于5%（含）
权益损失 （占上年股东权益的百分比）	0%~0.2%（不含）	0.2%~1%（不含）	大于1%（含）

（2）财务报告和非财务报告内部控制缺陷认定的定性标准如下：

评级	一般缺陷	重要缺陷	重大缺陷
业务损失	极小影响或轻微影响，如对收入、客户、市场份额等有轻微影响	有一定影响，但是经过一定的弥补措施仍可能达到营运目标或关键业绩指标	较大影响，无法达到部分营运目标或关键业绩指标
信息错报影响	对内外部信息使用者不会产生影响，或对信息准确性有轻微影响，但不会影响使用者的判断	对信息使用者有一定的影响，可能会影响使用者对于事物性质的判断，在一定程度上可能导致错误的决策	错误信息可能会导致使用者做出重大的错误决策或截然相反的决策，造成不可挽回的决策损失

（续）

（续表）

评级	一般缺陷	重要缺陷	重大缺陷
信息系统对数据完整性及业务运营的影响	对系统数据完整性不会产生影响。对业务正常运营没有产生影响，或对系统数据完整性会产生有限影响，但数据的非授权改动对业务运作及财务数据记录产生损失轻微。对业务正常运营没有直接影响，业务部门及客户没有察觉	对系统数据完整性具有一定影响，数据的非授权改动对业务运作带来一定的损失及对财务数据记录的准确性产生一定的影响。对业务正常运营造成一定影响，致使业务操作效率低下	对系统数据的完整性具有重大影响，数据的非授权改动会给业务运作带来重大损失或造成财务记录的重大错误。对业务正常运营造成重大影响，致使业务操作大规模停滞和持续出错
营运影响	对日常营运没有影响，或仅影响内部效率，不直接影响对外展业	对内外部均造成了一定影响，比如关键员工或客户流失	严重损伤公司核心竞争力，严重损害公司为客户服务的能力
监管影响	一般反馈，未受到调查和罚款，或被监管者执行初步调查，不必支付罚款	被监管者公开警告和专项调查，支付的罚款对年利润没有较大影响	被监管者持续观察，支付的罚款对年利润有较大的影响
声誉影响	负面消息在企业内部流传，企业声誉没有受损，或负面消息在当地局部流传，对企业声誉造成轻微损害	负面消息在某区域流传，对企业声誉造成中等损害	负面消息在全国各地流传，引起公众关注，引发诉讼，对企业声誉造成重大损害

报告期内，公司对纳入评价范围的业务与事项已建立了内部控制机制，并得以有效执行，达到了公司内部控制的目标。我们注意到，内部控制应当与公司经营规模、业务范围、竞争状况和风险水平等相适应，并随着情况的变化及时加以调整。公司将继续完善内部控制，规范内部控制执行，强化内部控制监督检查，促进公司健康、可持续发展。

四、内部控制缺陷认定及整改情况

（1）财务报告内部控制缺陷认定及整改情况根据上述财务报告内部控制缺陷的认定标准，报告期内公司不存在财务报告内部控制重大缺陷和重要缺陷。

（2）非财务报告内部控制缺陷认定及整改情况根据上述非财务报告内

（续）

部控制缺陷的认定标准，报告期内公司不存在非财务报告内部控制重大缺陷和重要缺陷。

附件：××会计师事务所《Spring有限公司内部控制审计报告》

董事长（已经董事会授权）：王瑞

Spring有限公司（公章）

2020年3月28日

第十四章
风险管理报告

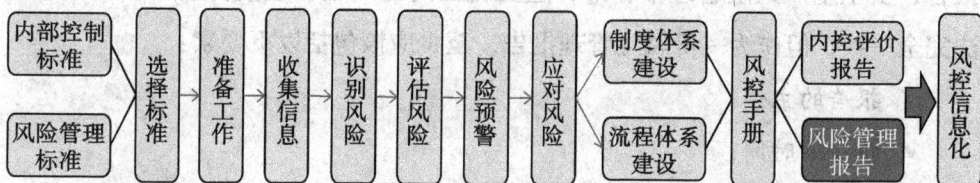

```
┌──────┐
│内部控制│
│ 标准 │──┐   ┌────┐ ┌────┐ ┌────┐ ┌────┐ ┌────┐ ┌────┐ ┌────┐ ┌────┐         ┌────┐  ┌────┐
└──────┘  ├──│选择│→│准备│→│收集│→│识别│→│评估│→│风险│→│应对│→│制度体系│  ┌────┐ │内控评价│  │风控│
┌──────┐  │  │标准│ │工作│ │信息│ │风险│ │风险│ │预警│ │风险│ │ 建设 │→│风控│→│ 报告 │→│信息│
│风险管理│──┘   └────┘ └────┘ └────┘ └────┘ └────┘ └────┘ └────┘ ┌────┐ │手册│ │风险管理│  │ 化 │
│ 标准 │                                                          │流程体系│ └────┘ │ 报告 │  └────┘
└──────┘                                                          │ 建设 │        └────┘
                                                                   └────┘
```

  风险管理报告有两个含义，一是指一份文本（report），二是指行为（reporting），包括报告方式和报告路径等。本章围绕第一层含义展开。

  风险管理报告并无统一的格式要求。根据报告的主体和对象不同，风险管理报告可以分为：集团风险管理报告、子公司风险管理报告、项目风险管理报告、产品风险管理报告等，这些报告根据对应的时间长短，又可分为周风险管理报告、月度风险管理报告、季度风险管理报告、年度风险管理报告等。本章重点以企业年度风险管理报告为例，介绍报告编写的过程和成果。

  本章主要内容如下：

第一节 风险管理报告的相关事项

第二节 年度风险管理报告模板

第三节 回顾本年度企业全面风险管理工作

第四节 研判下一年企业重大风险

第五节 安排下一年企业全面风险管理工作

第六节 年度风险管理报告示例

第七节 2020 年风控工作报告新模板

第八节 中小民营企业风险管理报告

第一节 风险管理报告的相关事项

一、风险管理报告的要素

根据报告的主体和对象不同，风险管理报告可以分为集团风险管理报告、子公司风险管理报告、项目风险管理报告、产品风险管理报告、环保风险管理报告、安全生产风险管理报告等，这五花八门的风险管理报告显然在格式上没法完全一致，但作为一份风险管理报告，至少应该包括以下要素：

- ✓ 报告的主体；
- ✓ 报告的时间；
- ✓ 报告的原则；
- ✓ 报告的评价标准；
- ✓ 报告的内容；
- ✓ 报告的结论。

企业在编制各类风险管理报告时，应该注意这些基本要素，保证不缺项。

二、风险管理组织体系

风险管理报告要在企业风险管理组织体系下编制完成。企业风险管理组织体系一般包括两条线：一是风险管理业务条线，二是风险管理审计条线。在风险管理业务条线，一般包括业务部门、风险管理部门、风险管理委员会；在风险管理审计条线，一般包括审计部和审计委员会。风险管理报告的确认和审批机构是公司董事会，因为董事会是企业风险管理的责任人。

风险管理报告的编制与汇报路径如图 14-1 所示。

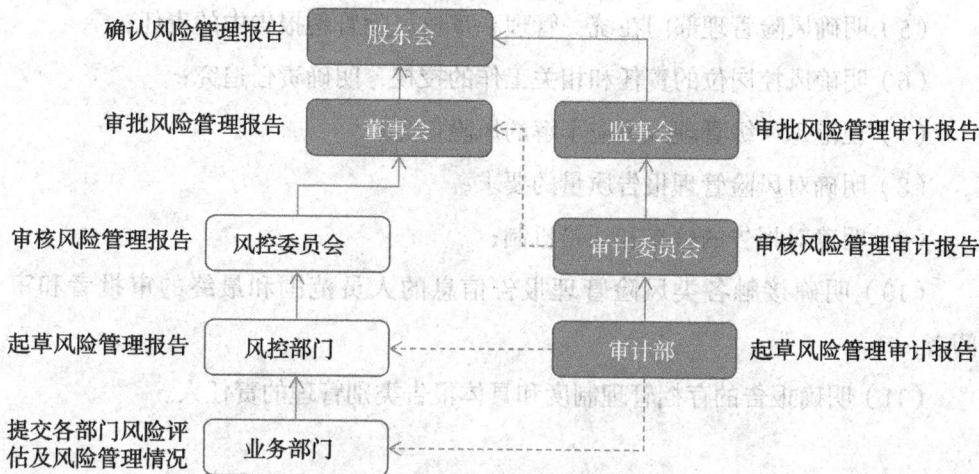

图 14-1 风险管理报告的编制与汇报路径

如图 14-1 所示，企业编制和汇报"风险管理报告"的路径是：先由各业务单位和职能部门研究提出本职能部门或业务单位的重大决策风险评估报告和风险管理情况，然后提交风险管理职能部门进行汇总分析；之后由风险管理职能部门研究提出全面风险管理工作报告，并提交给风险管理委员会审议；风险管理委员会审议通过后报董事会、股东会审批。

在风险管理审计条线，由审计部研究提出全面风险管理监督评价体系，向董事会提交全面风险管理年度报告。

对于集团性企业，"企业年度全面风险管理报告"应该按照上述风险管理报告体系由基层向高层逐级报告，并最终提交股东会或股东大会进行决议。

三、风险管理报告制度

为了提高对风险管理报告的管理水平，企业需要制定制度作为基本指引和保障。成熟的"风险管理报告制度"应包含以下内容：

（1）风险管理报告的目标；

（2）明确对风险管理报告信息来源在真实性、可靠性和完整性方面的要求；

（3）明确风险管理报告编制程序；

（4）明确风险管理报告披露程序；

（5）明确风险管理部门在统一管理和审核风险管理报告中的责任；

（6）明确风控岗位的责任和相关工作的授权，明确责任追究；

（7）规范每一级管理人员应了解的风险信息；

（8）明确对风险管理报告质量的要求；

（9）明确对报告的检查和纠错机制；

（10）明确接触各类风险管理报告信息的人员范围和最终的审批者和审阅者；

（11）明确报告的存档管理制度和具体报告类别管理的责任人。

四、风险管理报告的基本编制程序

对于集团型企业，通常按照以下程序编制全面风险管理报告。

集团总部开展当期风险评估之前，下属企业需按照集团要求完成本单位的风险评估，在本单位风险管理办公室的组织下编制年度"全面风险管理报告"，年度"全面风险管理报告"经本单位风险指导委员会或相应决策机构批准后，提交上级集团。全面风险管理报告包括风险管理报告的模板、编制风险报告的程序等。

集团总部风险管理办公室根据集团上年度风险管理工作完成情况，汇总重大风险监控情况和风险评估结果，整理各下级单位提交的年度"全面风险管理报告"，编制集团年度"全面风险管理报告"，报送风险指导委员会审核后提交总经理办公会审批。具体如图14-2所示。

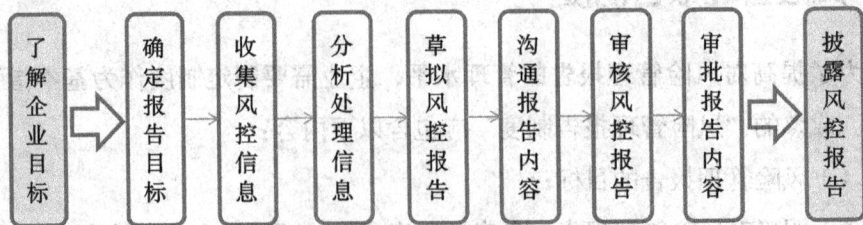

图14-2 风险管理报告编制程序

了解企业目标 ⇒ 确定报告目标 → 收集风控信息 → 分析处理信息 → 草拟风控报告 → 沟通报告内容 → 审核风控报告 → 审批报告内容 ⇒ 披露风控报告

五、风险管理报告的披露

企业年度风险管理报告涉及企业发展的核心风险分析，所以它是一份需要保密的文件，随报告内容详细程度的不同，可分为机密级和秘密级。

企业年度风险管理报告经风险管理委员会审核、董事会审批后方可对外披露。对国企而言，一般只是向监管机构披露。如需提交国资委的（对应非金融国有企业），则在报告审批后，按照上报时限要求上报给国资委（国务院国资委或地方国资委）分管处室；如需提交银保监会的（对应银行和保险机构），则在报告审批后，按照上报时限要求进行上报。

因国务院国资委机构改革职责调整，自2020年起，风险管理报告似乎不用再提交了，取而代之的是"企业年度内部控制报告"。

第二节　年度风险管理报告模板

在2019年之前，国务院国资委改革局具体负责各央企的风险管理归口管理工作。改革局几乎每年都会在第四季度发一份通知，告知各中央企业，下一年的风险管理报告应该按什么格式和什么要求来编写，并于什么时间之前提交。以下为2018年9月发布的"2019年度中央企业全面风险管理报告"[②]（报送国资委模板）的目录，供参考。

2019年度中央企业全面风险管理报告（模板）

一、2018年企业全面风险管理工作回顾

（一）总体情况

简要介绍本企业2018年全面风险管理工作情况及董事会对此项工作的

---

② 本报告模板来源于国务院国资委网站（2018年9月发布）。

（续）

总体评价情况。

（二）工作亮点

选择 1~2 个角度，介绍风险管理的做法、经验和成效。

（三）风险事件

按照重大风险事件等级标准，报告本年度内企业发生的重大风险事件，并说明相应的产生原因、造成影响、控制措施、事件进展等情况。

二、2019 年企业重大风险研判

结合企业实际、行业特点和国内外形势，评估本企业 2019 年面临的 2~3 个重大风险，并给出风险描述和风险应对策略与措施。

三、2019 年企业全面风险管理工作安排

四、当前的工作难点、存在问题及意见建议

从上面的目录来看，中央企业年度风险管理报告分为四个部分：第一部分是对本年度风险管理工作的回顾和总结；第二部分是对未来一年影响企业发展的重大风险的研判；第三部分是在第二部分风险评估的基础上，说明下一年风险管理工作的安排；第四部分是对当前工作难点、存在问题及意见建议的说明。这四个部分，如果按内容权重来分，第一部分约占 25%，第二部分约占 40%，第三部分约占 30%，第四部分约占 5%。企业在编制报告时需要注意这个比例结构。

下面分三节分别介绍第一部分、第二部分和第三部分的编写说明。

第三节　回顾本年度企业全面风险管理工作

这一部分是对本年度风险管理工作的回顾与总结，具体包括三个大的方面：一是本年度风险管理工作的总体情况，二是本年度风险管理工作的亮点，三是对本年度已发生的重大风险事件的报告。下面分别给予描述。

一、本年度风险管理工作总体情况

以 2019 年为例，企业可以简要介绍本企业 2019 年全面风险管理工作的情况，以及本企业董事会对此项工作的总体评价情况。这部分内容属于总体概述，要具有概括性、全面性、代表性和高度性，不需要展开。

（一）本企业 2019 年全面风险管理工作的情况

在介绍本企业 2019 年全面风险管理工作情况时，可以从以下几个方面入手：

（1）对全年风险管理工作进行概括，回答风险管理工作是否对企业经营起到保驾护航的作用，在创造价值和保护价值方面做得怎么样，是否发生重大风险事件，重大风险事件是否得到及时管控等；

（2）风险管理组织机构建设情况；

（3）企业风险管理文化建设情况；

（4）风险评估机制建设和运行情况；

（5）风险应对决策机制建设及运行情况等。

（二）本企业董事会对此项工作的总体评价情况

董事会是企业的权力机构和决策机构，对企业的风险管理负最终责任。国务院国资委在《中央企业全面风险管理指引》中对董事会在风险管理工作中的责任界定如下：

（1）审议并向股东（大）会提交企业全面风险管理年度工作报告；

（2）确定企业风险管理总体目标、风险偏好、风险承受度，批准风险管理策略和重大风险管理解决方案；

（3）了解和掌握企业面临的各项重大风险及其风险管理现状，做出有效控制风险的决策；

（4）批准重大决策、重大风险、重大事件和重要业务流程的判断标准或判断机制；

（5）批准重大决策的风险评估报告；

（6）批准内部审计部门提交的风险管理监督评价审计报告；

（7）批准风险管理组织机构设置及其职责方案；

（8）批准风险管理措施，纠正和处理任何组织或个人超越风险管理制度做出的风险性决定的行为；

（9）督导企业风险管理文化的培育；

（10）全面风险管理其他重大事项。

董事会在风险管理工作中履行的职责有十条之多，在审议评价风险管理工作方面，企业可以从以下方面入手进行编写。

（1）董事会对风险管理工作评价的时间和频率。频率是一年一次，还是半年一次；是在年初，还是在年底。

（2）董事会对风险管理工作评价的内容。内容可包括风险管理文化建设情况，风险管理组织机构的运行效率，对"三重一大"事项的风险评估情况，风险管理工作的绩效情况等。

（3）董事会对风险管理工作评价的形式。是内部会议式，还是聘请外部专家参与的方式；是对年度风险管理报告进行评价，还是在全年风险管理工作中按照上述职责全面参与后，再给予综合评价。

（4）董事会对风险管理工作评价的流程。这里要说明集团风险管理职能部门、风险管理委员会，以及其与下属公司风控职能部门之间的工作关系和报告机制。董事会在实施风险管理工作评价时，这些部门和机构都起了什么作用。

（5）董事会对风险管理工作评价的结论。结论可能分为总体认可、部分认可、部分否定、无法给出评价结论等。企业在编制风险管理报告时，应对董事会认可的和不认可的事项都要明确阐述。

二、本年度风险管理工作的亮点

我们会发现，一年的风险管理工作会有不少亮点。总结这些亮点，一方面有利于企业扬长避短、持续改进；另一方面也有利于国务院国资委向其他中央企业宣传和推介这些亮点。

在编写亮点时，企业可以从自身风险管理工作中选择几个视角，介绍自己在特定领域开展风险管理的做法、经验和成效。这些视角可以从以下方面入手：

（1）决策层对风险管理的顶层设计、战略引领；

（2）风险管理融入企业经营管理（比如：在物流风险管理方面的做法，在信用风险管理方面的做法，或者在安全生产、信息安全、反腐倡廉，以及舆情风险管理等方面的做法）；

（3）重大风险的识别、分析、评价和应对；

（4）风险管理思路和方法创新；

（5）风险管理的体制机制建设；

（6）风险管理的组织保障；

（7）风险管理信息化建设；

（8）风险管理的队伍和文化建设等。

基于上述角度，企业可以参照下面的格式编写亮点内容：

亮点一、

1. 背景介绍

　　从略

2. 主要做法

　　从略

3. 取得的成效

　　从略

4. 经验总结

　　从略

在编写亮点时，企业也可介绍几个防范和应对重大风险的典型案例。通过对案例的介绍，反映风险管理工作对企业经营发展的积极作用。这部分内容可以从应急管理、风险转移、风险分担、减少损失、拓展机会、促成合作等方面的案例入手进行编写。

三、本年度发生的重大风险事件

在报告本年度发生的重大风险事件之前，企业需要先明确重大风险事件是如何确定的，判定某事件是重大事件的标准是什么，即什么是本企业的重大风险，判断依据是什么。

这些内容对应风险评估准则，如风险后果的影响程度准则、风险发生可能性准则、风险重要性准则等。这些准则的制定，取决于法律法规、企业的风险偏好、企业利益相关方的需求等。详见第三章关于风险评估的说明。

基于上述准备工作，企业可以按表14-1向国资委报告本年度内企业发生的重大风险事件，并说明相应的风险原因、后果、造成的影响、控制措施、事件进展等情况。

表 14-1　2019 年重大风险事件情况表

序号	事件名称	事件简述	发生原因	造成的影响及损失	控制措施	事件进展情况	后续方案措施	预计解决时间
1								
2								
3								
……								

第四节　研判下一年企业重大风险

国务院国资委一般在第四季度发布《企业年度全面风险管理报告》的编写要求和报告模板，各中央企业一般在年底开始准备自己企业的年度风险管理报告，直到下一年五一之前上交报告。

"研判下一年企业重大风险"这部分内容需要各中央企业结合自己的实际情况、行业特点和国内外形势，客观、科学地评估本企业在下一年将面临的重大风险，并给出这些重大风险的描述及应对策略和应对措施。编写这部分内容时要注意三个关键点。

第一点是"重大风险"。提交给国务院国资委的应该是本企业在下一年将可能面临的重大风险,而不是一般风险。那么,如何区分重大风险和一般风险呢?认定重大风险的标准是什么?认定的过程和方法是否科学?这就需要各中央企业在填写报告背后做很多基础工作。

第二点是"时间范围"。特指报告的那些重大风险是下一年的,不是上一年的,也不是后年的。

第三点是"主体"。特指报告的那些重大风险是本公司的,而不是其他公司的,也不是国家的或行业的重大风险。

为了简洁明了地突出重点,国务院国资委要求各中央企业按表14-2的格式来描述"下一年企业的重大风险"。

表 14-2　2020 年企业重大风险评估表

序号	风险名称	风险描述 (表现、原因、影响、发生的可能性等)	应对举措
1			
2			
3			

虽然表 14-2 很简洁,但对企业重大风险的研判却是一个复杂的定性和定量的分析过程,该过程一般包括调查、研究、识别、分析和判断等环节,具体工作内容如下所述。

(1)明确企业开展年度(2020 年)风险评估的范围、方式、方法、过程、参与人员等。

(2)按《中央企业全面风险管理指引》的风险分类要求,结合下一年本企业的经营目标,分析本企业下一年面临的内外部环境因素的变化,收集在战略风险、财务风险、市场风险、运营风险和法律风险等方面的风险管理初始信息,建立风险库和风险事件库。为了方便横向比较和历史比较,国资委特别指定了40 个主要风险,相当于二级风险(如表 6-10 所示)。各中央企业在上报重大风险时,应采用该二级风险分类。

（3）明确企业在分析风险事件发生的可能性、发生后对经营目标的影响程度时，所采用的评估标准；然后对已识别的风险进行分析，并估算其大小，获得风险排序；为方便决策和管理，企业可以按照风险事件发生的可能性和风险事件发生后对企业经营目标的影响程度两个维度，将企业下一年的风险绘制成风险坐标图进行展示。详见"风险水平"和"风险矩阵"的说明。

（4）对风险值大的风险，建立分析模型和预测模型，进行量化分析，然后与风险重要性准则进行比较，确定重大风险。

（5）根据上述风险评估的结果，从风险类别、风险源、产生原因、风险发生后对企业目标的影响等方面，逐一对重大风险进行描述，见表14-3。其中，对风险源的描述可以具体到产生的单位、项目、业务、管理活动等，这将有利于日后风险应对的责任落实。

表 14-3　2020 年企业重大风险评估表（示例）

序号	风险名称	风险描述 （表现、原因、影响、发生的可能性等）	应对举措
1	现金流风险	表现：现金流入不敷出 原因：应收款占收比太高，或者库存太多，或者产品销售萎缩，或者研发投入严重超预算等 影响：研发中断，或者没钱采购原材料而停产，或者员工拿不到工资而离职等 发生可能性：高 风险等级：高	针对不同情况，制定相应的应对措施（从略）
2			
3			

第五节　安排下一年企业全面风险管理工作

关于"下一年企业全面风险管理工作安排"这一部分内容，可从如下方面入手编写。

首先需说明企业决策层对本企业下一年（2020年）全面风险管理工作提出

的安排部署和要求。

其次是基于前述的"重大风险研判"结果,制定风险应对工作安排,这应该是全年的工作重点。这部分工作安排要有针对性,要针对已经研判出的重大风险,分别制定各自的风险应对策略和方案,内容可包括每个重大风险的应对责任主体、关键节点、拟采取的管控措施(包括事前、事中、事后以及危机处理计划等),还应包括企业对执行重大风险管理策略和解决方案的监督保障机制等内容。

然后,可以根据全面风险管理体系的要素,描述相关工作的推进计划。例如,风险管理组织体系的优化、内部控制体系的优化、风险管理信息系统的建设与完善、风险管理文化建设,以及合规管理与风险管理工作的整合等。这些重要内容都可以呈现在下一年企业全面风险管理工作安排之中。

上述内容一般由风险管理牵头部门(如风险管理部)起草,经与相关业务部门沟通,在获得管理层审批后,方能形成正式的工作计划,然后报上级单位或国资委。

第六节 年度风险管理报告示例

本节以某集团公司(中央企业)的年度风险管理报告为例,来展示风险管理报告的编写。

中国××集团公司

2019 年度企业全面风险管理报告

一、2018 年度全面风险管理工作回顾

(一)全面风险管理工作计划完成情况

1. 全面风险管理体系建设情况及工作计划执行情况

(1)推进集团公司体制机制改革,集团管控体系初步搭建

(内容从略)

（续）

（2）建立健全集团总部全面风险管理与内部控制组织体系

（内容从略）

（3）建立健全全面风险管理与内部控制制度体系

（内容从略）

（4）积极推进下属股份公司风险管理与内部控制深化工作

（内容从略）

（5）风险管理信息系统有关情况

（内容从略）

（6）企业风险管理文化建设培育

（内容从略）

2. 决策层对公司年度全面风险管理工作的评价

（内容从略）

（二）重大风险管理情况

1. 2018 年度公司重大风险管理情况

（1）投资风险

（内容从略）

（2）项目管理风险

（内容从略）

（3）筹融资风险

（内容从略）

（4）国际经营风险

（内容从略）

（5）人力资源结构风险

（内容从略）

2. 2018 年度公司重大风险事件分析

（内容从略）

（续）

二、2019 年度企业重大风险研判

（一）国际化经营风险

1. 风险类别：运营风险

2. 风险定义

企业在国际化发展过程中所面临的经营能力不足、国际化人才短缺，对国外的社会、政治、经济、人文等环境前期调研不充分，或受当地政府政策等因素的影响，导致企业在海外布局、海外经营中出现不利局面，投资回报低于预期，人员安全发生危险，从而导致企业经济或者声誉遭到损失。

3. 风险产生原因

（1）项目所在国政权的更迭或者所在国执政党的变更，政府对外资的政策发生了变化，给企业海外经营造成困难。如利比亚、叙利亚国内政治形势恶化，公司项目只能中止，后续进展不定，对公司海外业务造成较大影响。

（2）对当地宗教、文化、管理体制、技术标准和规范的理解存在差异，对项目的研究存在片面性和主观性，对工程技术方案、要求的资源配置理解不透彻。

（3）海外运营在运营过程中由于经营管理等内部问题或外部经营环境问题导致海外运营不善，如海外业务工程承包模式不适合当地市场，管控模式不合理，管理人员经营能力不强、管理能力不够等原因，造成财产损失或人员伤亡的风险。

4. 风险造成的影响

（1）政治与政策的变化影响企业经营环境和经营方向，一旦发生政治风险，企业将会蒙受很大损失，并且很难弥补；一旦所在国政策改变，企业必须遵守。

（2）社会与治安的动荡影响公司对海外项目资源的掌握和协调，加大海

外项目管理难度，可能产生工程款拖欠或延期支付，影响项目进展及收益。

（3）管理不善以及人员配备不到位影响海外项目的进度、安全、质量等，影响海外项目收益，进而影响公司在海外业务领域的发展，可能造成海外投资损失，影响公司战略目标的实现。

5. 风险控制目标

使国际化业务发展的负面影响得到有效控制，避免企业遭受海外诉讼和国际赔偿乃至影响企业的经营和国际声誉。

6. 风险管理策略

在认真研究国际战略且利用相应的风险控制、风险降低、风险转移等策略的基础上，坚定不移地继续实施稳健的国际业务优先发展战略，逐步实现集团公司多品牌融合，通过合理布局、充分调研、有效管控等措施，控制和降低国际化业务运作风险；通过保险、分包等措施转移"走出去"风险。

7. 风险解决方案

（1）进入市场前分析考虑相关技术、合作方资信、所在国政府监管、市场环境变化等各种风险因素，以积极的态度和审慎原则去开拓新市场。

（2）以稳健原则和效益导向承接新项目，在投标、合同谈判、签署时，利用合同有关条款对风险进行约定。

（3）强化公司对国际业务的战略管控，加强对营销规划、营销网络、资源统筹、项目履约指导和服务、督察、重大合同风险、财务风险和经营风险等方面的管控。

（4）整合驻外机构和营销渠道，统一建立海外经营网络和办事机构，形成集团品牌引领下的多品牌营销模式，使之更适应现阶段国际业务布局需求，从组织、技术、管理、人才、资金等方面加强国际区域市场营销。

（5）强化对海外项目巡查监管，并在资源配置、外事审批、信息传递等方面加大服务力度，并关注市场环境等各种因素变化和潜在风险，为项

（续）

目履约创造良好外部环境。

（6）强化海外运营风险管理，打通风险信息流，使海外工程业务风险基础信息能够从底层定期集中到总部；建立沟通渠道，分享海外工程承包业务风险管理经验；同时探索风险管理的具体应用，开展海外工程承包业务领域风险战略与风险理财等方面的研究，并将研究成果推广、落地。

（7）正确处理安全与发展的关系，根据最新时势持续完善突发事件应急机制，加大安全投入，从政治的高度确保海外人员生命财产安全。

（8）加大对熟悉海外项目的工程管理、技术、法律及商务等复合型人才的引进和培育工作。

8. 责任部门

（1）主要责任部门：海外事业部。

（2）协助管理部门：投资管理部、法律事务部、安全质量管理部。

9. 涉及重要业务流程

（1）境外项目投标管理流程。

（2）境外突发事件响应处理流程。

（3）境外业务统计管理流程。

（二）**投资风险**

（内容从略）

三、2019 年度风险管理工作计划

按照集团公司全面风险管理规划，2019 年全面风险管理工作重点在于集团公司全面风险管理体系的运行固化以及成员企业全面风险管理工作的推进，具体工作计划如下所述。

（一）**编报 2019 年度全面风险管理报告**

（内容从略）

（二）**深入推进全面风险管理与内部控制体系建设**

（内容从略）

（续）

> **（三）构筑集团公司风险管理"三道防线"，落实各项重大风险管控措施的执行情况**
>
> （内容从略）
>
> **（四）完善风险管理制度，加强建立风险标准化管理机制**
>
> （内容从略）
>
> **（五）加大全面风险管理人才队伍的建设机制，锻造良好的风险管理文化**
>
> （内容从略）
>
> 报告日期：2019 年 1 月 30 日

第七节　2020 年风控工作报告新模板

2019 年 12 月 31 日，国务院国资委下发了《关于 2020 年中央企业内部控制体系建设与监督工作有关事项的通知》（国资厅发监督〔2019〕44 号）。文件要求各中央企业要以"强内控、防风险、促合规"为目标，进一步整合优化内控、风险管理和合规管理监督工作，按一体化要求编制 2019 年度内控体系工作报告，不再分别报送《中央企业内部控制评价报告》和《中央企业年度风险管理报告》；同时要求相关材料要经企业董事会或类似决策机构审议通过，由企业主要领导人员签字并加盖公章后于 2020 年 4 月 30 日前报送国资委，同时抄送企业纪委（纪检监察组）、组织人事部门。

新的年度内控体系工作报告模板是对内部控制和风险管理的综合，除了格式的变化，没有太多新的内容，所以，不再展开介绍。

2019 年度中央企业内控体系工作报告（模板）

一、2019 年内控体系建设与监督工作情况总结

结合贯彻落实《关于加强中央企业内部控制体系建设与监督工作的实施意见》（以下简称《实施意见》）有关要求，全面总结 2019 年内控体系建设及监督工作开展情况。

（一）内控体系建设及执行情况

（1）组织架构及履职情况。董事会及下设专门委员会、经理层、职能部门对内控、风险管理和合规管理监督的职责及履职情况。董事会对企业年度内控体系有效性的评价意见。

（2）制度建设及执行情况。内控、风险管理和合规管理监督制度以及内控缺陷认定标准、风险分类框架和评估标准、合规评价标准的建设及执行情况。

（3）日常管控情况。内控体系管控要求嵌入业务制度、业务管理流程情况，重点领域、重要岗位的职责权限和审批程序以及重大经营事项开展专项风险评估等情况。

（4）信息化管控情况。信息系统覆盖的子企业和业务范围情况，以及管控措施嵌入、功能实现、集成应用等情况。

（二）内控体系监督评价情况

（1）风险管控情况。梳理分析 2019 年面临的重大风险与风险防控情况，以及截至 2019 年 12 月 31 日发生和尚未处置化解的重大风险事件应对情况。境外风险事件要单独说明。

（2）内控监督评价情况。企业集团及子企业开展内控自评、抽查评价和外部审计等监督评价的工作组织情况及发现的内控缺陷。被出具非标审计意见的内控审计报告应作为本报告附件报送。

（3）合规管理监督情况。对企业合规风险识别和预警、重大事项合规审查和应对、合规检查和评估等合规管理监督情况的说明。境外合规风险的管理监督情况单独说明。

对发现的内控缺陷、风险事件和合规事件，按照附表进行填报。

（续）

（三）其他需要报告的情况

二、2020年内控体系建设与监督工作安排

各中央企业要根据《实施意见》工作要求，以"强内控、防风险、促合规"为目标，积极推进内控、风险管理和合规管理监督整合优化等相关工作。

（一）重大风险评估及季度监测工作

根据《2020年度中央企业风险分类参考标准》（见表14-4）及企业自身实际情况，认真开展2020年风险评估工作，报送经董事会或类似决策机构审议通过后确定的前5项二级风险，并就风险评估方法及相关依据等进行专项说明；按照本通知要求做好重大风险及风险事件季度监测及报送工作。

（二）制度建设工作

整合优化内控、风险管理和合规管理监督制度，全面梳理制度建设中存在的问题，完善内控缺陷认定标准、风险分类框架和评估标准以及合规评价标准等。

（三）内控缺陷及风险事件整改

制定内控缺陷和风险事件整改工作方案，明确具体举措和时限要求，并对整改成效进行测评检查。

（四）企业监督评价工作

制定2020—2022年内控体系监督评价工作规划，确保各级企业自评当年全覆盖、集团监督评价三年全覆盖；明确2020年集团抽查评价的覆盖范围、选取标准、重点关注的业务事项，以及外部审计的覆盖范围、选取标准等。

（五）信息化管控工作

制定2020年度内控体系信息化管控目标、内容等，摸排重要领域和关键环节的信息化管控情况并制定改进措施。

三、其他事项

（一）工作亮点

介绍1~2个内控体系建设与监督工作亮点以及风险防范化解的典型案例。

（续）

（二）存在问题及建议

内控体系建设与监督工作存在的难点问题以及对国资委的工作意见和建议。

表 14-4　国务院国资委推荐的 2020 年度中央企业风险分类参考标准

一级风险	重点关注的二级风险
1. 战略风险	（1）宏观经济风险
	（2）国际化经营风险（包括中美贸易摩擦、合规风险、汇率风险等）
	（3）政策风险
	（4）改革与业务转型风险（包括混合所有制风险、资产重组风险等）
	（5）科技创新风险
	（6）集团管控风险
	（7）其他战略风险
2. 财务风险	（1）金融业务与衍生品交易风险
	（2）债务风险（包括负债率高企风险、债券违约风险、融资性贸易风险等）
	（3）现金流风险
	（4）其他财务风险
3. 市场风险	（1）市场变化和市场竞争风险
	（2）客户信用风险
	（3）其他市场风险
4. 运营风险	（1）经营效益风险（包括重要子企业效益大幅下滑和连续亏损风险等）
	（2）投资风险
	（3）安全生产质量、环保、稳定风险
	（4）采购与供应链管理风险
	（5）工程项目管理风险
	（6）其他运营风险
5. 法律风险	（1）合规风险
	（2）其他法律风险（合同风险、知识产权风险、诉讼风险等）

第八节　中小民营企业风险管理报告

如果公司既不是国有企业，也不是上市公司，那么可以自由选择风险管理报告模板。

Spring 公司风险管理手册（样本）

目　录

1.风险管理总则

1.1 总则

1.2 风险及风险管理定义

1.3 适用范围

2.风险管理原则

2.1 共同的风险语言

2.2 风险管理模型

2.3 风险偏好和风险容忍度

2.4 流程分类框架

2.5 风险排序原则

3.风险管理机构及职责

3.1 董事会和审计委员会

3.2 高级管理层

3.3 风险管理委员会

3.4 风险管理部

3.5 其他职能和业务部门

3.6 分子公司风险管理委员会及职能部门

3.7 风险管理汇报流程

3.8 风险管理绩效考核指标

（续）

3.9 风险管理委员会会议制度

4. **风险评估**

4.1 风险评估方法

4.2 风险评估文档模板／风险登记簿

4.3 风险报告

4.4 年度风险评估审阅

5. **风险预警体系和监测**

5.1 风险预警体系

5.2 关键风险分类

5.3 关键风险指标体系

5.4 关键风险监测

6. **风险应对计划**

6.1 风险应对计划的设定原则

6.2 风险应对计划的分析和审批

6.3 风险应对计划的实施

7. **风险管理监督与改进**

7.1 内部审计与风险管理监督相结合

7.2 监督报告流程

7.3 风险管理绩效考核

7.4 风险管理改进流程

8. **风险管理沟通与汇报机制**

Spring 咨询有限公司

2020 年 1 月

第十五章
风控信息化

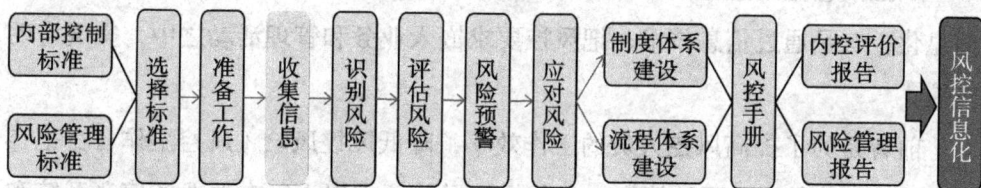

风控信息化可以实现以下转变：

从事后管理，向事中管理转变；从静态管理，向动态管理转变；

从事中管理，向事前管理转变；从被动管理，向主动管理转变；

从部门管理，向岗位管理转变；从职能管理，向流程管理转变；

从定性管理，向定量管理转变；从主观管理，向客观管理转变；

从分散管理，向集中管理转变等。

风控信息化有如此多的好处，企业应尽快予以实现。

本章主要内容包括：

第一节　风控信息化概述

第二节　风控信息化建设的三个阶段

第三节　风控信息化的六项基础工作

第四节　风控软件市场情况

第五节　SAP GRC 系统展示

第一节　风控信息化概述

一、什么是风控信息化

企业信息化是指通过计算机技术的部署来提高企业的生产运营效率，降低运营风险和成本，从而提高企业整体管理水平和持续经营能力的过程。通俗地讲，企业信息化的过程就是不断建立和完善计算机信息系统的过程，这些信息系统为业务的自动化和管理的自动化提供基础。

风控信息化是企业信息化的一部分，它有两层含义，一是风控工作自身的信息化；二是通过信息技术，把风控要求嵌入业务和管理活动之中，实现自动监控。

前者是为了提高风控人员的工作效率，降低风控风险（风控工作自身也存在风险）；后者又分两种情形：一种是把风控要求嵌入已有的业务信息系统和管理信息系统，比如嵌入 ERP 系统、财务管理系统、合同管理系统等，实现自动监控；另一种是业务活动尚未信息化，此时可把风控理念、内控制度、风险应对措施等要求放入业务系统一起规划设计，形成自带风控的业务信息系统，比如不少企业新上线的法律风险管理系统。该系统除了合同管理、法律纠纷管理外，与之相关的风险管理和内部控制等功能也被嵌入其中，所以有的企业就把这种系统称为"法律风险预警管理系统"。

从风控信息化的两层含义来看，风控信息化有两条路径可走。一条是在业务系统之外，建立和完善风控信息系统，视机而入，实现对业务的监控；另一条是直接嵌入在业务系统之内，直接实现对业务的实时自动监控。风控自身的信息化是风控信息化的基础，把风控嵌入业务系统和管理系统是高级目标。目前大部分企业都还走在第一条路上。

时至今日，很多大中型企业的信息化程度已经很高，有的甚至建立了自己的数据中心。这对风控信息化来说是件好事，这样的企业，要做的就是开发一个风控模块，直接嵌入 ERP 系统中（类似 ERP 的采购模块、销售模块、生产模块），对各项业务活动进行实时监控。

二、风控信息化是监管要求

2008 年，财政部等五部委联合发布的《企业内部控制基本规范》，对企业内部控制和信息系统的结合提出："企业应利用信息技术加强内部控制，建立与经营管理信息系统相适应的信息系统，促进内部控制流程与信息系统的有机结合，实现业务和项目的自动控制，减少或消除操纵因素。"

2010 年，财政部等五部委联合发布的《内部控制信息系统应用指南》："进一步明确促进企业内部控制有效实施，提高企业现代化管理水平，减少人为因素的目的和具体内容。"

可见，运用信息技术实施内部控制，减少人为因素造成的误差，提高内部控制的执行力和效率，是内部控制信息化的基本目标。

2019 年 10 月 19 日，国务院国资委又向中央企业下发了《关于加强中央企业内部控制体系建设与监督工作的实施意见》，该意见一共五部分 15 条，其中第三部分明确指出，中央企业要加强信息化管控，强化内控体系刚性约束。原文如下所示。

三、加强信息化管控，强化内控体系刚性约束

（八）提升内控体系信息化水平。各中央企业要结合国资监管信息化建设要求，加强内控信息化建设力度，进一步提升集团管控能力。内控体系建设部门要与业务部门、审计部门、信息化建设部门协同配合，推动企业"三重一大"、投资和项目管理、财务和资产、物资采购、全面风险管理、人力资源等集团管控信息系统的集成应用，逐步实现内控体系与业务信息系统互联互通、有机融合。要进一步梳理和规范业务系统的审批流程及各层级管理人员权限设置，将内控体系管控措施嵌入各类业务信息系统，确保自动识别并终止超越权限、逾越程序和审核材料不健全等行为，促使各

（续）

项经营管理决策和执行活动可控制、可追溯、可检查，有效减少人为违规操纵因素。集团管控能力和信息化基础较好的企业要逐步探索利用大数据、云计算、人工智能等技术，实现内控体系实时监测、自动预警、监督评价等在线监管功能，进一步提升信息化和智能化水平。

三、风控信息化是企业风控工作的迫切需要

内部控制体系建设始于流程的梳理优化与制度的建立健全，在此基础上，经过试点和评价，然后加以推广。要保证内部控制在企业内全面有效实施，如果没有信息系统作支撑，那是很难固化和落地的。

风控信息化是风控体系建设的重要组成部分，也是风控体系建设的高级阶段，通过信息化手段，将已经优化完善的流程和制度固化到信息系统中来实现风险控制措施的落地，能够更及时有效地识别出企业经营过程中出现的风险，实现对业务活动的实时监督，减少人为因素造成的错弊，提高风控的执行力和效率。

另外，信息传递的不及时、不完整、不准确将会影响风险识别的准确性，影响风险控制的效率和效果。企业生存在千变万化的市场环境里，风控工作需要及时、准确地获得充分的企业内外部信息。获得这些信息需要有通畅的信息传递渠道，如果完全依赖手工方式，那势必效率低下，不能满足企业发展的需要。

四、风控信息系统要具备哪些基本功能

风控信息系统是风控信息化的载体，现在，很多大中型企业都建立了自己的风控信息系统，虽不能说"功能各异"，但确实各有特色。那么，一个风控信息系统至少要实现哪些基本功能呢？下面列出一些功能供大家参考。

✔ 风控信息系统应涵盖风险管理基本流程和内部控制的各个工作环节，包

括风险和控制信息的收集、存储、加工、分析、测试、传递、报告、披露等。

✓ 风控信息系统应能够对各种风险进行计量和定量分析、定量测试；应能够实时反映企业的风险分布，以及对重大风险和重要业务流程的监控状态；应能够对超过风险预警门限的重大风险实施报警；应能够满足风险管理内部信息报告制度和企业对外信息披露管理制度的要求。

✓ 风控信息系统应实现信息在各职能部门、各业务单位之间的集成与共享，既能满足单项业务风险管理的要求，也能满足企业整体和跨职能部门、业务单位的风险管理综合要求。

✓ 应与其他业务系统或管理系统互通，保障业务数据和风险数据的一致性、准确性、及时性、可用性和完整性。

✓ 风控信息系统的稳定运行和安全应该得到保障，并能根据实际需要不断进行改进、完善或更新。对输入风控信息系统的数据，未经批准，不得更改。

五、利用风控信息系统实现持续性监督

利用信息系统进行持续性监督是实现高效内部监督的重要方式。比如，COSO 委员会 2009 年发布的《内部控制体系监督指南》对利用信息技术进行持续性监督概括了四类工具，基本涵盖了目前技术条件下的信息化监督手段，包括：

✓ 误差管理的工具（包括记录误差的日志、后续跟进、处理情况分析等）；

✓ 监督应用程序变更的工具（包括变更认证、沟通、适当评价等）；

✓ 评价系统状况的工具（包括内置参数、风险容忍度水平、不相容岗位分离、管理权限）；

✓ 评价过程完整性的工具（包括标准及协同、数据加总、文档完整性）。

前两项工具主要是对系统日常操作的直接监控，适用于专业管理人员在日常业务汇总时进行监督；后两项工具则主要是利用各企业内控部门专门开发的

检查工具进行监督，具体方法是通过对关键控制点所对应的业务流程、管理权限、不相容岗位和参数予以标准化，建立信息系统标准模板，并针对标准模板开发检查工具，通过定期运行该检查工具，对比与标准模板的差异，实现对业务活动和控制措施的持续性监控。主流 GRC（Governance, Risk and Compliance Management，公司治理、风险及合规管理系统）软件中的"流程控制模块"大都依此设计。

第二节　风控信息化建设的三个阶段

一、第一阶段实现风控工作信息化

风控工作自身的信息化是风控信息化的起步阶段，主要实现风险管理和内部控制相关文档的电子化管理，除了基本的增、删、改、查功能外，还可以对这些信息按多个维度进行统计、分析、展示。比如，按业务或部门检索制度，按业务或部门统计规章制度的数量，按业务或部门统计或查询风险数量，按业务或部门统计缺陷数量等。

这个阶段，还应该实现风控工作的半自动化，如在线实施问卷调查，在线布置风险评估和内控评价等工作（具体实施风险评估和内控评价还在线下进行），在线查询内控缺陷信息，在线提交风险管理报告和内部控制评价报告等。

通过这些努力，风控人员可以大大提高自身的工作效率，可以更及时地获得风险信息，更快捷地分析风险，更科学地展现企业风险的分布状况，为决策者提供更快捷、更准确的参考信息。

二、第二阶段实现风险预警自动化

风险预警系统是风控信息化的第二阶段，风控开始走进业务，对专项业务和管理活动进行实时监控。这一阶段的风控预警系统，可以实现对各部门业务执行、绩效指标、关键管控指标的监测。风控预警系统通过在线收集相关业务数据实施在线风险评估，然后与风险预警指标的门限值进行比较，对超过阈值的指标进行自动报警。

这一阶段最大的特点就是风控开始与业务活动相结合，并对业务活动进行在线实时监测（不是监控）。这大大降低了风控信息收集的成本，大大提升了风险评估的效率以及预警的及时性和有效性，为企业快速响应风险打下坚实的基础。

三、第三阶段实现业务风控一体化

业务和风控一体化是风控信息化的第三个阶段。在这个阶段，风控信息系统（或者是风控功能模块）开始与不同的信息系统进行集成，通过梳理各系统间的业务衔接与流转方式，可以实现业务数据和控制信息的自动传递，从而减少不必要的人为干预，减少线下单据文档处理，避免信息在不同系统或不同模块之间的不同步、不一致。例如，某些业务审批流程在线下进行，然后又在OA系统上重复审批，或是OA与其他系统集成度不高等，这些都会造成工作效率低、响应能力弱的局面。这与内部控制提升运营效率和效益的目标相悖。

这个阶段的明显特征是：风控系统开始与其他信息系统互联互通，或者风控作为一个模块嵌在ERP系统内，风控与业务紧密耦合，风险在业务过程中得到实时监控。

第三节　风控信息化的六项基础工作

企业要实施风控信息化，需要做好六项基础工作。

一、环境基础

领导者对风控工作的重视和正确认识是风控信息化得以实现的前提。首先，领导者对信息化有正确的认识，知道将管理思想与信息化有机结合，能提高管理效率和效益；其次，领导者应该带头使用风控信息系统并服从系统控制，不绕开系统控制，不随便破坏系统控制的规则；然后，领导者要通过多种方式在不同场合宣传风控文化和机控文化。只有这样，风控信息化才能起到应有的作用。

二、组织架构基础

清晰明确的组织架构是业务流程和岗位职责标准化的前提。企业应结合自身的管控模式（战略管控、运营管控、财务管控等），结合风险识别和评估的结果，关注重点业务领域，梳理并合理设计各业务流程的管理权责分工，建立不相容岗位分离。这些设计会直接影响业务流程的具体路径，直接决定控制的效率和效果。

三、业务流程及岗位职责基础

业务流程标准化是风控信息化的基础之一。业务流程标准化需要企业召集业务一线管理人员，充分征求他们的意见，利用风险管理理念分析、优化业务流程，拟定关键控制点，界定各岗位职责和管理权限，以及不相容职责的划分标准。其中，优化流程是最关键的环节，如果流程优化环节考虑不周全，将造成系统上线时出现问题，浪费人力、物力资源。对关键控制点逐项梳理后应记录哪些能够固化在信息系统中，哪些不能实现或实现成本较高；对能够固化在信息系统中的业务流程和控制点，应确定系统标准模板，如标准业务流程、管理权限、不相容岗位配置或参数设定等。

> risk-doctor 提示：
> 由于风控信息化是在一定条件、一定范围内的信息化，对于实现系统

（续）

自动控制成本较高的业务环节，应明确允许实施系统外的控制措施（如人工稽核等），以保证控制的有效性和连续性。

四、表单基础

前文提到"管理制度化、制度流程化、流程信息化"的说法，从流程到信息系统，如果中间没有表单的话，那流程就只是工作流。

如果说制度规定的是"该怎样做"，那么表单就是"具体怎么去做"的载体。在流程优化后，企业梳理了业务申请部门（人）、业务审核部门（人）及审批人、不相容岗位等控制环节，这些成果应该在相关表单的标准化中得到体现。

企业中的绝大部分事务都是通过填写一张张的表单来完成的，表单的标准化在一定程度上代表了工作的规范化。表单规范、统一，对于提高工作规范性和工作效率都有显著的作用。

五、数据基础和数据标准

大数据时代，数据为王，没有数据，一切都是无米之炊。

企业数据多种多样，其中，与业务最密切相关的莫过于 ERP 系统的主数据（Master Data）。主数据也称基准数据，是指用来描述企业的客户、供应商以及企业采购和销售物料的重要数据，包括物料主数据、业务伙伴主数据、价格、物料清单、员工、会计科目、成本中心、项目等静态数据。

主数据是基础数据，是 ERP 系统的基本构成元素，主数据不实现标准化就无法实现风控信息化，因此必须对这些主数据的定义和编码予以标准化。

在此基础上，再对元数据（比如一些财务报表数据）进行采集、分析加工，使风控信息系统获得更多、更丰富的"子弹"。

六、风险指标监控模型

风险指标是指代表某一风险领域变化情况并可定期监测的统计指标（可回顾第八章风险预警指标的相关内容）。风控信息化工作需要确定主要的风险领域和主要风险指标，需要设计风险指标监控模型，需要整理风险指标监控方法和预警规范。

实践中，企业需要根据行业特点和企业实际情况确定风险指标的赋值标准，根据风险承受度确定可接受的风险范围和风险的承受极限，即阈值。一般由风控部门与各业务职能部门共同确定关键风险指标（KRI）。

对于信息化程度高的企业，可以依据关键风险指标，从 ERP 系统、数据仓库系统、商务智能（BI）系统及其他提供数据信息的数据源中抽取所需的信息，进行分析、比较，对超出阈值的风险，立即发出警告。

第四节　风控软件市场情况

一、风控软件概述

风控软件是个不确定的概念，传统商业银行有风控软件，互联网金融机构有风控软件，非金融企业也有风控软件，但这些风控软件内容各不相同。下面介绍的主要是非金融企业用于风险管理和内部控制工作的风控软件。

在非 IT 人员眼里，"软件"和"信息系统"几乎没什么区别，其实它们有很大的不同。软件只是信息系统的一部分。信息系统至少要包括硬件（主机、存储设备等）、软件、数据库等，软件又分系统软件和应用软件，有时还有中间件。人们常说的"风控软件"一般仅仅指风控应用软件，不包含其他部分。

前面已讲过，风控信息化大致可以划分成三个阶段，在这三个阶段里，对应的风控信息系统也大不相同。更多信息请回看本章第二节。

本书第八章讲的风险预警系统，常常也被称为风控软件，比如安全生产风险预警系统、财务风险预警系统等，这种系统都是专项风险管理系统，有朝一日，它们也会被整合入业务风控一体化平台（如 ERP 系统）之中。

上面讲的这些系统大多是独立操作的系统，多数基于 B/S 结构，随着信息技术的飞速发展，大数据、云计算、小程序、APP 等应用越来越广，传统思维构建的风控信息系统正面临越来越大的挑战。

二、风控软件功能比较

目前，市场上主流的风控软件有两类，一类是嵌入 ERP 系统的 GRC 系统，即公司治理、风险及合规管理系统，多由 ERP 厂商开发，主流产品有 SAP GRC、Oracle GRC 和 Infor GRC；另一类是为风控专业人员提供的风控信息管理系统，能实现风险管理、内部控制和合规管理的多种信息统计及报表功能，多由咨询公司委托开发或自主研发。相关产品的功能比较如表 15-1 所示。

表 15-1　几款风控软件的功能比较

厂商	产品	功能模块	综合评价	应用案例
SAP	GRC	风险管理、内部控制、访问管理、流程监控等	成熟。三者差异不大，兼容性都不错，一般与自己的 ERP 捆绑销售	国内外案例最多
Oracle	GRC	风险管理、访问管理、流程监控等		国外案例多，国内少
Infor	GRC	风险管理、合规管理、访问管理、流程监控等		国外案例多，国内极少
德勤	RISK	风险管理、内部控制、合规管理、内审管理等	满足国内监管要求，侧重风控信息管理	少
慧点	GRC	内部控制、风险管理等		少

三、风控软件应用状况

目前世界 500 强企业几乎都已经使用风控软件开展风控工作，不少企业的风控系统已与 ERP 系统完美整合。企业积极推进风控信息化的目的就是要利用标准化的管控模块，提升对业务风险的自动化和智能化管控水平。

经过十余年的发展，我国企业，尤其是央企，也都已启动风控信息化工作。毕竟风控工作没法一直靠手工支撑下去，通过面对面访谈、书面文字资料和实地检查，获得的信息不仅有限、不及时，而且成本较高、效率较低。

通过搭建风控信息化平台，实现风控与核心业务系统的数据整合，不仅可以提升企业风控工作的执行效率，而且可以有效地规范企业业务活动。通过对业务活动进行持续性的风险监测、预警和控制，可以为管理者提供实时的风险管理视图，为企业管理者的日常经营管理和战略决策提供支持和保障。

目前，中国移动、中石化、中海油、五矿集团、中国国电等企业都已建立了比较成功的风控信息系统，也取得了良好的应用效果。

第五节　SAP GRC 系统展示

SAP GRC 作为国际上流行的风控管理软件，无论功能性，还是可扩展性，都经历了众多用户的长时间考验。在这里介绍 SAP 的 GRC 系统并不是为其做广告，只是希望通过对它的介绍，可以帮助风控人员对风控信息系统形成直观的了解。在实践中，风控人员可以参考本章第四节的内容，选择适合自己企业的风控软件产品。

SAP GRC 为企业的风险管理、合规管理和内部控制提供了整合解决方案。下面主要介绍 SAP GRC 的风险管理模块（RM）、流程控制模块（PC）和访问控制模块（AC）这三个模块。

一、风险管理模块

（一）风险管理模块构成及功能描述

SAP GRC 风险管理模块（Risk Management）包括风险计划（planning）、

风险识别（identification）、风险分析（analysis）、风险响应（respond）、风险监控（monitoring）五个部分，如图 15-1 所示，这五个部分构成一个动态的循环过程。每部分的详细功能描述见表 15-2。

图 15-1　SAP GRC 风险管理功能模块

表 15-2　SAP GRC 风险管理模块主要功能描述

功能模块	功能描述
风险计划	✓ 建立风险组织（责任单位）定义的风险阈值 ✓ 将战略目标落实到具体的组织 ✓ 定义风险组织的角色以及责任 ✓ 定义风险相关的活动，与部门流程相结合 ✓ 定义风险的分级 ✓ 定义关键风险、目录和阈值 ✓ 定义风险报告的结构等
风险识别	✓ 定义风险架构 ✓ 定义风险的触发点及其影响 ✓ 将关键风险指标与关键绩效指标连接起来 ✓ 定义风险之间的联系等
风险分析	✓ 回顾历史损失 ✓ 利用定量和定性的方法分析风险 ✓ 了解基于风险危害的影响级别 ✓ 建立风险情景并考虑风险披露情况 ✓ 支持进行蒙特卡罗法的模拟 ✓ 评估基于有效反馈响应的损失评估 ✓ 合并相似的风险影响等
风险应对	✓ 建立预防风险以及快速恢复的机制以及文档手册 ✓ 配置风险发生后的响应流程 ✓ 明确风险的责任人以及响应的具体行动 ✓ 处理事先和事后风险应对的对比分析 ✓ 跟踪风险应对成本等
风险监督	✓ 监测关键风险指标 ✓ 监测风险应对的有效性和完整性 ✓ 跟踪风险暴露报告 ✓ 监督风险应对活动相关的工作流程等

SAP GRC 风险管理模块能够与企业的 ERP 系统、数据仓库系统或外部数据源系统集成，实现在线风险识别、分析、评价，实现对风险点的持续性监测和预警。

（二）风险管理模块内置功能介绍

1. 内置风险评估方法与工具

GRC 风险管理模块内置了多种风险评估工具或方法，可根据不同类型的风险建立不同类型的风险评估清单；还提供了大量的风险监控报告模板、风险预警仪表盘等实时、全面地展现企业风险识别、评估、应对的结果，为企业决策者与部门负责人提供风险管理决策支持。

2. 内置不同行业的关键风险指标

GRC 风险管理模块中按不同行业内置了几百项关键风险指标（KRI）模板，分别涵盖了战略风险、合规风险、财务风险和运营风险。这些预置的关键风险指标能够帮助企业在实施其全面风险管理和风险监控的过程中节约大量的时间和成本，使企业能够做到快速部署、快速应用。

GRC 风险管理模块支持定义风险预警指标、收集和监测业务系统数据、定义指标预警和通知规则。风险管理模块的关键风险指标（KRI）能够与企业所拥有的 ERP 系统、数据仓库系统、商务智能系统乃至任何外部提供数据信息的数据源进行集成，通过接口协议，自动从这些数据源中抽取所需的信息进行加工和分析。企业通过风险管理模块，可以有效地收集风险信息，识别并规范企业各类风险信息，实时对风险进行评估，然后基于风险等级进行预警和风险应对。

3. 配置风险事件库

GRC 风险管理模块还支持风险事件库管理，提供了风险事件录入、风险事件更新、风险事件审核和风险事件归档等功能，方便企业快捷查询或归档风险事件。在导入和输出方面，系统可由审计事件、风险问题等多种来源导入风险事件，可按需求输出历年的重大风险事件报告。

二、流程控制模块

（一）流程控制模块的工作原理

SAP 的意识很超前，很早以前其 ERP 版本中就提供 AIS（Audit Information system，审计模块）和 MIC（Master Inspection Characteristic，主检验特性）这些组件，但是由于当时功能不强且那个时候的监管环境也没现在这么严格，所以就没多少客户选用 AIS 和 MIC。SAP 流程控制模块（Process Control）的前身就是 MIC。

流程控制模块侧重对财务、运营、IT 这三方面的控制，其根据"异常"进行管理，自动确定纠正活动的优先级，帮助管理人员提高对控制环境的洞察力，其工作原理如图 15-2 所示。

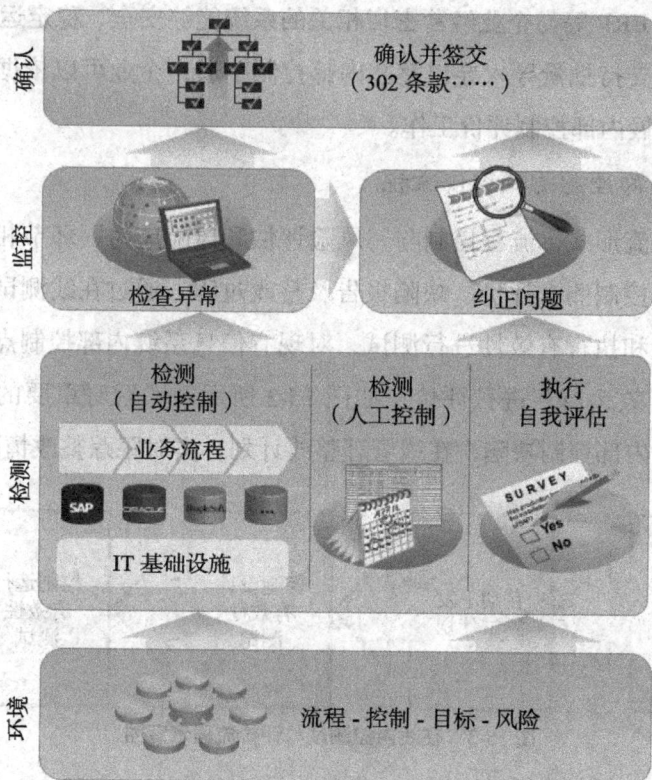

图 15-2　SAP GRC 流程控制模块工作原理

SAP GRC 流程控制模块可以单独使用，也可以与风险管理模块组合使用。

流程控制模块与风险管理模块相连接，企业可以借助技术手段实现风险管理和内部控制一体化的闭环管理，实现从风险识别、评估、预警，到内部控制建设、立项、工作底稿、内部控制自评、缺陷认定、报告、缺陷整改、整改复盘等环节的全过程电子化管理。

（二）流程控制模块的主要功能

1. 建立内部控制环境

流程控制模块可以通过固化企业内部控制矩阵及其相关业务单位和人员岗位信息，建立内部控制体系，全面覆盖内部控制五大基本要素，自动生成企业所有的制度文件、流程手册、岗位职责以及各类报告。

流程控制模块与业务系统相关联，直接实现对业务的控制，规范现有的业务流程，确保 ERP 等与企业经营密切相关的系统能够安全、稳定运行。

另外，还支持批量导入导出整套内部控制手册，企业可以依据该内部控制手册有序地开展内部控制评价工作。

2. 规范内部控制测试评价流程

通过工作流形式，流程控制与"风险评估和风险应对"环节相互连接，规范企业的内部控制测试评价、缺陷报告及整改过程。通过在线测试，对内部控制设计有效性和执行有效性进行测试，对现有信息系统内部控制点"是否有效设置、是否有效运行"进行评价，如图 15-3 所示，然后对重要的信息实时监测，实时报告内部控制缺陷，在线管理整改计划，实时跟踪整改情况。

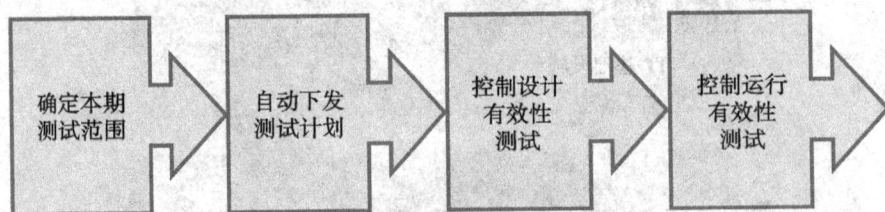

```
确定本期        自动下发        控制设计        控制运行
测试范围        测试计划        有效性          有效性
                                测试           测试
```

图 15-3   在线内控测试与评价流程示意图

图 15-3 展示了流程控制模块实现在线内控评价的四个步骤，每个步骤的具

体操作如下所述。

第一步，确定本期测试范围。具体包括两点：

（1）确定本期内部控制测试的业务流程、子流程及控制点；

（2）确定每个控制点所使用的测试方法。

第二步，自动下发测试计划。内部控制测试计划主要规定了测试的类型、测试的流程、测试控制点，以及提交测试的期限等信息。

第三步，测试控制设计有效性。SAP GRC 流程控制模块通过调查问卷的形式，在线执行内部控制设计有效性测试。

第四步，测试控制运行有效性。支持两种模式，具体如下所述。

（1）自动控制：SAP GRC 流程控制模块通过自动控制的持续监控机制，进行自动控制运行有效性的持续监控。

（2）手工控制：SAP GRC 流程控制模块也支持通过手工控制活动的测试计划，进行控制活动运行有效性测试。

3. 内部控制缺陷汇总与报告

流程控制模块支持各业务部门对在其内部控制评价过程中所发现的内部控制问题进行确认，汇总和评定每个控制点所发现的所有内部控制缺陷，最终在公司层面能够掌握内部控制有效性的总体结果，并生成内部控制评价报告。多维度的内部控制情况报告包括评价结果报告、问题状态报告、纠正与预防性措施状态报告、整改状态报告等。

4. 支持多种监管要求

流程控制模块可以将流程和控制点与不同法规要求关联起来，不管企业是需要符合美国《萨班斯法案》的要求，还是需要符合中国《企业内部控制基本规范》及其配套指引的要求，均可生成符合该法规的控制点要求，并且支持对多个合规要求的同时管理。如果控制点在不同的监测要求下是一致的，那还可以共享测试结果。这大大方便了在美国上市的中国企业。

5. 实施持续监测

传统的控制评价方式依靠人工查看系统配置、人工抽样调查系统交易数据等方式进行，这些方式既费时又费力，更关键的是，人工测试所检查的均是某检查时点的系统状况，无法达到持续监测的目的。

流程控制模块可以对后台 ERP 或应用系统中设置的系统控制点进行持续性、不间断的监测，一旦发现问题，就立即向有关负责人员报告。

随着企业信息化的普及，ERP 系统得到广泛应用，业务流程的自动化、标准化运营已经成为企业日常工作不可或缺的一部分，因此企业内部控制也出现了一种新控制，即"系统控制"或"自动控制"。系统控制可以通过业务系统中的设置，自动地对业务流程的运行进行相应的限制和控制，从而避免因手工操作不正常而产生错误数据的情况，也可以避免舞弊的可能性。系统控制通常是非常客观的，设置完成后即可根据所设置的规则自动运行，不会掺杂人为主观操纵的情况（黑客除外），因此越来越多的企业逐渐将以前通过手工流程运行的业务转至 ERP 系统中运行，并通过系统来进行自动控制。现在，ERP 系统自动控制已经在业务流程运行过程中起到举足轻重的作用。

6. 自动生成多种形式的报表和报告

流程控制模块能生成各类报表，包括管理仪表盘、内部控制评价类报表、自动控制监督类报表、审计类报表、用户和权限类报表等，这些报表为管理层决策提供了较好的支撑。

三、访问控制模块

通过 SAP 访问控制模块（Access Control）来控制企业信息系统的 SoD（Segregation of Duties，职责分离）是非常方便和高效的。

SAP GRC 访问控制模块主要包括四个功能子模块：职责分离管理、系统角色管理、用户授权管理、紧急访问管理，如图 15-4 所示。它们共同实现自动化 GRC 访问控制流程并嵌入业务流程，以提供"持续的 SoD 防范"。

其中，访问授权管理支持用户账号和授权的全生命周期管理，包括整合各系统授权申请，统一管理界面；整合各渠道申请单点管理，防止运营漏洞；多层次审批，防止误判；自动根据申请内容开通权限；用户自助服务修改系统账号密码等。其还可以与 HR 系统集成实现离职人员账号自动禁用。

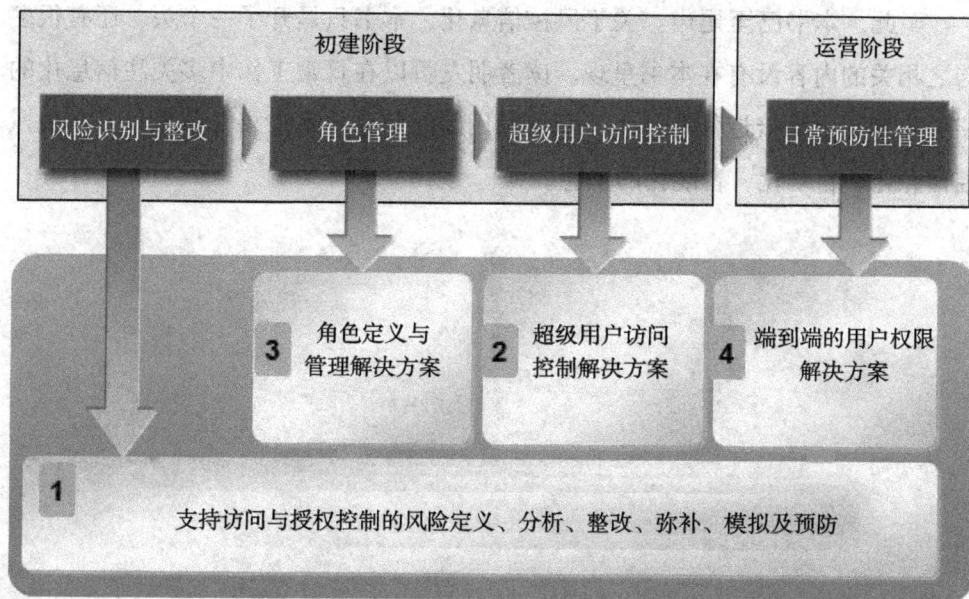

图 15-4　SAP GRC 访问控制套件组成

　　职责分离管理功能模块支持定义职责分离、敏感访问规则，对业务系统内的权限分配基于规则进行检查，识别潜在的风险，通过事中预防、事后侦测识别系统中存在的问题，及时发现问题并支持在线整改流程。职责分离管理模块功能实现如图 15-5 所示。

图 15-5　职责分离管理模块功能实现示意图

　　至此，本书已至尾声。关于风控信息化，本书只是开了一个头，还有很多与之相关的内容没有在本书呈现。读者朋友可以在日常工作中多关注信息化的相关内容，主动接近信息技术、积极利用新的信息技术成果，争取早日实现风控信息化、自动化、智能化的梦想。

后 记

中国企业的风控实践可以说是被监管机构推动的，所以本书花了不少笔墨去描述监管要求以及如何满足监管要求。但对企业来说，合规不是目的，合规只是企业经营的一些外部要求和内部保障；企业这种组织有别于非营利组织（NPO），其根本目的是创造价值，是通过生产和服务实现价值增值，否则，企业就失去了存在的意义，也将失去存在的可能性。

企业在价值创造的过程中，总会面临各种各样的不确定性，这种不确定性对"价值创造"目标的影响就是风险，所以风险管理与价值创造相伴而生，是企业不得不面对的事情，正因为此，risk-doctor才建议企业去主动地管理风险，去主动地加强内部控制，从而保障"价值创造"的稳定性和可靠性。

在实践中，风险管理不是笼统的战略风险管理、财务风险管理或运营风险管理，而是对一个个具体的、实实在在的不确定性事件的管理，比如产品是否卖得出去、应收账款是否能及时收回来，比如企业是否会临时停电、服务器是否会非预期宕机，又比如企业的核心数据库是否会被攻击，客户信息或产品研发信息是否会遭窃取，客户订单是否会遭篡改等。这些风险事件几乎每天都可能发生，对这些风险的防范，不是靠监管或合规来推动解决的，而是需要企业自身建立一套有效的防控体系来主动应对的。

现在，随着信息技术的快速发展，企业信息化程度越来越高，企业的很多

359

业务和管理都通过信息系统来实现。业务信息化了，管理也信息化了，风险管理作为企业管理的一部分，自然也需要信息化。信息化的基础是软件、硬件和网络，但其核心原材料是"信息"，如果没有信息（包括信息不全、不真实、不及时等），那风控信息系统将只是一个摆设。本书在最后一章讲风控信息化，这并不意味着风控信息化是风险管理的结束，而是信息时代企业风险管理的真正开始，或者说是风控 2.0 时代的开始。经过十余年的发展，我国企业风险管理开始从线下走到线上，从手工走向自动，从"T+n"走向"T+0"。互联网企业或互联网金融机构、传统商业银行和电信公司都已开始利用信息系统时刻监测着风险、管控着风险。

风险管理和内部控制体系建设与企业业务开展不应是"两层皮"。riskdoctor 主张把风险管理和内部控制直接嵌入业务活动当中，通过信息技术与业务紧密相连，拿到足够多的数据，然后通过灵活的分析模型去分析数据，识别出风险事件，并对风险进行阻拦，最后量化风险管控的价值，并在量化风险管控价值的基础上，不断进行风控策略优化，不断完善业务流程和风控模型，不断调整需要收集的数据。大中型企业在风险管理方面不断投资、探索，利用云计算技术，建立自己的数据中心；利用各种传感器和识别技术，广泛采集信息和数据；利用大数据和 AI 技术，不断挖掘影响企业"价值创造"的各种不确定性因素，就是想在第一时间获得真实有效的数据，然后及时分析、判断、应对，为企业的稳健发展保驾护航。企业风险管理需要搭建一个完整的体系，更需要建设一个可以满足企业决策和业务发展的智能风控信息化平台。希望在未来十年，有一大批中国企业能够建立这样的风控平台，去辅助科学决策，去保护自己的研发、生产制造和市场销售！

本书形成于全球新型冠状病毒肺炎疫情期间，病毒这东西和风险一样，与人类相伴而生，且生生不息。病毒没有国界，很多风险也没有国界，风险管理永远在路上，没有终点。

李素鹏　于北京

2020-04-28